PSICOLOGIA DO ENCONTRO:
J. L. MORENO

Dados Internacionais de Catalogação na Publicação (CIP)
(Câmara Brasileira do Livro, SP, Brasil)

Garrido Martín, Eugenio
Psicologia do encontro: J. L. Moreno / Eugenio Garrido Martín; [tradução Maria de Jesus A. Albuquerque]. – São Paulo: Ágora, 1996.

Título original: Jacob Lévy Moreno: psicologia del encuentro.
Bibliografia
ISBN 978-85-7183-531-3

1. Moreno, Jacob Lévy, 1889-1974 2. Psicanálise 3. Psicodrama 4. Psicoterapia I. Título.

96-4293   CDD-150.198

Índice para catálogo sistemático:
1. Moreno, J. L.: Teoria psicológica 150.198

www.editoraagora.com.br

EDITORA AFILIADA

Compre em lugar de fotocopiar.
Cada real que você dá por um livro recompensa seus autores
e os convida a produzir mais sobre o tema;
incentiva seus editores a encomendar, traduzir e publicar
outras obras sobre o assunto;
e paga aos livreiros por estocar e levar até você livros
para a sua informação e o se entretenimento.
Cada real que você dá pela fotocópia não autorizada de um livro
financia um crime
e ajuda a matar a produção intelectual de seu país.

PSICOLOGIA DO ENCONTRO:
J. L. MORENO

EUGENIO GARRIDO MARTÍN

ÁGORA

Do original em língua espanhola
JACOB LÉVY MORENO: PSICOLOGIA DEL ENCUENTRO
Direitos para a língua portuguesa adquiridos por Summus Editorial

Tradução: **Maria de Jesus A. Albuquerque**
Capa: **DVDA – Brasil Verde**
Foto: **Luis Diaz**

Editora Ágora

Departamento editorial
Rua Itapirucu, 613 – 7º andar
05006-000 – São Paulo – SP
Fone: (11) 3872-3322
Fax: (11) 3872-7476
http://www.editoraagora.com.br
e-mail: agora@editoraagora.com.br

Atendimento ao consumidor
Summus Editorial
Fone: (11) 3865-9890

Vendas por atacado
Fone: (11) 3873-8638
Fax: (11) 3873-7085
email: vendas@summus.com.br

Impresso no Brasil

Sumário

Considerações preliminares............................ 7

I. Marcos de referência, evolução e constantes da obra de Jacob Lévy Moreno

  1. Marcos de referência............................. 15
  2. A psicologia terapêutica de Moreno e a psicanálise de Freud 47
  3. Constantes psicológicas do pensamento de Moreno....... 77

II. Antropologia psicológica de Jacob Lévy Moreno

  4. Espontaneidade e criatividade...................... 119
  5. Átomo social e grupo............................. 163
  6. O fator tele..................................... 195
  7. O papel.. 209
  8. A doença, a saúde e a terapia...................... 229
  9. O terapeuta, o ego-auxiliar e a catarse................ 253

Apêndice bibliográfico................................. 269

Considerações Preliminares

É bem possível que a escolha de um tema para investigação seja um fenômeno explicável ao nível da empatia ou, morenianamente falando, ao nível télico, e qualquer tentativa de justificação através de causas perfeitamente lógicas, certamente não passaria de uma racionalização *a posteriori.*

Agora, depois de longo tempo e maior interesse, devo perguntar-me — racionalizar, enfim — por que considerei útil e científica a sistematização da teoria psicológica de Jacob Lévy Moreno. Útil, como esclarecedora dos supostos básicos das terapias de ação e científica como contribuição no âmbito específico da psicologia social.

A substancial transcendência das doutrinas psicológicas do autor que ora estudamos é inegável, como também o é sua definida contribuição no campo da psicoterapia. Moreno teve consciência de seu importante papel de inovador no conjunto da psicologia e, num gesto muito seu e em palavras bem decisivas assim se expressa:

> Meu livro sobre a investigação da espontaneidade imprimiu uma mudança em dois dos principais problemas de nossos conceitos psicológicos e psicopatológicos, já acirradamente em discussão, durante 20 anos. A mudança foi dos métodos verbais para os métodos de ação (em que o aspecto verbal do comportamento é *apenas um* dos fenômenos) e dos métodos psicológicos individuais para os métodos de grupo (em que a conduta individual é posta num contexto delimitado por marcos referenciais mais amplos) *(Psicodrama).*

Moreno sabe que do seu confronto com o núcleo da pessoa — a espontaneidade — surgiram métodos ou terapias apropriadas à cura desse homem essencialmente espontâneo, baseados na ação e na relação social. Métodos e terapias que, em sua formulação final, expressam teorias e vivências de seu autor; Jacob Lévy Moreno pensa a partir de sua experiência como terapeuta, ou cura tornando vida suas claras, constantes e poucas — porém não pobres — idéias definitivas.

Não corremos nenhum risco afirmando que Moreno vive o que expressa e quando atua, ou melhor, usando suas próprias palavras, que ele faz de sua vida, terapia e teoria:

Espero que não pareça imodéstia, mas, por ser o psicodrama a minha criação mais pessoal, pude lançar mais luz sobre o seu nascimento, ao indagar suas origens em minha própria autobiografia *(Psicodrama)*.

Os círculos do pensamento e da técnica morenianos giram em forma concêntrica: às vezes Moreno pensa para resolver um caso concreto; outras vezes responde a uma idéia por uma ação terapêutica. Não é possível estabelecer uma causalidade; daí nos decidirmos pela implicação do viver-pensar-atuar.

Que J.L. Moreno seja um dos principais esteios da psicoterapia atual, já não se questiona entre as escolas e autores mais diversos. E não se trata de um vago e anônimo reconhecimento. Em geral, raros méritos lhe são atribuídos o que talvez se deva a serem parcos os elogios a inimigos do freudismo. S.H. Foulkes, de comprovada garantia científica e de suspeitosa afinidade psicanalítica, ao computar contribuições concretas trazidas a esse campo, salienta:

J.L. Moreno usou técnicas de grupo, em Viena, já antes de 1920 e, em 1931 cunhou o termo *psicoterapia de grupo*. Em sua fase americana contribuiu com muitos conceitos férteis relativos à dinâmica grupal, enfatizando as idéias de interação social, de "átomo social", de espontaneidade e as possibilidades dramáticas (psicológicas e sociais) latentes em todo grupo. Suas técnicas sociométricas têm sido valiosas para a investigação grupal *(Psicoterapia psicanalítica de grupo)*.

Sem em nenhum momento se exceder e mais no intuito de minimizá-lo, Foulkes contabiliza, a favor de Moreno, contribuições relativas à interação social e à investigação de grupos. Na mesma linha, R. Sarró lhe concede a vanguarda: "Está demonstrado que foi Moreno o primeiro a empregar o termo "psicoterapia de grupo" *(Jacob Lévy Moreno: La era de los grupos)*.

Numa observação sintética e substancial, Bernstein acrescenta:

O balanço recapitulativo credita, a favor de Moreno, o mérito de haver introduzido pelo menos duas mudanças essenciais nas técnicas de investigação projetiva através de cenas; transformou o método verbal em método ativo, que inclui a verbalização como um de seus aspectos, e transformou o método individual em grupal *(Moreno y los tests proyectivos de escena)*.

Com efeito, na terapia moreniana a ação superou a palavra e o grupo expressou a dimensão relacional da pessoa. Aos poucos, a crítica foi concedendo a Moreno um reconhecimento justo. Talvez o mais elogioso qualificativo o recebeu quando Lynn Smith, tomando consciência de uma profunda ruptura na linha psicanalítica, falou em revolução:

8

Moreno desencadeou uma revolução tecnológica em psicoterapia. Isolando, esclarecendo e utilizando o mais irritante dos aspectos da terapia, o da atuação, conseguiu, talvez, a mais original e a mais profunda das mudanças na literatura e na técnica da psicoterapia desde os seus começos (Comentário a um capítulo da obra de Moreno).

E não precisamos distorcer intencionalmente os testemunhos para chegar a um consenso uníssono com relação às *técnicas* morenianas, esquecendo quase totalmente as teorias psicológicas de nosso autor.

Não há dúvida e não se pode negar que J.L. Moreno é além de criador da psicoterapia de grupo e da sociometria, o pai das terapias de ação. O que a crítica não aceita suficientemente — embora tão inegável e fora de dúvida para nós — é que a energia de suas técnicas venha de suas idéias e que se corre um grande risco ao mecanizar e comercializar sistemas psicoterapêuticos nascidos da reflexão vivencial. Não se pode limitar simplesmente ao seu alcance técnico, nem o psicodrama, nem a psicoterapia de grupo, nem a sociometria, porque isto significaria amputar-lhes algo de essencial.

De fato, as idéias morenianas que sustentam os seus métodos psicoterapêuticos foram em grande parte desconhecidas e ignoradas, mesmo em 1959, quando Moreno, tomando consciência da gravidade da situação reclama uma filosofia terapêutica, dizendo: "O tempo e a investigação ulteriores mostrarão se os meus métodos podem ser aplicados, de forma eficaz, sem que meus fundamentos teóricos sejam aceitos" *(Psicoterapia de grupo e psicodrama)*.

Não encontramos uma única sistematização das doutrinas de Moreno. Se excluírmos as conferências recolhidas em manuais mais ou menos especializados — porém simples manuais — nem sequer poderemos observar tentativas de um enfoque global da obra do psicólogo sefardim. Realmente, nossa investigação não registrou nenhum conjunto de opiniões sólidas de outros autores porque, a nível global, essa bagagem crítica não existe. E para que não nos seja imputado como falta, vamos esclarecendo desde agora que todo o mínimo estimável encontrado foi registrado ou referido em nosso trabalho.

É possível que essa carência, paradoxalmente dificulte e facilite a investigação a que nos propomos. É grande o risco, porém não nos resta outra opção: pretendemos fazer algo de útil à psicologia social e temos a nosso favor um extenso e fecundo campo a desbravar.

Provada a originalidade criadora de Jacob Lévy Moreno, aceita sua valiosa contribuição à psicologia social e à psicoterapia e evidenciada a falta de aprofundamento e de sistematização de suas doutrinas, fica justificada a intenção do estudo que nos propomos: as teorias psicológicas de Jacob Lévy Moreno.

Defrontamo-nos com uma extensa, anárquica e problemática obra entremeada de vivências de seu autor e remotamente enraizada em experiências místico-religiosas. Às vezes nos foi difícil delimitar onde acaba o homem e onde começa o seu pensamento, sendo difícil, outras vezes, decidir quando fala o profeta e quando fala o terapeuta. Mas, o que era obstáculo findou por matizar e enriquecer idéias e palavras, sem jamais comprometer a objetividade.

Sem renunciar à riqueza humana subjacente, procuramos submeter a obra de Moreno a uma análise rigorosa até conseguirmos uma sistematização expositivo-crítica de seu pensamento. De fato, a melhor síntese da ideologia de um autor seria uma obra-compêndio, elaborada unicamente a partir de suas próprias palavras, colhidas em seus vários escritos e perfeitamente ordenadas.

E foi um pouco o que tentamos fazer: basear toda afirmação nos próprios textos do autor. De outro modo poderíamos transmitir uma impressão pessoal, mais rica ou mais exata, porém no final das contas, susceptível de subjetivismo crítico. Nossas opiniões estão sempre referendadas por citações textuais, chegando muitas vezes a não passar de simples comentários sobre o texto moreniano: conscientemente porque assim o exige o leitor especializado a que nos dirigimos.

O outro extremo, também vicioso, implicaria a absoluta ausência de juízo crítico. Sem abusar, porém a cada momento conclusivo, analisamos as idéias de Moreno, defendendo-as ou impugnando-as, a partir do marco psicológico em que nos movemos.

O máximo de esforço nos foi exigido pela dispersão e, pela interferência vida-obra: Moreno escreve anarquicamente como vive, e a vida é espontânea e não delimitada. Delimitar e estruturar essa energia ideológico-experimental nos levou ao encontro de três necessidades ou de três resultados que passaram a ser a inervação de nosso estudo.

Antes de tudo é preciso delimitar o contexto do pensamento moreniano: desde o seu aparecer na Europa conflitiva dos primeiros anos do século, até o seu findar tão próximo, em 14 de maio de 1974, no contexto comercializado dos Estados Unidos da América. Pelas datas torna-se possível perceber a evolução sócio-cultural e o enorme salto que daí resulta.

Delimitar significa deslindar para, de um lado perceber o enraizamento no contexto sócio-humano e, do outro lado, diferenciar a contribuição individual. Demarcar o pensamento de J.L. Moreno exigiu uma multiplicidade de perspectivas; foi preciso situá-lo no campo da filosofia, da sociologia, da psicologia, da terapia e até da pedagogia, porque são diversos os matizes de sua ideologia. Estes marcos referenciais se circunscrevem ao crítico e transcendental momento das origens de nosso século.

A diferenciação e a originalidade da teoria e da técnica morenianas nos impuseram seu estudo comparativo com a psicanálise de Freud. Particularmente difícil e agradável nos foi esse prévio confronto do pai da terapia individual com o pai da terapia relacional. Confronto que consideramos ao mesmo tempo satisfatório e decisivo. Da comparação com Freud, apareceram nitidamente os propósitos e a força de nosso pensador e terapeuta.

O deslinde do enraizamento de Moreno em seu momento histórico-científico corresponde aos dois primeiros capítulos deste livro, com os quais pensamos haver fundamentado sua obra.

Como segunda proposição, impôs-se a definição estrutural e global, de suas idéias dispersas, que nos exigiu (Capítulos 3 e 4) conjugar dois princípios: a evolução e a continuidade. Evolutivamente, veremos perfilar-se o terapeuta, a partir do místico, e observaremos o caminhar de seu pensamento para as definições finais. Com objetivos que implicando o pano de fundo de sua cronologia existencial, não é sem razão que o homem que vive é o Moreno que pensa.

A continuidade, o estudo diacrônico de algumas atitudes constantes ao longo do tempo, nos põe diante da realidade vertical: as poucas no entanto substanciais posturas anteriores que permanecem no complexo sistema de um pensamento anárquico. Estas poucas constantes definem o pensar moreniano, o estruturam e unificam, e daí nos arriscamos a formulá-las. Esta implicação diacrônico-sincrônica nos põe em contato com a realidade intrínseca do pensamento de Moreno. E depois, em nossa terceira proposição, torna-se fácil derivar de sua atitude para a sua opinião ou pensamento sobre o homem: dedicamos à *antropologia de Jacob Lévy Moreno* a segunda parte de nosso estudo.

Moreno concebe o homem em sua dupla dimensão individual e relacional. Ao nível do indivíduo, seu núcleo antropológico é a espontaneidade; tentamos pois compreendê-lo de modo exaustivo, desde sua forma mais genérica à mais pragmática, por ser a espontaneidade a substância, a alma da pessoa.

Relacionalmente, Moreno cria o conceito de grupo-sujeito, que se nutre da "tele-estrutura". Achamos que os dois conceitos — grupo e "tele" — foram abordados em toda sua extensão. Talvez seja o campo específico de nosso autor que, se algo é, é o pai da psicologia grupal; daí o grande interesse aqui dispensado.

Do ponto de vista pragmático, esse homem, indivíduo e grupo, assim concebido por Moreno, atua através do "eu-tangível", ou seja, através do "papel". A análise desta personalidade que se manifesta na conduta torna-se básica porque define o homem e porque o expressa em sua normalidade.

Um só e definitivo aspecto da obra moreniana permanecia intacto: o sentido terapêutico, que é primordial, e ao qual fomos conduzidos pelas abordagens teóricas anteriores. Repetimos insistentemente que Moreno pensa obrigado pelas suas dificuldades de psicoterapeuta, pensa para encontrar soluções. Embora a implicação ideológica-ativa tivesse já explicado a outra face da pessoa, quisemos abordar o tema do adoecimento e da cura de maneira a extrair as conclusões que lhe estão implícitas. O homem doente e seu estudo é um tema muito querido de Jacob Lévy Moreno, talvez porque o místico do "gênio", da "criação permanente", do "homem-Deus" não se resigne com a miséria do adoecer. Moreno se sente fazedor de novos homens, ou seja, terapeuta.[1]

---

1. Visando a uma leitura mais rápida da presente obra, optamos por citar os textos de Jacob Lévy Moreno nas traduções castelhanas, sem corrigir os anglicismos e incorreções lingüísticas, quando existentes. Das obras não editadas em castelhano, traduzimos diretamente no corpo do texto, porém conservamos no final de cada Capítulo a citação original em alemão ou em inglês. Todas as citações são feitas a partir da edição anotada quando a obra é citada pela primeira vez.
N.T. — As citações foram revistas de acordo com as traduções castelhanas nas edições utilizadas pelo autor.

I
Marcos de referência, evolução e constantes da obra de Jacob Lévy Moreno

1
Marcos de Referência

1. *Introdução*

Quando nos propomos um confronto científico com as idéias de um autor, sabemos de antemão, que esse autor e suas teorias não surgem *ex abrupto* e que se faz necessário examinar o contexto, as circunstâncias e a cultura em que nasceram. Faz-se necessário, portanto, uma acareação prévia com o que Moreno e, mais incisivamente, sua colaboradora A. Jennings[1] chamariam de cultura estabelecida e conservada.

Os pouquíssimos autores que timidamente se aproximaram das teorias morenianas — aproximação nem sempre bem sucedida — tentaram explicar as circunstâncias ambientais em que ele viveu. Se durante seus anos de estudante Moreno trabalhou inicialmente com crianças, nos jardins de Augarte, empregando umas técnicas bastante liberais[2] imediatamente pensamos na influência recebida de Rousseau, Fröbel ou Pestalozzi[3]. Mais tarde, ainda estudante, trabalha com refugiados e com prostitutas e nos leva a considerá-lo muito bem informado com relação às doutrinas sociológicas de Comte, Durkheim ou G. Tarde; aliás esses autores são citados, embora de passagem, em algumas de suas obras. Também nos sentimos atraídos a tentar um cotejo entre Moreno e a psicanálise; tentados tanto quanto J. Chaix Ruy que chega a fazê-lo discípulo de Freud e praticante de sua terapia: — "Passou muitos anos em Viena como discípulo convicto do Dr. Freud"[4] —, esquecendo que o próprio Moreno assegura só ter visto o Dr. Freud uma vez, rapidamente, nos corredores de um hospital, enquanto cumpria suas práticas psiquiátricas[5]. Acontece por termos uma formação determinada, em campos específicos, e num exibicionismo talvez não cientificamente ortodoxo tudo passarmos por esse tamis. Fugindo desse extremo, nosso propósito é permanecermos estritamente ligados às suas referências pessoais, tão freqüentes em suas obras, renunciando às tentativas de raízes ou atribuições não demonstráveis a partir de seus próprios escritos, por mais convincentes que elas nos pareçam.

Veremos que Moreno é um escritor fecundo, original e altamente criativo, mas não ao extremo de ignorarmos a possibilidade de que alguns pensadores que o precederam, o tenham influenciado.

A sociometria, com seus três ramos: o sociodrama, o psicodrama e a psicoterapia de grupo, não se desenvolveu no vazio. Muitas gerações de filósofos haviam já anunciado a hipótese que procurei formular e submeter à prova experimental. Não me faço ilusões sobre a importância do meu papel pessoal e tenho clara consciência de que a sociometria poderia ter nascido sem mim, como a sociologia poderia ter nascido, na França, sem A. Comte, ou o marxismo, na Alemanha ou na Rússia, sem Carl Marx[6].

É nossa tarefa examinar o que Moreno conhece dos campos afins aos temas por ele abordados, como os julga ou como os assimila. E, sempre criativo, o próprio Moreno nos propõe um método, quando sugere a possibilidade de se realizar o sociograma de um autor, através dos escritores citados em seus livros: buscar nas citações os nomes freqüente, carinhosa ou reverencialmente repetidos e constatar as omissões dos que, trabalhando no mesmo campo, são ignorados. Também a citação irônica e agressiva seria levada em conta neste sociograma[7].

2. Marco filosófico

Embora talvez possível, não é fácil tentar o sociograma de Moreno como autor e, inclusive, configurar seu átomo social como escritor: suas atrações suas preferências e suas rejeições. Também não seria uma tentativa entusiasmante, pois as atrações e rejeições obedecem a diversos critérios — um autor pode ser preferido sob um aspecto e rejeitado em outro — e nem a mais exaustiva estatística nos permitiria uma informação sociométrica satisfatória. Trata-se, fundamentalmente, de saber de onde vem Moreno como pensador e como terapeuta; essa tarefa é complexa, pois na busca de uma visão mais total, faz-se necessário analisar, além de sua procedência, as inter-relações.

Bergson

Se nos guiássemos pelos autores que investigaram o pensamento moreniano, teríamos certamente a impressão de que ele não seria mais que um continuador das teorias de Bergson. Conhecendo-os parece-nos lógico apontar semelhanças, senão identidades existentes entre os seus conceitos e posturas básicas, frente aos problemas ditos filosóficos. Bergson defende saudavelmente, que o filósofo deve aproximar-se da realidade tal como é em si, e não tal como se nos apresenta; quer chegar ao originário:

> Volto à visão direta das coisas, para além de todos os símbolos figurativos; desço às profundezas íntimas do ser para surpreender suas pulsações de vida, em sua qualidade pura; a sua respiração interior em seu ritmo mais secreto[8].

Também Moreno busca surpreender as coisas no momento privilegiado do nascer, do seu começar, do engendrar-se, antes que o pensamento, a palavra ou a cultura as fossilizem e as transformem numa lembrança histórica e vazia, numa "conserva".

> Pode-se conceber uma atitude completamente oposta; consistiria em entrar na vida mesma, como diretor de cena, a fim de criar uma técnica que, apoiando-se no presente imediato, seguisse a direção de uma evolução espontânea e criadora, a própria direção da vida e do tempo[9].

Para Bergson nessa busca da natureza "em si" o maior impedimento, vem da palavra e da ciência definitiva que nos obrigam a olhar-nos e a olharmos em torno de nós com o olhar de outros, dos que nos precederam, dos que fizeram a linguagem e, com ela, o pensamento que divide a realidade em compartimentos estanques, estáticos e eternos.

Poucos escritores se terão pronunciado tão duramente contra o dado, contra o oferecido pronto, contra os hábitos estabelecidos, inclusive contra a palavra, como o fez Moreno. Nada o incomoda tanto como ver o homem, em busca de segurança, aferrar-se aos produtos culturais, esquecendo a sua originalidade e todas as suas possibilidades pessoais. Encontramos em Moreno, já em suas primeiras obras — donde, em seus 19 ou 20 anos — uma postura agressiva e desapiedada frente à palavra e frente ao que mais tarde chamará de conservas culturais.

> O mito não fenecerá
> à tua vista, mas, em troco, desaparece:
> porque se esfuma em qualquer esquina
> te rogo, não amontoes minhas palavras
> quando minha voz não mais ressoe[10].

Porque a palavra não nos leva às coisas tais como são em si, Bergson propõe a intuição, o contato imediato, experiencial. Também a intuição tem sua correspondência moreniana: a *ação*, o viver, o experimentar na própria carne; idéia quase obsessiva em Moreno, desde sua juventude, e na qual se vai gerar o psicodrama.

Pela intuição dirigida ao próprio eu como objeto mais próximo, Bergson chega à experiência de sua duração que, por sua vez, supõe a espontaneidade, a incompatibilidade da pessoa. Se existe um tema central na teoria de Moreno, é a espontaneidade. Sobre a espontaneidade se vai desenvolver sua teoria do mundo, do homem, do adoecer e do sanar; todas as suas técnicas terapêuticas não visam senão, despertar a espontaneidade criativa do homem.

Bergson passa do homem ao mundo — e também aqui se encontra com a duração e com a espontaneidade — e conclui que há uma força nova, o *élan vital*, que dirige o evolucionismo biológico do mundo. Em Moreno novamente se apresenta o paralelismo: com a sua concepção evolucionista e otimista do mundo guiado pelo *élan vital* da espontaneidade. Moreno, como Bergson, lança o homem na cosmogonia total:

> "O homem é algo mais que um ente psicológico, biológico, social e cultural; é um ente cósmico... Porque, o bem é co-responsável por todo o universo, por todas as formas de ser e por todos os valores, ou sua responsabilidade não significa absolutamente nada... Além da 'vontade de viver' de Schopenhauer, da 'vontade de domínio' de Nietzsche e da 'vontade de valer' de Weininger, proponho eu, a 'vontade do supremo valer'. A partir daí, apresento a hipótese de que o cosmos em devenir seja a primeira e última existência e o valer supremo."[11]

Não terminam aqui os possíveis paralelismos, quase sinóticos, entre o pensamento de Bergson e o de Moreno. Também sedutora é a comparação entre os dois estilos, superabundantes em metáforas, fruto da aversão à palavra e do amor ao ambiente imediato e efetivo. Mais e mais comparações seriam possíveis se, arrastados pelo declive do paralelismo, houvéssemos esquecido as regras do jogo. O paralelismo existe. Mas, o que Moreno nos diz, explicitamente, sobre Bergson? qual o seu julgamento sobre as teorias bergsonianas? A relativa freqüência com que o nomeia e as citações diretamente buscadas em suas obras[12], em princípio nos garantem um amplo conhecimento de Bergson como filósofo e nos faz pensar numa leitura mais aprofundada de seus escritos. Moreno não desconhece que a crítica tenta filiar sua obra a autores como Mead, Martin Buber, Kierkegaard, e ao próprio Bergson. Ele não nega abertamente esta filiação e, de suas palavras pouco explícitas também não podemos deduzir que isto lhe agrade. Mantém-se em terreno neutro, simplesmente constatando sem consentir ou negar[13].

Moreno concede a Bergson um mérito que, ao ser concedido por ele, pode-se qualificar como declarado elogio: o ter sabido aproxi-

18

mar-se do curso da vida a partir da espontaneidade, numa época em que predominavam as ciências positivas.

Esclareceríamos ser o único mérito reconhecido por Moreno, em Bergson. Mas por ser único não diminui a possível influência de Bergson em Moreno, pois, como poderemos ver a espontaneidade é o eixo em torno do qual giram as teorias e técnicas morenianas. Se pudéssemos chegar à conclusão — a que não chegaremos — de que Moreno recebeu influência direta de Bergson com relação à espontaneidade, nossa afirmação quanto ao parentesco de primeiro grau entre os dois autores seria categórica. Digo que não chegaremos, entre outras razões, pela equivocidade que acompanha o julgamento moreniano referente ao conceito de espontaneidade, em Bergson, sempre que lhe reconhece o mérito de havê-lo introduzido na filosofia, completa sua opinião com uma crítica negativa. E chega à crítica mais radical quando, opinando sobre o esforço de Bergson para desprender-se da razão que separa, divide e abstrai da realidade, acusa-o de cair no que censura, pois sua teoria é abstrata e metafísica:

> Henri Bergson teve o mérito imortal de ter sido o primeiro a lançar a idéia de espontaneidade nos *Données inmediatos* e em sua doutrina do *élan vital*. Porém, em Bergson, esta idéia permanece no plano metafísico; o psicodrama e o sociodrama fizeram descer do céu à terra, os conceitos de espontaneidade e de criatividade[14].

Também critica sua teoria central da *durée*, do tempo, que a tal ponto é movimento, puro *fieri*, que não dá lugar ao instante, ao momento, ao aqui e agora em que se dá o ato espontâneo e criador. Para Moreno não há dúvida de que, quando um autor ou um artista cria uma nova obra, isto acontece num aqui e num agora ou seja num instante determinado de sua vida. E porque em Bergson não cabe a possibilidade deste momento, Moreno combate-o duramente: o universo de Bergson não pode começar nem pode descansar; é um sistema em que não há lugar para o "momento".

Vamos nos adentrando em conceitos básicos da teoria de Moreno: a espontaneidade criadora, porém uma espontaneidade que se dá em um "momento" concreto da vida de um homem também concreto. São conceitos desenvolvidos teoricamente por ele e levados à prática ao longo de toda sua vida e toda sua obra.

Embora à primeira vista nos pareça indiscutível a influência do filósofo francês sobre o psicólogo sefardita, essa crítica incisiva e repetitiva nos induz à dúvida. Dúvida não quanto à existência, mas quanto à sua intensidade: é-nos difícil aceitar que um autor a quem Moreno é capaz de julgar com frieza e distância e de quem reclama vivências mais profundas e de maior força persuasiva, haja determinado suas teorias de forma definitiva:

19

A contribuição de Bergson neste campo foi a de reintroduzir, na filosofia, como princípio, o conceito de espontaneidade. Mas há grande distância entre a idéia intelectual da espontaneidade bergsoniana e a espontaneidade "existencial" de um Cristo ou de um protagonista psicodramático[15].

E Moreno fica com o existencialismo religioso, com o Cristo, a quem compara com o ator psicodramático, em sua técnica preferida. Assim, devemos abandonar a rota de Bergson, embora importante e sugestiva, para avançarmos por este novo caminho que se abre diante de nós e que nos parece mais fecundo.

Kierkegaard

Considerando a última citação, torna-se quase inevitável pensar no existencialismo e, mais concretamente, no primeiro existencialista: Kierkegaard[16]. Nos estudos sobre as teorias de Moreno não encontramos referências a este fato. Existe porém um longo artigo seu, dedicado ao existencialismo e ao próprio Kierkegaard. O silêncio da crítica decorre talvez de não ser fácil perceber, à primeira vista, qualquer paralelismo entre esses dois autores, e de ser ainda mais difícil descobrir a mais leve dependência moreniana. O otimismo que transborda nos escritos de Moreno é antagônico ao horror, à necessidade, à angústia e ao pecado que porejam em Kierkegaard. No entanto, mais profundamente, aos dois preocupa uma existência autêntica, vivida, em que haja lugar não só para a lei da razão e para o senso comum, mas também para o irracional e para a loucura, porque são vida. E Moreno admitiria o paradoxo e o absurdo de Jó e de Abraão com quem Kierkegaard se identifica. No psicodrama, junto à quotidianidade e à problemática da vida, cabem as marginalidades da existência, não menos humanas, e cabem até os delírios patológicos do esquizofrênico. Tudo é existencial e não só cabe e se expressa, mas até se requer no psicodrama moreniano:

> A filosofia psicodramática entrou em cena por volta de 1920, contrariando as valorações psicanalíticas e proporcionando às forças criativas não dirigidas e anárquicas um ajuste positivo e um ponto de ancoragem, através de: 1) declarar *normal* o patológico e proporcionar a todas as formas de comportamento patológico um mundo *sui generis*...; 2) proporcionar a todas as formas subjetivas de existência, inclusive à profética e à desviada do normal, um lugar em que se possam realizar e, casualmente transformar-se, ao abrigo das restrições da cultura dominante[17].

Também Moreno vive, como Kierkegaard, um profundo sentimento religioso fundamentado na Bíblia e, igualmente a ele, encontra nos santos, modelos ou metas de vida.

Kierkegaard não foi, de modo algum, original com relação ao seu credo existencial. Não fazia senão repetir os ensinamentos das Sagradas Escrituras. Apenas poderá citar-se, na literatura religiosa, o caso de uma pessoa que insistiu mais em Jesus Cristo e na convalidação existencial, assim como na luta contra a decadência interna da igreja de seu tempo[18].

E Moreno comenta sobre si próprio:

Jesus inspirou muitos conceitos e técnicas sociométricas... o que eu não vacilaria em admitir com relação à sociometria ou à psicoterapia de grupo porque não posso imaginar como teriam surgido sem a base cultural de Moisés e de Jesus...[19].

A Moreno e a Kierkegaard, lhes dói que não se viva a religião como a viveram seus fundadores, e os dois renegam a doutrina e os costumes mumificados, desvitalizados. Uma das únicas passagens do diário de Kierkegaard, literalmente citadas por Moreno, reflete essas idéias[20]. Tanto Moreno como Kierkegaard se sentem imbuídos de espírito profético ou messiânico, espírito que no dinamarquês, segundo Moreno, terminou falido:

Kierkegaard, contra sua própria vontade, converteu-se em ''analista da existência''. Seu desejo não era analisar a existência, porém ''realizar'' a existência. O que ele queria não era analisar-se a si mesmo, mas converter-se, no aqui e agora, em médico e salvador do cristianismo de sua época[21].

Se, partindo da primeira perspectiva referencial dessas últimas páginas, compararmos o que Moreno diz sobre Bergson e sobre Kierkegaard, perceberemos que existe um reconhecimento intelectual e distante com relação a Bergson, e ao contrário, uma afetuosa cordialidade mesclada de pena, em suas opiniões relativas a Kierkegaard. Sua identificação com o dinamarquês é mais pessoal, mais íntima e não intelectual como com o gaulês.

No entanto, seria direto o parentesco ideológico entre Moreno e Kierkegaard? Podemos afirmar que Moreno leu e assimilou pessoalmente as suas doutrinas?

Na minha opinião, não existe esta via Kierkegaard-Moreno, tão direta, mas através de alguns movimentos que, impulsionados pelo dinamarquês, tentaram viver o que ele apenas pôde pensar e formular.

Existencialismo heróico: o seinismo

Moreno chama de existencialismo heróico, precisamente a esta geração, que teve suficiente força para dar o salto a que não se atreveu Kierkegaard: viver suas teorias no aqui e no agora. E nos dá os nomes desses heróis que num determinado momento abandonaram suas brilhantes carreiras, como filósofos ou escritores, para se dedicarem à vida. Um Péguy, de quem Mounier — e Moreno está de acordo — afirma:

> Il n'aurait pas toleré, en effet, aurait-il même compris que l'on essayât d'isoler en lui le penseur de l'homme. Du même mouvement, il pensait sa vie et vivait sa pensée qui se croisaient l'une sur l'autre comme deux mains jointes pour une même prière. Aucune des deux ne soufraient de cette union, tant elle était naturelle, centrale[22].

Outro herói existencial é Albert Schweizer, que foi viver nas selvas sul-americanas e, de tão longe da cultura ocidental, através de seus escritos cheios de otimismo ético, sonha e busca, a reforma de nossa civilização.

Por isto, proclamo duas verdades e concluo com uma grande interrogação. As verdades são as que acompanham o caráter ético básico da civilização e de nossa teoria do universo. E pergunto: haverá alguma possibilidade de encontrar-se no pensamento, um alicerce real e permanente, para sustentar uma teoria do universo que seja tanto ética como afirmativa do mundo e da vida?[23]

Em seu catálogo dos existencialistas heróicos menciona também Otto Weininger e Leon Tolstoi.

E nem sequer este grupo de homens, contemporâneos do próprio Moreno no alvorecer do século, teve sobre ele uma influência definitiva. Não lhe parece que vivam um existencialismo autêntico. E por trás de sua acusação de excessiva teoria ética, surge a esperança de que "haveria de dar, depois deles, um passo a mais". E este passo se dá em Viena. Precisamente na Viena quase monopolizada por Freud e seus discípulos, em pleno ardor psicanalítico, na cidade matriz das grandes inovações, durante as primeiras décadas do século.

Moreno, estudante, entra em contato com as últimas ramificações do "existencialismo heróico vienense" — do qual nos é difícil chegar a um maior conhecimento a não ser através do nosso autor — onde encontramos os últimos e talvez os mais fortes fios que tecem a rede de influências do psicólogo sefardita. As primeiras lembranças que Moreno guarda, vinculadas ao nome de Jaime Kellmer (1885-1916), já as expressa com entonações de calorosa vivência:

Uma das experiências mais importantes de minha vida foram as coisas feitas por Jaime Kellmer, meu amigo de juventude, que deliberadamente... abandonou sua carreira universitária e, de filósofo e escritor converteu-se em simples lavrador[24].

Não nos faria falta uma ulterior afirmação, para podermos assegurar a influência deste existencialismo heróico vienense, na obra e vida morenianas. Embora desnecessária, Moreno a proclama rompendo um anonimato: "A filosofia deste grupo foi descrita numa série de publicações anônimas instigadas por quem escreveu isto."[25]

Esse impessoal, quem o subscreve é Jacob Lévy Moreno que, em seguida, dá informações esclarecedoras: as fontes em que esta filosofia do grupo vienense pode ser encontrada são suas próprias obras aparecidas entre 1914 e 1919.

A dúvida sobre a possível dependência se agrava ao não se poder determinar a influência de quem sobre quem, ou melhor, ao não se poder manter clara a dualidade que supõe o conceito de influência. Começamos a suspeitar — e queremos defender essa tese — que o próprio Moreno seja o promotor desse grupo e que, para chegarmos a compreender em que consistia tal movimento existencialista vienense, devemos buscar em suas obras, as proposições ou exigências dessa forma de vida. Este movimento é o "seinismo", a ciência do ser. Fazendo-o derivar de Kierkegaard, não o poderíamos pensar como sendo uma meditação ontológica sobre o ser, à maneira de Parmênides. Vamos deixar que Moreno mesmo resuma os princípios desta filosofia e consideramos que o conteúdo do próximo texto justifica sua extensão:

> Entre os princípios básicos deste grupo o primeiro era o da "significação indivisa" do ser e o esforço constante para manter, momento por momento, ininterruptamente, o fluxo natural e espontâneo da existência. Deste modo, não se pode passar por cima de nenhum momento da existência, pois cada momento nela se encontra. Parte alguma poderia excluir-se, desde que todas as partes estão na existência e a existência é uma só. O segundo princípio é o da bem-aventurada bondade de todas as coisas existentes. Havia também: o princípio do *instante (Augenbick)*, não como função do passado ou do futuro; a idéia da *situação (Lage)* e dos desafios que ela implica; as idéias de espontaneidade e de criatividade como processo universal de conduta, em contradição com os clichês e as normas de cultura já superadas, e havia a fundamental idéia de urgência, a urgência de viver imediatamente a realidade desses princípios[26].

Outros caminhos, sobretudo o de Bergson, se insinuam constantemente como incitadores do pensamento e da terapia de Moreno. Creio porém que depois desta síntese, já não restam dúvidas de que o seu caminho é o seinismo, esse existencialismo heróico vienense. Não poderia haver maior identidade entre o que Moreno pensa ser a essência do seinismo e o que será sua própria doutrina. Não é necessário recorrer a outras fontes para centrar os conceitos que serão conceitos chaves em toda a obra posterior do sefardita. Espontaneidade, criatividade, momentos, *hic et nunc*, *locus* e *status nascendi* parecem-nos a síntese dos temas básicos que devemos tratar amplamente ao longo desse trabalho.

Se numa simples apresentação estatística realizada por um computador oferecêssemos o número de freqüência destas palavras, em todas as suas obras, ficaríamos surpresos e plenamente convencidos da significativa transcendência desta filosofia seinista em toda a existência moreniana.

É patente o seu desprezo pelo outro existencialismo, a que chama de intelectual, pois se preocupou com os problemas da existência e não com o existir, com a existência mesma, no aqui e no agora.

Também podemos compreender que Moreno, justificadamente se considere o antecessor da terapia existencial. O método terapêutico que vai nascer desta filosofia heróica — o psicodrama — depois de passar por uma primeira fase de mera experimentação teatral é, na verdade, uma terapia existencial:

> A debilidade da análise existencial consiste em que, embora tendo desenvolvido um sistema filosófico, não ter sido capaz de criar uma tecnologia própria. Porém me parece que a tecnologia que melhor responde às exigências da análise existencial, já existe: é o psicodrama. Não é por casualidade que o método psicodramático se adapta à análise existencial. O psicodrama proclamou, há mais de trinta anos, algumas das teses mais importantes da análise existencial[27].

Um dos terapeutas existencialistas, o suíço Medard Boss, comentando a tese que acabamos de expor e da qual teve conhecimento através do próprio Moreno, que lha enviou pessoalmente, não faz restrições em aceitá-la:

> Deve causar uma justa satisfação a Moreno, o saber que os terapeutas existencialistas do continente europeu, em grande parte, se converteram em psicodramatistas, no sentido que lhe é conferido por ele, embora, até o momento, não estejam muito conscientemente advertidos do que isto implica. Ser-lhes-ia de grande utilidade descobrir que na obra de Moreno sobre psicodrama e sociometria, podem encontrar um guia fecundo para o seu próprio trabalho[28].

A representação, a encenação do drama do indivíduo como terapia existencial, é uma tentativa de Jacob Lévy Moreno procurando tornar socialmente eficaz a vida heróica porém inútil de seus amigos seinistas vienenses. Vivendo como eles, entre eles, sendo inclusive seu mentor, encontrou o fundamento das teorias e das técnicas que desenvolverá durante toda sua vida, sem desvios substanciais.

Esta afirmação final pode ser sustentada sem risco científico depois de constatar-se um fato e responder-se a uma pergunta. O fato constatado é que as obras escritas por Moreno nesta primeira fase de sua vida, reaparecem total ou parcialmente traduzidas em inglês e inseridas em escritos de trinta e quarenta anos depois, pela constante referência a passagens desses primeiros artigos, a ponto de, algumas delas, poderem ser reproduzidas quase integralmente, sem que se tenha o original. E a pergunta, referente à causa deste fenômeno, exige uma só resposta: Moreno não rompe com as idéias de sua juventude ao longo de sua vida, e sua obra é, fundamentalmente, o desenvolvimento desse primitivo gérmen ideológico. Assim compreendido, o seinismo é muito mais importante para a psicologia de Jacob Lévy Moreno do que à primeira vista poderíamos suspeitar: é sua essência vital.

Nessa mesma direção e talvez escandalizando algum moreniano, me recuso a silenciar a única interpretação viável — ou pelo menos não encontro outra que me satisfaça — de fatos biográficos insistentemente repetidos pelo autor e por seus comentaristas: sua dedicação às crianças nos jardins de Augarte (1908-1911), seu trabalho com prostitutas (1913-1914) e finalmente, nesses mesmos anos, seu trabalho com refugiados tiroleses no campo de Mittendorf (1917). Datas todas coincidentes com os anos em que Moreno era estudante e, prestemos atenção, coincidentes com os anos em que, em Viena, o seinismo alcança seu apogeu.

O denominador comum a estas situações é o elemento humano, a quem, entre apostolado e idealismo, Moreno dedica suas preocupações: os fracos, os marginais, os que — utilizando a linguagem existencialista — mais vivem o horror da existência; os existencialistas mais "existenciais", diria ele. Se a tudo isto unirmos a sua admiração pelos existencialistas heróicos que "freqüentemente abandonaram a tarefa de escrever livros e, à maneira de uma cruzada, se propuseram uma existência ousada, uma existência para si mesmos, anônima e intensa"[29], facilmente concluíremos que, nessas três experiências de sua juventude, Moreno fazia tentativas de vida heróica, semelhante à vida daqueles a quem admirava.

Não me é fácil acreditar — contra a opinião de muitos de seus comentadores e até do próprio Moreno — que nessa época, ele pensasse já em suas teorias sociométricas. Custa-me aceitar esta relação de causa-efeito. Para mim é difícil aceitar que Moreno tivesse idéias sociométricas prévias e quisesse pô-las em prática, trabalhando com esses grupos. Não me custa, no entanto admitir que, guiado pela filosofia do seinismo e a exemplo de seus porta-bandeiras, fora viver, como seu amigo Kellmer, com os grupos deserdados e, estando com eles, ficara alerta à necessidade de medir, de traduzir as inter-relações dos membros desses grupos. Só a sociometria não justifica uma decisão tão vital; o motivo, repito, era mais profundo. Além disso, como compreender que tendo idéias psicoterapêuticas ou referentes ao estudo científico de grupos, já em 1908, essas idéias não apareçam coletadas senão em 1934, em estudos que se referem às suas experiências de 1932 e não às anteriores? Sendo as experiências de 1908, já experiências sociométricas ou psicodramáticas, no sentido de um psicodrama terapêutico, nada existe justificando este silêncio em suas obras.

Com certeza não são estudos sociométricos e, tampouco psicodramáticos. Como veremos, o psicodrama como terapia foi uma descoberta fortuita quando, em 1921, Moreno fazia teatro da espontaneidade. Não há alternativa. Estas primeiras experiências de trabalho com grupos são tentativas do jovem, querendo levar o seinismo até o fim, em sua própria vida e não apenas em sua mente. As alusões certamente deformadas que Moreno muitos anos depois e já psicoterapeuta — faz a esta época, deixam ainda entrever reminiscências seinistas:

> Desde que as crianças de um determinado grupo tinham aprendido a conhecer cada árvore, cada flor e cada animal do jardim, como indivíduos e amigos... quando chegaram a conhecê-los, não somente como objetos de estudo, mas como membros de uma grande família de seres humanos...[30]
> Jogo, não só como epifenômeno que acompanha e reforça os objetivos biológicos, porém como um fenômeno *sui generis*, como fator positivo ligado à espontaneidade e à criatividade[31].

Também quando se refere ao seu trabalho com prostitutas, surgem os mesmos princípios: "O segredo consistia em animar as moças a serem o que eram: prostitutas. Éramos otimistas..."[32].

Otimismo e sincera expressão da própria existência, são conceitos claramente seinistas. Em nenhum momento tivemos a intenção de violentar os textos que, aliás, nos parecem claros. Além desta, não encontraríamos outra explicação além da que lhe daria Sarró, com muita satisfação: interpreta essas experiências da juventude de Moreno como autênticos atos de apostolado; para ele, amigo pessoal e seu introdutor na Espanha, nesta época de sua vida. Moreno não é um existencialista heróico porém um místico hassidista. Quiçá não haja tanta diferença entre um e outro! afirmação pessoal nossa que surge de uma dúvida, por muito querer aclarar as idéias... e que nos abre outra via de exploração, nas bases das teorias psicológicas morenianas.

O hassidismo

Dúvida que nasce internamente, ao constatarmos que nas primeiras obras de Jacob Lévy Moreno, às idéias próprias do seinismo, subjaz um forte sentido religioso. Basta lermos os títulos dessas obras para darmo-nos conta desse fato: *Die Gottheit als Autor* (1918); *Die Gottheit als Redner* (1919); *Die Gottheit als Komödiant* (1919); *Das Testament des Vaters* (1920)[33].

Dúvida também provocada pela opinião de vários autores que insistem em afirmar que Moreno, em sua juventude, passou por uma crise místico-religiosa. Corsini, grande conhecedor e continuador da técnica de Moreno, assim resume o seu pensamento sobre esse assunto:

> Moreno's fundamental postulate goes somewhat as follows: Man is part of the world and His divine attributes. Like God he is creator, a genius Man's goal is to attain his potentialities. But the devil is the machine: civilization, with all its measures for denying man's ineffable uniqueness. The ritual of society, the limitations of inventions, the restrictions of social usages are seen all dangling man his God-Like uniqueness. The task of psychotherapy is to be the instrument for regaining freedom, originality and creativity[34].

Corsini se refere apenas vagamente à intenção religiosa da obra de Moreno. No entanto, outros autores vão bem longe. Sarró, em páginas dedicadas a Moreno, na *Introducción al psicodrama*, de A.A. Schützenberger, em seu artigo "La esencia del psicodrama", lido no congresso de Barcelona, e em conversa comigo, afirma convencida e claramente que Moreno, em sua juventude, pertenceu à seita judia espiritualista do hassidismo: "Nossa tese é que Moreno, em sua juventude, veio a ser uma reencarnação de Baal Shem, e que a força que o animava era a do hassidismo"[35].

Apesar das afirmações tão seguras de seus amigos pessoais, é estranho que Moreno não nos fale diretamente deste movimento místico-espiritualista, a não ser para refutar que suas teorias e técnicas possam depender dos escritos de Martin Buber, declarado hassidista e supervalorizador desta corrente espiritual:

> A obra de Martin Buber é uma intelectualização do que só teria sentido como "existência". A verdadeira descendência de Baal Shem é um novo Baal Shem e não outra coisa[36].

Segundo Sarró, Moreno não costumava falar sobre o hassidismo a não ser quando alguém se tornava seu amigo íntimo, o que talvez explica, a falta de referência a esse movimento em suas obras. Por isso e por enquanto devemos recorrer às suas confissões amistosas: "reconheceu, em conversas pessoais, que havia estudado o mestre do santo nome, Baal Shem"[37]. Confirmando, bastam as palavras do próprio Moreno, há pouco citadas, refutando Martin Buber. Porém quando se trata de delimitar as origens de uma teoria, esse tipo de confirmação, não satisfaz cientificamente. Precisamos continuar indagando sobre a possível dependência de Moreno com relação à espiritualidade hassidista.

Moreno não concorda com o pensamento de Martin Buber e, sem dúvida, Martin Buber é um dos colaboradores da revista *Daimon* dirigida por ele:

> Os colaboradores da revista *Daimon* representavam a elite da filosofia desse período e do expressionismo da época imediatamente posterior à primeira guerra mundial: Max Scheler, o sociólogo; Franz Werfel, o poeta, Jakob Wassermann, o romancista. O dramaturgo Georg Kaiser e o teólogo Martin Buber também estavam entre eles[38].

É curioso que Martin Buber tenha escrito nesta época, as obras fundamentais sobre o hassidismo: em 1907, *Legenden des Baalshem; Mein Weg zum Chassidismus* em 1918, exatamente no ano em que aparece *Daimon*. Em princípio e enquanto não se demonstre o contrário, supomos haver afinidades entre os colaboradores de uma revista que começa e em que se nota certa unidade com relação aos temas e ao estilo: estilo rústico, profético, com imagens apocalípticas; e além disso uma forte coincidência temática. Enquanto Martin Buber centra sua filosofia no encontro e seu pensamento é essencialmente horizontal e dialógico[39], Moreno vangloria-se — atitude que lhe é costumeira — de haver criado a filosofia do encontro: "em outra esfera, a religiosa, Martin Buber procurou incorporar em seu pensamento minha concepção central do encontro"[40].

É bem possível que nesta ocasião ele tenha razão em afirmar sua influência sobre Martin Buber, pois sua primeira publicação se intitula exatamente: *Einladung zu einer Begegnung* (Convite ao encontro)[41]

Talvez neste momento em que não pretendemos fazer uma história do pensamento filosófico, não seja oportuno determo-nos nesta dependência"; o que nos interessa é salientar a coincidência entre Buber, o hassidista declarado, e Moreno, de quem estamos procurando encontrar, com objetividade, o contexto ideológico-cultural em que se formou seu pensamento. Continuam as coincidências Buber-Moreno. Em seu estudo sobre Martin Buber, Rivera de Ventosa escreve:

> Diante deste mundo dialético (de Hegel) da razão objetiva, M. Buber postula um método de *concretude e imediatismo* que nos ponha em contato com a realidade tanto individual como comunitária, que nos atinje a cada hora. Ao pensamento de nosso filósofo, repugna toda estruturação sistemática[42].

Pelo que foi dito ao indagarmos as possíveis influências de Bergson ou Kierkegaard na obra moreniana, parece-nos desnecessário repetir que, em Moreno, essa repugnância é onipresente. E para terminar com esse paralelismo entre os dois autores, recorremos mais uma vez às palavras de Sarró, que também se estende amplamente, tentando provar a pertinência dos dois ao hassidismo:

> Se, em vez de tratar de psicoterapia, falássemos de história da religião, seria provável que Buber e Moreno aparecessem em um novo capítulo sob a epígrafe do neohassidismo[43].

Passando dos testemunhos externos à análise interna das possíveis coincidências entre a doutrina de Moreno e a do hassidismo[44], constatamos que esta corrente espiritualista tem sua origem na Cabala, de onde vem sua concepção e postura diante de Deus. São palavras de Scholem:

"Mais tous les règnes de la création c'étaient, eux aussi, genétres de la même harmonie, et l'homme demeurait en comunication ininterrompue avec la Divinité; une comunication que consistait dans la contemplation du divin et des mystères de l'unité du Dieu, se manifestant en la puissance creatrice"[45].

A insistência do hassidismo com relação à onipresença de Deus criador é tão forte que Kaupel não tem dúvidas em dizer que sua concepção filosófica panteísta a ponto de o próprio mal não ser senão um grau ínfimo da perfeição:

> Ge-fühl aus gehenden Richtung in Judemtum is die pantheistisch gefärbte uffassung der Allgegenwart gottes: in allen wesen rüht ein göttliches Funks, das Böse ist nur ein geringerer grad der Volkommenheit[46].

Neste sentido, confesso que durante a leitura da obra de Moreno *The words of the father*, principalmente no capítulo intitulado: "The creation of the universe" (A criação do universo), me senti imerso num pensamento plenamente panteísta. Aí se podem ler, freqüentemente, frases como estas:

> Esta é a lei do universo:
> onde houver uma parte da criação
> está uma parte do criador,
> uma parte de mim[47].

Poderíamos resumir o pensamento de Moreno durante esta primeira época religiosa, tão plena do sentido da onipresença divina no mundo, através de sua criação, com a mesma frase com que Holsten define o hassidismo: "que nada existe onde não esteja Deus"[48].

Porém este mesmo autor refuta a existência de panteísmo nas doutrinas hassidistas porque, na hora da verdade, Deus está sempre ausente e sempre no exílio. Também o Deus criador de Moreno é um Deus ausente, distante, e às vezes cheio de aflição. O Deus que Moreno nos apresenta na época em que o definimos como hassidista, é o Deus da Bíblia, ou melhor, o Deus do Gênesis. E, dado o paralelismo de sensações que produzem, ler as suas palavras sobre a criação é reler os primeiros capítulos bíblicos. Não há panteísmo em Moreno, como não o há no hassidismo, nem no Gênesis. Encontramos, subjacente aos dois pensamentos, o sentido bíblico do livro primeiro do Pentateuco.

Porque tudo foi criado por Deus e todo o criado traz em si uma centelha de Deus, o criador, o onipresente, o hassidismo tem uma postura otimista diante da vida: a partir de todas as coisas, se pode chegar a Deus. Todas as nossas ações, também o comer e o beber merecem a categoria de sacramento. Numa exposição que faz, sobre o hassidismo, o célebre convertido Eugenio Zolli, insiste neste conceito[49].

Aqui está a raiz do otimismo de Moreno e pensamos ser esta a razão pela qual os que o avaliam, ou melhor, os que avaliam a teoria moreniana, nela não podem descobrir a influência de Kierkegaard. Esta postura diante da vida invadiu de tal modo o pensamento de Jacob Lévy Moreno, que bem lhe houvera merecido o epitáfio que desejou: "Aqui jaz um homem que abriu as portas da psiquiatria à alegria."[50]

Para entrar em contato com Deus, com sua criação e com os outros homens, para "liberare da ogni creatura le scientille sacre et accogliere in se" (Zolli), é necessário prescindir da palavra, dos livros, dos intermediários e comunicar-se pelo sentimento e pela intuição. Não é preciso recorrer a Bergson. Aqui temos a fonte da intuição, da vivência do aqui e agora que Moreno recebe da sua formação hassidista. O silêncio e não a palavra é que nos põe em contato imediato com a bem-aventurada criação e com o próprio Deus. Assim compreendemos que, num mesmo número da revista Daimon (1918) se repitam os títulos: *O silêncio perfeito* (p. 110); *A espada do silêncio* (p. 142); *O testamento do silêncio* (p. 207).

O hassidismo foi excomungado pelo judaísmo ortodoxo porque se opunha à sua doutrina, à sua explicação oficial, aos seus livros, às suas tradições, à sua organização e aos seus costumes. A tudo o que é "conserva". E à excomunhão, o hassidismo pode responder com palavras de Moreno:

> O destino de todos os bastardos: a difamação do pai. Desde que vimos o rosto do anti-homem, formulo para toda a eternidade, que o autor de Europa, o sofista ateniense, o fariseu de Jerusalém, são as hostes do próprio Satanás e que, no dia do juízo final, rangendo os dentes, por trás do Himalaia de suas culpas, nem sequer aparecerão; nem tu aten-

derás quando fores chamado. Porque vendeste teu valor à técnica, será dito, agora me pronuncio sobre tua relação com a natureza[51].

Assim, se responde a uma excomunhão com outra e não haverá perdão, nem no juízo final. Como toda doutrina religiosa, o hassidismo também tinha seus apóstolos, seus pregadores ou profetas, com a missão de mostrar aos homens essa centelha de Deus que existe em todo ser criado e, por meio dela, fazê-los entrar em contato imediato com a divindade, através do silêncio, do retiro, do sentimento e da intuição, da alegria, sem intermediários, sem palavras, sem livros, como o fez seu fundador Baal Shem, retirando-se para os Montes Cárpatos ou, como Holsten insinua, usando as palavras de Buber: "Anderen den un mittelbaren Umgang mit Gott zu erleichten, nicht zu erzetzen."[52]

Mais uma vez Sarró nos afirma que Moreno foi um (zaddik), profeta do hassidismo. A intenção de sua obra foi cumprir essa missão de apóstolo, embora mais tarde, já na América do Norte, a comercialize, convertendo-a em missão terapêutica. Querer cumprir sua missão de *zaddik* foi o que o levou a dedicar-se às crianças, às prostitutas, aos refugiados. Conhecendo a doutrina hassidista, podemos compreendê-lo, no que se refere às crianças:

> Porém, este era um novo enfoque. Era um jardim da infância em escala cósmica, uma revolução criadora entre as crianças. Não se tratava de uma cruzada filantrópica de adultos, em favor das crianças; era uma cruzada das crianças em prol de si mesmas, por uma sociedade de sua própria idade e com seus próprios direitos[33].

E sobre o trabalho com prostitutas, nos diz:

> Nossas visitas não eram motivadas pelo desejo de "melhorar" ou "analisar" essas mulheres... Queríamos dar às prostitutas uma nova significação, de tal maneira que pudessem "aceitar-se a si mesmas"... O segredo consistia em animar as moças a serem o que eram: prostitutas. Éramos otimistas[54].

Se entrelinharmos estas frases com a concepção hassidista da bondade universal — todo ser criado é bom e o mal não é mais que um grau ínfimo da perfeição —, a compreensão de porque Moreno realiza esse tipo de "apostolado" não nos colherá desprevenidos. Intenção apostólica, que transcende ao plano autobiográfico:

> Nosso objetivo era ajudar-nos mutuamente. Pouco a pouco começamos a passear pelos jardins e pelas ruas, com pessoas que nos pareciam tristes. Depois fomos às suas casas...[55]

Tudo nos parece suficientemente claro. Talvez uma só e última consideração geral: aquela que nos criou a dúvida quando parecíamos chegar, com o seinismo, à última estação de nossa viagem, na exploração das fontes morenianas. Estou me referindo ao sentido religioso de todas as obras publicadas por Moreno, até 1920. Este é o fato que mais nos convence de que o primeiro Moreno, o Moreno inicial, devemos situá-lo num ambiente religioso e não num contexto meramente filosófico. Esta influência religiosa vai perdurar por toda a sua vida, invadindo sua obra. Só assim podemos compreender que haja, alusões aos estados místicos, em todos os seus escritos; e também compreenderemos a expressão recebida por Sarró, dos próprios lábios de Moreno:

As aspirações místicas de minha juventude não me abandonaram nunca. Devo minha produtividade científica à religião, pela qual entrei na vida. A religião é o terreno espiritual em que melhor prospera a ciência[56].

Ou, estas palavras escritas por ele:

Meu conceito do universo de Deus foi o esquema básico, o guia ontológico, segundo o qual moldei a sociometria[57].

Concluímos assim o que buscávamos e já intuíamos: as raízes filosófico-religiosas de Jacob Lévy Moreno. Chegando a esse ponto, se nos ocorre perguntar se essa última raiz é o seinismo ou o hassidismo. A essa pergunta poderíamos responder com outra pergunta: será que são realmente, diferentes? Acreditamos que não. O seinismo descrito por Moreno ao fazer uma avaliação do existencialismo, é o próprio hassidismo.

E já não é necessário continuar buscando tênues fios que completem a rede situacional das teorias de Moreno; as grandes mães estão desentranhadas: no seinismo e no hassidismo encontram-se esboçados os capítulos básicos de sua ideologia, aqui resumidamente enumerados: religiosidade, espontaneidade, criatividade, filosofia do momento, relação interpessoal, ação, otimismo. Quando desenvolvermos cada um desses conceitos, voltaremos a olhar esta primeira época, entre filosófica e mística.

Situando Moreno no marco filosófico-religioso de seu momento, realizamos seu encrave referencial mais importante, embora não único. Falta-nos traçar duas linhas para que a perspectiva se torne mais nítida. São as duas linhas relacionadas com a sua atividade científica: a sociologia e o ambiente psicológico em que se define e que o delimita. Vamos configurá-los agora com a clareza e a extensão necessárias para que o marco de referência que estamos delineando seja válido e concludente.

3. Marco sociológico

Quando L.S. Bischof se defronta com a obra de Moreno, e procura situá-lo entre os estudiosos de algum ramo do saber humano, constata que outros historiadores do pensamento o inscreveram no âmbito de várias especializações, entre as quais a sociologia[58]. Atualmente é difícil encontrar um manual de métodos de investigação social, de teoria de grupo ou de psicologia social em que não apareça o nome de Moreno que, por sua sociometria, é considerado em todos esses campos. Sua mente criadora muito contribuiu para o progresso destas ciências, formulando hipóteses, criando métodos e elaborando resultados.

Chaix Ruy, que também estudou a sua obra, o situa quase exclusivamente no campo da sociologia e, mais precisamente, como dependente da sociologia francesa de A. Comte, G. Tarde e E. Durkheim. Em seu primeiro capítulo da *Psicologia social e sociometria*[59], quando trata da origem da Teoria de Moreno, o define como ponto intermediário entre o universalismo e o abstracionismo característicos da sociologia, e o individualismo excessivo da psicologia.

Embora não seja o momento de analisarmos a teoria social de Moreno, faz-se necessário enumerar alguns temas sociológicos com os quais ele se defronta. Ao expor uma concepção global e filosófica da sociedade, Moreno cria conceitos, como o de átomo social e se empenha no estudo do *status* e dos papéis sociais. Enriquece a sociologia com novos métodos de investigação social ao criar o teste sociométrico e realiza estudos experimentais com pequenos grupos e com migrações populacionais.

Esta enumeração, embora incompleta, é feita para não deixar dúvidas de que Moreno entra com plenos direitos, no âmbito dos sociólogos. Pode considerar-se sociólogo, intervindo em Congressos de sociologia e contribuindo direta e valiosamente no campo desta ciência. No Congresso da Sociedade Americana de Sociologia, realizado no Natal de 1946, fez uma exposição em que cita as contribuições da sociometria à sociologia:

> A sociologia deve à sociometria algumas genuínas leis, entre as quais convém destacar: a) a lei da gravitação social ou da mobilidade; b) a lei sociogenética; c) a lei sociodinâmica; d) o teste das configurações sociais; e) a lei do átomo social e f) o fenômeno da tele-relação[60].

Sem dúvida, nessa busca de marcos referenciais, é preciso delimitar o campo sociológico em que se inscrevem suas teorias. De acordo com a nossa proposta inicial, a busca deve permanecer circunscrita às suas próprias palavras como sociólogo e como crítico sociômetra.

Se Carl Marx tivesse que identificar sociologicamente a J.L. Moreno, sem dúvida o teria situado entre os "utópicos", pois, como Fourier, ele acredita na bondade inata de tudo quanto foi criado e aspira a uma sociedade basicamente harmônica, sob a correnteza das tendências humanas[61]. Os "falanstérios" de Fourier e as "aldeias de cooperação" de Owen, teriam seus correspondentes nos "grupos sociométricos" de Moreno: os três esperam que essas pequenas células sociais cheguem a se estender como ondas sonoras, ecoando em todo o mundo, realizando a utopia de uma sociedade em que todos estarão em paz, pois cada um encontrou seu lugar adequado entre os demais[62].

A nosso ver, a teoria organicista e evolucionista da sociedade, tal como a concebe Spencer, é paralela à concepção social de Moreno:

> Esta importante generalização introduzida pela sociometria é comumente chamada, lei sociogenética. Estabelece que as formas mais complexas de organização grupal, evoluíram a partir das mais simples: entre os tipos de grupos mais simples, formados pelas crianças e os mais complexos formados pelos adultos, existem vários graus intermediários... O curso de sua diferenciação pode variar nas diferentes culturas, numa cultura pré-literária ou numa sociedade moderna, porém entre todas elas há de encontrar-se um núcleo comum e uma tendência paralela[63].

Não esqueçamos que Spencer e suas idéias tiveram uma enorme ressonância nos Estados Unidos, o que Moreno não ignora, pois delatou concretamente sua influência em Ward e Giddings[64]. Também não podemos esquecer os caminhos vindos do grupo francês, passando por Comte e seus discípulos e que potenciaram a evolução da sociologia, tornando-a ciência totalmente positiva; Moreno realiza estudos positivos da sociedade e cria métodos positivos de investigação que acusam filiações mais ou menos verdadeiras ou atribuíveis.

Estas seriam as correntes básicas, contemporâneas de Moreno, ou imediatamente anteriores, susceptíveis de serem consideradas marcos referenciais de seu pensamento sociológico. Como crítico de sociologia, Moreno sistematizou mais amplamente as suas idéias, na introdução francesa de sua obra *Fundamentos da sociometria*, aproveitando aí o esquema hegeliano tese-antítese-síntese, para ordenar em forma trimembral seus julgamentos sociológicos: a sociologia francesa seria a tese, o socialismo científico russo seria a antítese e a sociometria estadunidense considerada síntese "utópica", porém baseada em experimentos transformadores.

Assim começa a Introdução ao *Fundamentos de la sociometría*:

> No decorrer dos últimos cento e cinqüenta anos, as ciências sociais progrediram seguindo três grandes correntes: a sociologia, o socialismo científico e a sociometria. Estas três correntes correspondem a regiões

geográficas e ambientes culturais diferentes: a sociologia, se desenvolveu na França, o socialismo na Alemanha e na Rússia e a sociometria nos Estados Unidos. Cada uma dessas três disciplinas assim pode ser, sumariamente caracterizada: a sociologia, em sua origem, se propunha, antes de tudo, a construir um quadro bem delimitado, capaz de abarcar o conjunto das ciências sociais; a doutrina socialista tratava principalmente de preparar e suscitar a revolução proletária; o fim essencial da sociometria consistia em definir e medir o homem como ser social: o *"socius"*[65].

Se quiséssemos expor a doutrina da sociologia francesa, através dos escritos de Moreno, não poderíamos dizer mais do que foi dito: que a sociologia apareceu na França, e que Fourier ocupa um lugar de honra na história da investigação social, por haver planejado organizações concretas da sociedade[66], organizações essas que fracassaram por não existir um estudo sociométrico, e portanto realista, dessa sociedade. Por semelhantes características e tentativa de experimentação, Le Play é também elogiado por Moreno, e ainda por ele criticado por não haver conhecido a sociometria e, através dela, as relações objetivas (medidas) existentes entre as pessoas, membros de um grupo[67].

Em suas obras, Moreno fala constantemente do socialismo revolucionário de Carl Marx e de sua teoria, chegando a escrever, em 1953, um artigo intitulado "Méthode expérimentale, sociometrie et marxisme"[68].

A crítica mais incisiva de Moreno com relação a Marx e sua teoria, pode ser resumida nesta longa citação:

> Uma quinta corrente ideológica, surgida da análise econômica da sociedade, considerou sua planificação à luz do materialismo dialético (Marx). Esta idéia de planificação econômica e social, constituiu um indiscutível progresso, mas, implicitamente, a teoria marxista só admitia como base o coletivo e a pertinência *simbólica* ao coletivo. Inclinava-se a buscar a explicação do mundo social, recusando-se a considerar o indivíduo como um ser dotado de energia psicológica e a considerar a sociedade como realidade complexa, móvel, continuamente atravessada por correntes psicológicas e constituídas pelas redes que formam essas correntes[69].

Formuladas a tese — a sociologia com seus sistemas sociológicos bem planejados — e a antítese — a ação perfeitamente programada —, a síntese se realiza na sociometria que reúne simultaneamente teoria e ação. No momento em que a sociologia também se tornar uma ciência da medida e em que o socialismo planejar sua ação a partir do estudo e medida da sociedade, sociologia e socialismo se igualarão. Na opinião de Moreno a sociometria realizou esta união, a partir dos anos trinta:

> A sociometria implica dois princípios fecundos: compartilha o primeiro com a sociologia, porém não com o socialismo revolucionário; o segundo

com o socialismo e não com a sociologia. Com efeito, apresenta a mesma tendência que a sociologia, ou seja, tendência a construir sistemas sociais cuidadosamente elaborados, e que não se encontra tão acentuada no socialismo científico. E ao contrário, a sociometria compartilha com o socialismo revolucionário a idéia de uma ação social planificada, com a diferença essencial de que, para ela, esse plano deve ser concebido e controlado pelo método experimental[70].

Em síntese, estes são os conhecimentos e juízos de Jacob Lévy Moreno com referência às correntes sociológicas que o precederam. Chegou o momento de perguntarmos até que ponto e com que intensidade estas correntes influíram em seu pensamento social, ou melhor, chegou o momento de delimitar se nosso autor é sociólogo de escola, de formação, ou o é — segundo nossa opinião — *in se*, por tendência ou projeção pessoal socializadora. De fato, tratando de outras teorias, sua exposição é fria e distante, sem indícios de identificação pessoal ou de filiação direta, e acreditamos que sua intenção ao julgá-las é apenas a de enquadrar ou justificar suas próprias teorias entre as já existentes, para que sejam melhor compreendidas.

Dissemos que a essência sociológica de Moreno é quase temperamental e essa afirmação não é só nossa. S.W. Turner, fazendo uma comparação entre Moreno e C.G. Jung, o define como extrovertido e mais voltado para a criação do que para o recolhimento e o pensar, e conclui que sua "energia psíquica flui para fora e seu interesse e sua atenção se concentram nas pessoas; mantém-se fiel às relações objetais"[71].

Sua preocupação sociológica origina-se precisamente nessa tendência à socialização. Joga-se na ação, de onde vão surgir todas as suas teorias e, principalmente, suas técnicas terapêuticas. Não é em vão que seu pensamento central é a espontaneidade criadora em ação e central é o seu desprezo pelas conservas culturais e sociais. Esta postura básica exige a reforma ou criação social e individual e a crítica dos sistemas estabelecidos.

Agora aceitamos mais facilmente que as teorias sociológicas morenianas, ou melhor, suas técnicas terapêuticas-sociológicas, já se encontrassem em gérmen, em suas precoces experiências com crianças em Augarte, com as prostitutas da rua vienense de Spittelberg ou em seus trabalhos com os refugiados tiroleses em Mittendorf. Certamente aí começam as suas primeiras experiências sociométricas, porém de modo algum como em laboratórios experimentais onde tentasse comprovar anteriores hipóteses sociológicas, planificadas como um Claude Bernard. Suas idéias sociométricas surgem quando ele vive essas experiências a partir de posturas religiosas ou proféticas e ao dar-se conta, experiencialmente, de que como indivíduo, um refugiado ou uma prostituta é uma pessoa normal; sem dúvida, é a estrutura do prostí-

36

bulo ou do campo de concentração que está enferma; e quando se propõe a fazer alguma coisa, tenta estudar o grupo como grupo, para poder agir.

Estas vivências são o gérmen distante do que nos Estados Unidos se cristalizará em resultados concretos. Na década de 1930 Moreno trabalha na prisão de Sing-Sing, já então com idéias claras sobre a terapia psicodramática. E pouco depois, 1932-1933, dedica-se à reeducação, na "New York States Training School for Girls" em Hudson. Nessas experiências norte-americanas encontrará as fontes para sua obra-mestra em sociometria: *Who shall survive* (1934).

E assim nos acercamos de outro aspecto, que não podemos menosprezar, em nossas considerações das possíveis influências sociais, em sua concepção de uma sociedade sociométrica: a decisiva influência norte-americana no nascimento, ou melhor, no desenvolvimento da sociometria.

Começamos o estudo da possível influência das ciências sociais sobre o Moreno sociólogo, dizendo que para ele estavam inseparavelmente unidas, as teorias e a geografia: sociologia na França, socialismo revolucionário na Alemanha e Rússia e sociometria nos Estados Unidos. Estas localizações aparecem sempre que Moreno se menciona a si próprio; ele chega inclusive a afirmar que se a flor da sociometria, recém-plantada na Europa, não fosse transplantada para a América do Norte, teria perecido[72].

Raramente sistemático em suas obras, Moreno o é no entanto, quando trata de justificar porque a sociometria nasceu na América do Norte. Em primeiro lugar, o americano, "mais do que qualquer outra variedade da espécie humana, gosta de expressar-se através de estimativas, de *status,* e em cifras, sendo essencialmente um *homo metrum*"[73]. Em segundo lugar, a América do Norte de entreguerras e em conseqüência da imigração, está dividida em vários grupos: "Se pudéssemos traçar um mapa da estrutura social desta nação americana... sem dúvida veríamos aparecer milhões de grupos restritos, cada um dos quais gravitaria em torno de seu próprio centro, mantendo apenas débeis e superficiais relações com a maioria dos outros grupos"[74]. E por último, como simples conseqüência do motivo anterior, esta nação assim dividida necessitava de um grande esforço para encontrar sua unidade total e apoiava qualquer tentativa neste sentido. A unificação é um dos propósitos da sociometria. "O rápido êxito da sociometria nos Estados Unidos deve-se a que correspondia a uma importante necessidade de integração progressiva, para uma cultura nacional comum".[75]

E terminaríamos nosso marco sociológico, com uma confissão de J.L. Moreno, concernente à sua consciência científica, no campo social. Em 1962 depois de ler o capítulo que Bischof dedicou à sua teoria da personalidade, comenta com ele que "de fato ambicionava elaborar...

37

uma *teoria social* superior à de Marx: a sociometria"[76]. Em Moreno, a teoria surgiu do contato com a realidade social; não é uma teoria *a priori*, porém indutiva, fundamentada em dados objetivos e em experiências vitais e, daí ter surgido relativamente tarde, em um homem-autor já maduro.

4. Contexto psicológico

Seria um contra-senso ou pelo menos o pareceria se, considerando o título do presente trabalho, não tratássemos, embora de passagem como o faz o próprio Moreno, do ambiente psicológico que emoldura o seu pensamento. Ao contrário do que se esperaria, Moreno não revela seus conhecimentos psicológicos através de suas obras. Encontramos poucas citações, tornando-se quase impossível esboçar, só a partir de suas opiniões, o meio em que se circunscrevem as suas idéias. Conhece a oposição entre as escolas condutista e gestaltista, suas diferentes concepções da aprendizagem e da medição da conduta animal e humana. Menciona alguns testes psicológicos, mais freqüentemente o Binet — incompletíssimo, na sua opinião —, e faz algumas alusões ao Rorschach, ao T.A.T. e ao teste de livre associação de palavras.

Como nos casos anteriores, vamos montar nossas deduções baseando-nos nas críticas morenianas — sempre excedentes — às teorias psicológicas de sua época. A uniformidade de tratamento que daremos às duas escolas — condutismo e *gestalt* — é devida ao próprio Moreno e não à simplificação apressada de nossa parte. Ele justifica esta igualdade explicando que ambas se levantam sobre o pedestal de uma mesma filosofia que as unifica na hora de enfrentar os problemas: o empirismo; e se transporta ao empirismo inglês, até Hume. Posteriormente — esclarece — se aplicou a ciência experimental também ao campo da psicologia e tratou-se de explicar a conduta, o visível, o observável da ação humana, abordagem em que as duas escolas coincidem e que ele combate radicalmente, reivindicando a própria ação e sua observação: "uma matriz de ação registra os atos e os acontecimentos"; uma matriz de conduta registra "observações de atos e de acontecimentos"[77].

Considerando esta filosofia e esta postura prática frente à experimentação psicológica, compreendemos também a crítica mais freqüente de Moreno com relação a estas duas correntes do pensamento psicológico: partirem do animal para estudar o homem. Insiste que esta não é uma postura científica autêntica, que se vamos estudar o homem, temos que estudá-lo a partir dele próprio, a partir do gênio, que é o máximo expoente da espécie humana. Nem a partir do animal, nem, como Freud, a partir do homem doente; temos que partir do gênio. E Moreno volta a sistematizar rigorosamente suas afirmações:

> Não obstante, as duas teorias têm em comum: a) ambas se utilizam sobretudo da facilidade que outorga o experimentar com animais; b) tentam explicar a dinâmica das formas mais elevadas da produtividade humana, aplicando-lhe hipóteses sugeridas pela experimentação com animais e sem levar em conta a espontaneidade ou a criatividade... O teórico da espontaneidade incorpora estas duas espécies de fenômenos em um sistema mais amplo, num sistema de ação que se ocupa de um organismo de tipo mais elevado: o ator *in situ*[78].

O homem deve ser estudado como homem e não em conseqüência de haver sido filogeneticamente, um animal. O ser humano deve ser estudado como é, em sua atuação, sem comparações bastardas com seres de categoria inferior. O Moreno criador se ressente diante da pouca capacidade criativa dessas escolas, que não souberam tornar-se independentes do biólogo, porém o imitaram[79]. Salienta a falta de imaginação e de suficiente inventividade para criar métodos de experimentação adequados ao homem, métodos que objetivam a subjetividade. Embora os termos pareçam antagônicos, este é o desafio que Moreno lançou às ciências humanas, à psicologia e à sociologia. Interessa-lhe o atuar e não o resultado da atuação, não a conduta. Quer a atuação em seu estado *nascendi* e quer conhecê-la de maneira científica. A solução para objetivar o subjetivo — a novidade de seu método —, dá-se ao conseguir que o ator seja ao mesmo tempo experimentador, e que o observado seja ao mesmo tempo ator.

Moreno faz essas críticas, freqüentemente ao tratar da aprendizagem, campo em que uma dessas teorias chegou a contribuições importantes. Não lhe nega os resultados e admite que se pode aprender por associação, por repetição, por esforço etc.; porém, com estes métodos não se chega a nada importante para o homem e talvez se o prejudique. Esse tipo de aprendizagem faz a vida depender do passado, do anteriormente pronto, e assim, faz viver de hábitos, de costumes, de estereótipos, de "conservas", levando o homem a repetições e anulando sua criatividade. São métodos de aprendizagem que modificam a pessoa e a fazem perder a espontaneidade, sua qualidade mais genuína. Conseguem um homem "adestrado" porém incapaz de dar uma resposta adequada a uma situação nova, porque só sabe fazer o que aprendeu e para a circunstância em que aprendeu. Não é preciso dizer que são todos conceitos radicalmente em pugna com as idéias psicológicas básicas de Moreno e que aqui assinalamos de passagem, à título de referencial; voltaremos a tratá-las, extensamente.

O colofão da crítica moreniana à psicologia seria, não uma advertência mais ou menos particular a determinadas escolas coetâneas, porém uma acusação mais genérica e mais ambiciosa: previne a psicologia sobre o perigo do psicologismo ou individualismo acusando-a também de não levar em conta que o ser humano é um ser em relação[80].

5. Anotações pedagógicas

Quando uma abordagem psicológica nasce mais fundamentalmente de uma atitude terapêutica do que da investigação em laboratório, seu campo torna-se afim ao da pedagogia. A terapia preventiva é educação e a corretiva, reeducação. O próprio Freud pensou que a psicanálise teria repercussões nos métodos pedagógicos. Moreno não é uma exceção e em sua obra é comum encontrar-se referências a pedagogos da "escola ativa", com a qual parece especialmente vinculado. Rousseau, Pestalozzi e Fröbel são os preferidos, talvez porque lutam para abolir os métodos tradicionais de ensino em que o aprendido ou o conteúdo, não está unido à vida, ao interesse e às necessidades das crianças. Moreno coincide com a escola ativa, na qual o homem deve ser preparado mais para a vida do que para o saber, e ambos empregam meios semelhantes: a ação, o jogo, o contato imediato com a natureza, o uso sistemático da dança, a música etc.[81].

Moreno lembra que, quando "jogava", quando brincava com as crianças nos jardins de Viena, já conhecia os autores da escola ativa:

> Quando estudante, entre 1908 e 1911, costumava caminhar pelos jardins de Viena, reunindo crianças e formando grupos para representações improvisadas. Por coincidência conhecia Rousseau, Pestalozzi e Fröbel[82].

Não acreditamos que seu conhecimento dos métodos pedagógicos ativos atingisse a transcendência profissional que Schützenberger lhe concede afirmando que: "Moreno, sob a influência de Rousseau, Pestalozzi e Fröbel, representava (1908-1911) com as crianças nos jardins de Augarte".[83]

Baseados em textos do autor, já conhecidos — "era um jardim da infância em escala cósmica, uma revolução criativa entre as crianças" — achamos que Moreno nunca teve a intenção de criar uma escola ativa, mas quis viver sua essência apostólico-profética, sob as idéias hassidistas. De fato há coincidência entre sua maneira de tratar as crianças e a metodologia pedagógica de Fröbel e de Pestalozzi, porém não há identidade de princípios básicos; Moreno busca nessas crianças a centelha divina que toda criatura traz dentro de si, para torná-los conscientes da onipresença do ser. Posteriormente, quando o pregador já se havia convertido em terapeuta da espontaneidade, vai relembrar Rousseau, Dewey ou Pestalozzi, para deles discordar, porque, de alguma maneira, identificaram espontaneidade e instinto:

> Nos dias de Rousseau, compreendia-se a espontaneidade como algo exclusivamente instintivo, que tem que ser deixado intacto e adormecido e sem interferências das técnicas racionais. A grande eloqüência de Rousseau, conferiu a este parecer o poder de um axioma[84].

Do ponto de vista educativo, deixar a criança entregue a livre manifestação dos seus instintos, deixando-a ser guiada pelas suas "necessidades" pode resultar que, ao lado das boas qualidades, se desenvolvam e se reforcem os defeitos pessoais:

> É a aprendizagem na ação ou, como também se diz, a educação "ativa". Aqui vemos as crianças elaborando projetos de toda espécie, nos jardins, na oficina, no páteo de jogos etc. Isto é um grande progresso. Porém, no método de atividades, a dificuldade está em que, no aprender através da ação, se procede cegamente, e os alunos formam e estabelecem firmemente, tanto seus defeitos como suas capacidades[85].

Moreno é inimigo de deixar a pessoa só, autoguiando-se em sua educação, pois se deixará levar pela lei da inércia psíquica que induz o homem a repetir o já feito, a tomar atitudes sempre iguais, a desenvolver a mesma conduta. Se a escola ativa busca educar na espontaneidade e na criatividade, não é esse o caminho e, ao aceitá-lo, cai na contradição de praticar o que buscava corrigir.

Notas

1. *Leadership and isolation*, Longmans Green and Co., New York, 1950.
2. Cf. *Der Köningsroman*, Gustav Kiepenheuer Verlag, Postdam, 1923, 105-108.
3. A.A. Schützenberger, *Introduction al psicodrama*, Aguilar, Madrid, 1970.
4. *Psicologia social y sociometría*, Paidós, Buenos Aires, 1972, 89-90.
5. *Psicodrama*, Hormé, Buenos Aires, 1972.
6. *Fundamentos de la sociometría*, Paidós, Buenos Aires, 1972, 18.
7. *Ibid.*, 89-90.
8. G. le Roy, *Bergson*, Labor, Barcelona, 1932, 22.
9. *Fundamentos de la sociometría*, 45.
10. *Icb:* Daimon (1918), 110.
11. *Psicoterapia de grupo y psicodrama*, F.C.E., México, 1966, 16; *Fundamentos de la sociometría*, 43 e 212.
12. *Psicodrama*, 31.
13. Cf. *Psicoterapia de grupo y psicodrama*, 143.
14. *Fundamentos de la sociometría*, 36.
15. *Psicoterapia de grupo y psicodrama*, 143.
16. L. Chestov, *Kierkegaard y la filosofía existencial*, Sudamericana, Buenos Aires, 1947.
17. *Las bases de la psicoterapia*, Hormé, Buenos Aires, 1967, 342.
18. *Ibid.*, 334.
19. *Ibid.*, 216.
20. *Ibid.*, 331-332.
21. *Ibid.*, 331.
22. E. Mounier, *Oeuvres* I, Seuil, Paris 1961, 20.
23. A. Schweizer, *Filosofía de la civilización*, Sur, Buenos Aires, 1962, 16.
24. *Las bases de la psicoterapia*, 303.
25. *Ibid.*, 338, 4.
26. *Ibid.*, 337-338.
27. No ano de 1959, Moreno escreve estas linhas referindo-se às suas primeiras obras escritas e representadas, e sobre as quais diz em seguida: "Os diálogos *La divindad como autor* (1918), *La divindad com criador* (1918), *La divindad como comediante* (1919) possuem caráter psicodramático e são precursores da chamada terapia existencial": *Psicoterapia de grupo y psicodrama*, 153.
28. *Las bases de la psicoterapia*, 348.
29. *Ibid.*, 335-336.
30. *Psicodrama*, 205.
31. *Psicoterapia de grupo y psicodrama*, 114.
32. *Ibid.*, 183.

33. *La divindad como autor* (1918); *La divindad como interlocutor* (1919); *La divindad como comediante* (1919); *El testamento del padre* (1920).
34. R.J. Corsini, Methods of group psychotherapy, Beacon House, New York, 1957, 34.
35. R. Sarró, *Jacob Moreno: La era de los grupos*, Introdução à versão castelhana de A.A. Schützenberger, *Introducción al psicodrama*, 15.
36. *Psicoterapia de grupo y psicodrama*, 144.
37. R. Sarró, *o.c.*, 18.
38. *Las bases de la psicoterapía*, 338, nota 4.
39. E. Rivera de Ventosa, *Temática fundamental del pensamiento de Martin Buber*: Naturaleza y Gracia 15 (1968) afirma: "Não é o convite, senão o *encontro*, o primordial em sua antropologia. Este encontro que resumiu numa só palavra: *zwishen*... Segundo Martin Buber, o homem pode e deve ser definido por esta única proposta. Quer dizer, o homem é, constitutivamente, uma correlação com outros homens" (p. 13) cf. também H. Ott, *Le problème d'une éthique sun — casuistique dans la pensée D. Bonhöffer et Martin Buber*, em *Demitizzazione e morale*, Instituto de Studi Filosofici, Roma, 1965.
40. *Psicoterapia de grupo y psicodrama*, 143.
41. Moreno e os morenianos, ao abordarem o tema do encontro, costumam citar um poema que o autor escreveu por essa época. Constantemente repetido, é posto, por exemplo, como lema na primeira página de seu livro *Psicodrama*:

"Um encontro de dois: olho a olho, face a face
e quando estiveres perto arrancarei teus olhos
e os colocarei no lugar dos meus,
e tu arrancarás meus olhos
e os colocarás no lugar dos teus
e então te olharei com teus olhos
e tu me olharás com os meus."

Embora o poema a que pertence este fragmento seja reconhecido por Moreno como *Convite ao encontro*, lendo suas primeiras obras, inclusive alusões autobiográficas, encontraremos outros matizes. Ele próprio confessa que esta idéia lhe surgiu quando quis escrever seu primeiro livro: "Porém a idéia do psicodrama me veio por uma via tortuosa. O problema começou a torturar-me quando estava para publicar meu primeiro livro. A idéia de um encontro primário, frente a frente, me pareceu superior ao encontro secundário, entre um leitor e eu mesmo, reduzido a uma conserva técnico-cultural, ou um livro. Destruí o livro que acabava de escrever e escrevi um novo, cujo tema central era o conceito de "encontro": *Psicodrama*, 336.
Sob o mesmo título: *Einladung zu einer Begegnung*, aparece no ano de 1918 na revista *Daimon* outro poema em que não encontramos os versos já citados: Daimon (1918), 206-207. Neste mesmo ano, ao abrir o primeiro número, na primeira página, lemos: *Einladung zu einer Begegnung, Die Gottheit als Autor*: Daimon (1918), 3. Não será que este título *Einladung zu einer Begegnung* é mais uma espécie de lema? Naturalmente, este

esclarecimento não tira o valor do argumento em prol do hassidismo de Moreno, por semelhança de temas com Buber, mas acredito que o reforce e talvez aqui esteja o fundamento de toda a filosofia posterior que tem como lema o encontro. Cf. *Psicoterapia de grupo y psicodrama*, 81, nota 5.

42. *O.c.*, 6.
43. *O.c.*, XVIII.
44. Para compreender a doutrina hassidista cf. E. Zolli, *Hasidhismo*, em *Enciclopedia catolica*, Città del Vaticano 1951; W. Holsten, *Chassidismus*, em *Die Religion in Geschichte und Gegenwart*, J.G.B. Mohr, Tübingen, 1957; H. Kaupel, *Chassidism*, em *Lexikon für Theologie und Kirche*; Shcolem, *Las corrientes de la mistica judía* (1950); Id., *Quelques remarques sur le mythe de la peine dans le judaïsme*, em *Il mito della pena*, Istituto de Studi Filosofici, Roma, 1967.
45. Scholem, *o.c.*, 145.
46. H. Kaupel, *o.c.*, 846.
47. *The words of the Father*, Beacon Aousejuc, 1941, 72. Esta obra é a tradução literal, realizada pelo próprio autor, de *Das Testament des Vaters* (1920).
48. *O.c.*, 1645.
49. E. Zolli, *o.c.*, 1372.
50. R. Sarró, *o.c.*, XXVIII.
51. *Die Gotheit als Autor*; Daimon (1918), 7.
52. *O.c.*, 645.
53. *Psicodrama*, 24.
54. *Psicoterapia de grupo y psicodrama*, 182-183.
55. *Ibid.*, 82.
56. *O.c.*, XXVIII.
57. *Origins and foundation of interpersonal theory Sociometry*, 12: (1949).
58. L.S. Bischof, *Interpretación de las teorias de la personalidad*, Trillas, México, 1973, 261.
59. *O.c.*, 27 s.
60. American Sociological Review XII (1947), 288.
61. *Fundamentos de la sociometría*, 41.
62. *Ibid.*, 43.
63. *Contributions of sociometry to research methodology in sociology*, 247.
64. *Fundamentos de la sociometría*, 13.
65. *Ibid.*, 11.
66. Na história da experimentação social, Charles Fourier e Robert Owen ocupam um lugar de honra. Há mais de cem anos, esses dois incansáveis pioneiros propuseram engenhosos planos de organização social. E se os seus respectivos esforços fracassaram, estes fracassos devem ser atribuídos a suas idéias utópicas com relação à condição e à sociedade humanas. Provavelmente suas experiências teriam sido coroadas de êxito se lhes tivesse sido possível inspirar-se no realismo sociométrico e utilizar métodos sociométricos" *Ibid.*, 371.
67. "O estudo realizado por Le Play acerca das formas primitivas de trabalho... proporcionou uma base concreta às concepções gerais de Comte... À medida que Le Play e seus discípulos se afastavam de seu primeiro objetivo de investigação... seus métodos se foram tornando caducos e seus resul-

tados pouco convincentes. O homem não está condicionado somente pelo seu meio ambiente natural mas também pela sociedade, pela estrutura social em que está inserido'', *Ibid.*, 45.

68. Cahiers Int. de Sociologie XIII (1953).
69. *Fundamentos de la sociometría,* 46.
70. *Ibid.*, 17-18.
71. S.W. Turner, em resposta à conferência de Moreno sobre *La terapia interpessoal y la función del inconsciente,* publicada em *Las bases de la psicoterapia,* 127.
72. *Fundamentos de la sociometría,* 13.
73. *Ibid.*, 13.
74. *Ibid.*, 16.
75. *Ibid.*, 17.
76. L.S. Bischof, *o.c.*, 260, 2.
77. *Fundamentos de la sociometría,* 34.
78. *Ibid.*, 363.
79. Cf. *Psicodrama,* 87.
80. Cf. *Fundamentos de la sociometría,* 211-212.
81. Em *Der Köningsroman* (1923), Moreno expõe amplamente como era sua escola de educação da espontaneidade com os meninos dos jardins.
82. *Psicodrama,* 24.
83. *O.c.*, 5. O paralelismo da frase de Moreno e a de Schützenberger, é evidente.
84. *Psicodrama,* 183.
85. *Ibid.*, 186-187.

2
A Psicologia Terapêutica de Moreno e a Psicanálise de Freud

1. Gênese profunda de um confronto

No início do capítulo anterior, assinalamos que Moreno havia proposto a elaboração de um teste sociométrico a partir de citações. Não o tentamos. Mesmo assim, depois de reler suas obras, intuímos que os traços vermelhos, ou seja, o capítulo das rejeições desse teste incidiriam coincidentemente sobre um nome — Sigmund Freud, e sobre uma terapia — a psicanálise. Esta é a principal causa — embora aparentemente paradoxal — que nos faz dedicar todo um capítulo ao que deveria ser apenas um ponto a mais no estudo do marco referencial psicológico já considerado no capítulo anterior. Se Moreno escolheu Freud como permanente contraste de sua teoria, esperamos e com razão, que na percepção progressiva desta oposição seu pensamento se vá delimitando e esclarecendo. O contraste evidencia os detalhes, abrindo impensadas perspectivas.

Moreno elogiava Freud, por ele ter sabido ser essencialmente terapeuta, por se haver dedicado ao estudo e à cura de seus clientes e por suas teorias terem surgido dessas experiências.

> Certamente o êxito de Freud se deve a ter-se ele ocupado de questões terapêuticas e a não ter partido de filosóficos e pretensamente sábios experimentos de laboratório. Os instrumentos de seu laboratório eram o paciente, o divã, e o médico[1].

Também reconhece sua liderança na revolução psicoterapêutica de seu tempo:

> A segunda corrente de pensamento foi representada por Freud. Nesta época a psiquiatria e a psicologia estavam asfixiadas por conceitos gerais. O método psicanalítico, sem dúvida, implicou progresso. Em vez de

conceder uma confiança ilimitada ao que surgia a partir da observação externa, Freud fez apelo ao paciente[2].

Algumas vezes Moreno teve a fraqueza de afirmar que a técnica e a teoria psicanalítica estão presentes e superadas em suas próprias teorias e técnicas.

Estes e outros méritos são por ele extensamente reconhecidos no artigo publicado em 1956, centenário do nascimento de Freud[3]. É evidente que Moreno não consegue reprimir sua agressividade, quando dirigida a Freud, o que também não o preocupa. Escreve abertamente que sua obra tem uma meta: a oposição a Freud. "A psicoterapia de grupo se originou em oposição e como protesto contra os métodos individuais então dominantes."[4]

Para que não haja incertezas de que esses "métodos individualistas" são os da psicanálise, assim começa sua *Nova introdução ao psicodrama*:

Houve, em Viena, em 1914, duas antíteses da psicanálise. Uma foi a rebelião do grupo ignorado contra o indivíduo; e o primeiro passo além da psicanálise foi a psicoterapia de grupo... A outra foi a rebelião do ator reprimido contra a palavra. O psicodrama constituiu o segundo passo além da psicanálise[5].

A oposição a Freud é patente, porém não o são os motivos deste confronto de um jovem estudante de medicina de apenas 22 anos, logicamente imaturo, com o mestre que, além de tudo, está no zênite de sua terapia psicanalítica. Ou trata-se de um caso de rara e definitiva maturidade de pensamento, ou, dada a sua juventude e a extroversão de seu caráter, Moreno deveria ter acolhido a revolução psiquiátrica e psicológica freudiana de preferência com aceitação, até mentirosa, e não com esta rejeição inexplicável. Para compreendê-lo, precisamos lembrar o seu momento vital: jovem, entre apóstolo e profeta e dedicado ao existencialismo heróico hassidista; e lembrar também que estes heroísmos religiosos são qualificados por Freud como desvios neuróticos da conduta. Moreno descreve uma juventude vienense amedrontada, coibida pelo temor. Ninguém se atrevia a fazer nada de genial porque imediatamente ficaria marcado por alguma verbosa técnica inventada pelo jargão psicanalítico. Dava a impressão de que os aprendizes de psicanálise observavam a conduta dos demais para encontrar, neles, um ato de psicopatologia da vida quotidiana:

Porém a psicanálise havia criado uma atmosfera de temor entre os jovens. O medo à neurose era a palavra do dia. Um gesto heróico, uma aspiração nobre tornavam seu portador imediatamente suspeito... "Foi a psicanálise que na retaguarda, começou a lutar contra o gênio, procurando adaptá-lo à sua conveniência e desconfiando dele, devido a seus complexos. Depois de expulsar as forças cósmicas criadoras, da natureza (Darwin) e da sociedade (Marx), o passo final foi a purificação do gênio pela psicanálise. Foi a vingança da mente medíocre para reduzir todas as coisas a seu mais baixo denominador comum. Como todos têm complexos, e o homem criador não é uma exceção, todos são semelhantes[6].

Sabendo a respeito de suas tendências místicas, de sua adesão ao hassidismo e que em todo homem buscava despertar o criador e o gênio ("Todos os homens são gênios, alguns fazem esforço para sê-lo, outros não se preocupam com isto"), não nos espanta que Moreno seja taxado de neurótico e seja depreciado. Até compreendemos o tom de insulto pessoal do que acabamos de ouvir: "Foi a vingança da *mente medíocre*" ... Ele e seus companheiros seinistas e vienenses muito sofreram sob a égide da psicanálise. Embora não concedamos um sentido universal e objetivo às queixas de Moreno, temos que aceitá-las como expressão individualizada e real de uma vivência. Nesse clima de temor, o movimento seinista pereceu logo após seu nascimento e a juventude não o pôde seguir. A repressão da psicanálise era bem forte ou, pelo menos, assim castrante a viveram os jovens seinistas:

A geração de 1900 a 1920 sentiu-se num verdadeiro turbilhão. A solução mais simples era declarar que todo comportamento profético — na realidade toda conduta desviada do habitual — era suspeito de origem patológica. O movimento psicanalítico, desempenhou com muito êxito esta tarefa. Devido a sua enorme influência, não havia então e dificilmente haverá agora um adolescente que não prefira adaptar-se às normas sociais, a ter de carregar o estigma de neurótico. Iniciou-se uma era de desencanto e de medo relativo a criatividade emocional[7].

Havia outra solução: a de enfrentar-se e criar outra técnica e outra doutrina, antipsicanalítica. E Moreno criou a terapia de grupo e o psicodrama. Nova confirmação de que sua teoria nasce diretamente como oposição a Freud:

Em meio a é .a guerra fria psicológica, que dividiu e esmoreceu as forças criativas de nossa época, surgiu por volta de 1920, a filosofia psicodramática, contrariando valores psicanalíticos[8].

Usando a terminologia adleriana, diríamos que Moreno superou o complexo de inferioridade em que talvez se encontrasse, saindo fogoso por uma via produtiva e útil aos demais. Defende sua postura seinista com desafiante humor, através de suas teorias e suas incitações à ação. E, num rápido encontro, ou melhor, num valente encontro se atreve a esclarecer ao pai da psicanálise, até com certa impertinência:

O doutor Freud acabou de analisar um sonho telepático. Quando os estudantes saíram, me perguntou o que eu estava fazendo. "Bem, doutor Freud, eu começo de onde você pára. Você vê as pessoas no ambiente artificial de seu consultório. Eu as vejo na rua e em suas casas, em seu ambiente natural. Você analisa seus sonhos. Eu procuro transmitir-lhes a importância de sonhar novamente. *Ensino às pessoas como encenar Deus.*" O doutor Freud me olhou perplexo[9].

Talvez Freud tenha pensado que em lugar de um aluno de prática, ali estivesse um doente a quem ele deveria tratar; essa resposta, dada a uma pergunta de simples rotina, feita a um estudante de vinte anos, não deixa de conter elementos patológicos. Pensamos porém, que esta resposta, sendo ou não normal, bem pode justificar-se e até compreender-se, partindo de uma pessoa que refletiu sobre a psicanálise, que viveu a pressão psicanalítica e que, a partir daí, elaborou argumentos e contra-argumentos.

Possivelmente Freud não intuiu o alcance daquelas palavras e a postura daquele rapaz que seria, em pouco tempo, um dos expoentes máximos no campo da psicologia. Para nós esta resposta é definitiva e nos convence da validade do confronto que nos propusemos. Além de situar Moreno e Freud em duas vias antagônicas, esclarece algo fundamental em nosso autor: que para ele o aspecto religioso é importante na terapia e na prática psiquiátrica, pois sem esta dimensão não se compreende totalmente o homem e não se chega a sua cura total; não dar-lhe uma esperança e o desejo de viver — o sonho de ser deus, criador ou gênio ou santo — é deixá-lo a meio caminho, no passado. Descobrir em cada homem o que ele tem de Deus! E não podemos explicar a oposição do jovem — ou maduro — Moreno à psicanálise, se prescindirmos desta perspectiva hassidista tão repetida, pois é ele próprio quem se empenha em nos dizer:

> Freud falhou em dois aspectos: primeiro, em rejeitar a religião. Isto lhe custa a oportunidade de conhecer de maneira existencial a contribuição que os santos e profetas (que não são a mesma coisa que os teólogos teóricos: pode-se ser um santo sem nenhuma, ou com um mínimo de teoria) deram à psicoterapia, como seus mais engenhosos agentes, antes do advento da ciência natural. Segundo, por sua indiferença com relação aos movimentos sociais como o socialismo e o comunismo. Sua ignorância lhe custa outra oportunidade: a de estudar a estrutura de grupo... Ao psicodrama coube levar a sério a representação de Deus e traduzi-la em termos terapêuticos válidos; à sociometria coube levar a sério o grupo, como um processo *sui generis,* e assim ampliar e aprofundar o alcance da análise, para além de toda visão a que Freud tenha chegado sobre esse assunto[10].

São os mesmos temas e os mesmos argumentos que fazemos reaparecer na seleção das citações, para não distorcer o resultado percentual. Não nos repetimos: é Moreno que se repete e é preciso valorizar a reiteração, porque, omiti-la seria subtrair-lhe força.

É natural que uma rixa tão intensa se explique melhor pela convivência dos dois autores na mesma cidade: Viena! a que Moreno chama "cidade dos grandes acontecimentos". E sem dúvida, esta rixa não é devida a convivência, pois Moreno confessa ter visto Freud apenas uma vez: "em 1912, quando trabalhava na clínica de psiquiatria de Viena, assisti a uma de suas conferências"[11]. E continuando, narra o encontro há pouco referido.

E Moreno se pergunta, se pelo fato de terem vivido juntos, na mesma cidade, a doutrina psicanalítica teria influído em suas doutrinas ou teorias:

> Tudo isto sucedeu, sem dúvida, em um meio específico, em Viena, a cidade das origens. Viena foi também o berço da psicanálise. O leitor pode perguntar: que relação existe entre o psicodrama e a psicanálise?... Enquanto correntes de pensamento, têm origens diametralmente opostas[12].

Essas origens, no que se refere a Moreno, foram tratadas no capítulo anterior e foram repetidamente analisadas nos estudos sobre a psicanálise e seu fundador[13].

Porém a permanência em Viena — pois não podemos falar em convivência —, tem um significado ambivalente. Moreno passa, do considerar negativa ou inexistente a influência de Freud em sua obra: — "Tenho plena convicção de que ter vivido numa mesma cidade com uma geração de psicanalistas, deve ter exercido uma considerável influência sobre minha obra, embora influência predominantemente negativa"[14], ao extremo de dar prioridade à influência de sua obra sobre a psicanálise e os psicanalistas, que contraíram com ele, uma dívida anônima: "Por maior que seja a dívida anônima e 'reprimida' que a psicanálise tem com o psicodrama e a psicometria..."[15]

A tal ponto Moreno está convencido da sua influência sobre os psicanalistas que a propõe como tema de investigação histórica no campo da psiquiatria.

> Poderiam ser facilmente reconstruídos os condutos que iam de Mayserdegasse, onde estava o Stegreiftheater, a Dominikaner Platz, onde vivia o doutor Freud. Seria interessante que um historiador investigasse como os psicanalistas efetuaram, passo a passo, essas adoções: inicialmente aproximando-se cada vez mais dos meus procedimentos e métodos, e mais tarde até de minha terminologia e de minha teoria[16].

2. Origens concretas de dois métodos psicoterapêuticos em confronto: o paciente

Nas páginas anteriores expusemos o que nos poderia esclarecer com relação à aversão de Moreno a Freud, partindo do ponto de vista direta ou indiretamente pessoal. Mas é lógico que a oposição não se esgota nesta área, e penetra nos domínios da teoria. Ou talvez, inversamente, a aversão pessoal dos dois autores seja a conseqüência prática de suas formulações teóricas. Daí ser necessário considerarmos o desprezo de Moreno pelas teorias e práticas psicanalíticas.

Queríamos deixar claro que, na prática, existe um estreito paralelismo entre Freud terapeuta e Moreno terapeuta, embora as circunstâncias os tenham levado a conclusões diferentes. É até possível que todo grande psicoterapeuta siga o mesmo itinerário percorrido por eles: nestes autores porém, a correlação é surpreendente. Pretendemos evidenciar que grande parte das diferenças aqui expostas é devida ao fato de ambos terem encontrado um grande paciente cuja cura individual determinaria o rumo de suas posteriores carreiras profissionais.

Todo terapeuta costuma encontrar-se com um paciente providencial que determina sua obra posterior, repetindo aquela prodigiosa cura, em que o paciente, mais que o terapeuta, encontra os mecanismos de sua recuperação; o médico por sua vez, os aprova e os promove ao nível de teoria e técnica terapêuticas. O inventor dessa nova técnica não é tanto o médico mas o paciente. E Moreno o reconhece, explicitamente: "Porém os verdadeiros inventores não são nem os poetas nem os terapeutas, mas sim os doentes mentais de todos os tempos."[17]

Os dois pacientes — neste caso mulheres — que influíram definitivamente nas teorias e técnicas de Moreno e Freud, aparecem com freqüência em suas obras. Quando Freud quer fazer uma síntese de suas teorias, recorre sempre à sua origem, e conta o caso da paciente de Breuer:

> A única objeção admissível era se deveria generalizar um fato comprovado a partir de um único caso; porém as circunstâncias descobertas me pareceram de natureza tão fundamental, que uma vez demonstradas em um caso de histeria, teriam, a meu ver, que aparecer integradas em todo enfermo dessa ordem. Sendo portanto uma questão que somente a experiência poderia decidir, comecei a repetir com meus pacientes as investigações de Breuer[18].

A paciente providencial de Moreno também foi uma mulher: Bárbara. Vamos resumir a experiência narrada por ele em diversas ocasiões. No começo da década de vinte, exatamente no dia 1º de abril de 1921, nosso autor estava trabalhando no teatro de espontaneidade sediado à rua Mayserdegasse, em Viena. Entre as atrizes permanentes havia uma moça chamada Bárbara, que geralmente improvisava papéis de santas, heroínas e "criaturas ternas e românticas". Bárbara casou-se com Jorge, também um jovem ator. O casamento não ia bem. Ela "perdia o controle e discutia, empregando expressões vulgares e, quando cansado, Jorge a rejeitava, ela respondia, inclusive a socos". Jorge, angustiado, recorre a Moreno que decide usar a improvisação no teatro, como terapia nas relações dos jovens esposos: "tinha uma idéia de como poderia ajudá-los". Pôs em prática esta idéia, comunicando a Bárbara que, naquela noite ela deveria oferecer algo de novo aos espectadores. Bárbara representou com muito êxito um papel de prostituta e, a partir daí, improvisava preferencialmente, cenas desse tipo. Com surpresa para o seu diretor, as relações conjugais foram melhorando progressivamente. O experimento termina quando Jorge é convidado a subir ao palco: "Uma noite perguntei aos dois se não gostariam de subir juntos ao palco, e aí começou uma espécie de terapia inter-humana." O conflito desapareceu e a hipótese da terapia pela representação e pela interação terminou com êxito.

A terapia não afetou apenas as relações entre os atores, mas também o público. "Depois de cada representação alguns espectadores me visitavam e reconheciam que as apresentações deste casal lhes haviam impressionado mais profundamente que todas as outras representações. Era a catarse do público."[19]

Desde então, também Moreno, como Freud, generaliza a experiência e se converte num psicoterapeuta da ação. Este fato decisivo mudou o curso de sua vida e de sua obra. Seu próximo livro, *Die Rede vor der Richter* (1921), teria já um caráter terapêutico e sua primeira atividade, ao emigrar para os Estados Unidos, seria a terapia através do psicodrama: "Em Nova Iorque, durante os anos 1930-1931, renovei meus esforços do período do Stegreiftheather vienense."[20]

É o momento de refletirmos sobre as possíveis implicações que estas duas experiências terapêuticas possam ter nos autores que estamos comparando. Partem de pessoas diferentes: Ana, a paciente de Breuer, está doente, hospitalizada por uma "neurose de conversão". Bárbara, é uma pessoa normal. Isto nos parece muito importante para que Freud chegue a uma concepção do homem, partindo do patológico e veja sintomas patológicos em todas as manifestações da vida. Por este caminho o pai da psicanálise chegou a afirmar que existe uma linha contínua entre o normal e o patológico. Moreno, ao contrário, parte da criação e sua concepção básica é que o homem é um gênio: conseqüentemente, sua terapia se orientará no sentido de conseguir criadores e demiurgos.

Freud diagnostica que a razão da enfermidade de Ana é um trauma passado, o que o levará a uma concepção biográfica e determinada do homem. Moreno, que chegou à terapia a partir da representação espontânea de Bárbara, proclamará a liberdade criadora. Logicamente, Freud se inclinaria para o passado, e Moreno para a representação atual. Porque Ana está só, na enfermidade e na cura, Freud tem que fazer terapia individual. Ao contrário, a recuperação de Bárbara se dá pela interação com os demais e na relação interpessoal. E máxima é a oposição circunstancial: da clínica de Breuer ao teatro vienense.

Podemos descobrir rapidamente outras oposições substanciais: a paciente freudiana é curada pela palavra; a de Moreno, pela ação. O terapeuta psicanalista é um semideus distante, que domina pela hipnose e que faz falar. O psicodramaturgo é um cooperador a mais na representação.

Desde o começo, todos esses elementos distanciam a terapia psicanalítica a psicodramática, e as divergências progressivamente se ampliam. Divergências que Moreno vai aproveitar para julgar e criticar a psicanálise.

3. A situação e suas conseqüências terapêuticas

Comecemos pelos aspectos externos desta crítica. Moreno acusa Freud de não permitir ao paciente outra comunicação além da palavra, cortando-lhe o gesto e o movimento e impedindo o *acting out,* apesar de havê-los tido bem próximos, nos elementos teatrais dos procedimentos hipnóticos mesmerianos:

> Quando Freud se separou de Breuer abandonou, com ele, um elemento de grande eficácia: o componente hipnótico mesmeriano... Justamente porque o componente hipnótico mesmeriano é um elemento dramático não pode ser aproveitado e integrado na psicanálise[21].

Sem dúvida, Freud poderia deduzir a necessidade da ação, do próprio caso de Ana, pois, sempre que o descreve em suas obras, diz que o sintoma aparecia quando a paciente reprimia uma ação:

> Um caráter geral aos sintomas, era o terem aparecido em situações que integravam um impulso a uma *ação* que não havia sido, no entanto, levada a cabo, mas omitida por motivos de outra origem. No lugar destas *ações omitidas* haviam surgido os sintomas[22].

Por que Freud, estando tão próximo da possibilidade de uma terapia pela ação, não a realizou? Moreno escreve todo um capítulo

54

explicando o seu apego à situação sagrada do divã e a repercussão disto em suas teorias. Atribui sua oposição ao *acting out* a motivos biográficos desagradáveis. Lembra os problemas que surgiram na vida matrimonial de Breuer, e no próprio Freud, a partir do caso de Ana:

> Um exame mais atento da história da psicanálise demonstra que a mudança foi precipitada (se não diretamente causada) por uma crise surgida no setor "pessoal", isto é, nas relações entre o doutor Breuer, a senhora Breuer e a senhorita Ana O. — uma das pacientes do Dr. Breuer —, assim como entre o Dr. Breuer e o doutor Freud... O fato foi "transportado" além da situação terapêutica, produzindo uma situação viciada em que se viram envolvidas essas quatro pessoas: a paciente perdeu seu analista, Freud perdeu um amigo e a psicanálise perdeu o seu primeiro líder. A única pessoa que pôde ganhar alguma coisa foi a esposa de Breuer, que deu a luz a um bebê[23].

Moreno deduz que o divã foi o recurso que Freud interpôs entre si e seus pacientes, por medo de que se repetisse a história de Breuer, e ao comprovar que depois do tratamento pela hipnose, as pacientes ainda se ligavam a ele. Seria um obstáculo físico, a favor do distanciamento.

Moreno procura chegar a uma conclusão clara e transcendente que permita compreender, tanto a teoria freudiana como a sua própria: Freud adotou o divã como uma situação sagrada, por motivos pessoais e não por motivos terapêuticos e esta adoção condicionou sua teoria: "As modificações no método implicam modificações paralelas na teoria."[24] Descendo aos detalhes de uma análise minuciosa, aos poucos se vê chegar à conclusão de que o método foi usado para consolidar a teoria:

> É a própria "dimensão" da situação psicanalítica que provoca a aparição da neurose de transferência e resistência, por causa: a) do condicionamento físico, que consiste em um divã e um médico sentado atrás do mesmo; b) da situação irreal entre terapeuta e paciente (o paciente compartilha um mesmo local, com um observador que constantemente se abstém de interatuar); c) da relação de uma pessoa superior *versus* outra subordinada; d) a posição horizontal sobre o divã, de onde o paciente não se pode levantar se relaciona em sua mente com dormir, sonho e sexo, com subordinação, retração da realidade e relação amorosa. Em vez de sustentar que o fato da transferência constitui a prova mais irrefutável de que as forças impulsoras da neurose residem na vida sexual, por que não *invertemos* a afirmação dizendo que a situação física e psicológica da psicanálise se estrutura de tal maneira que *convida* o paciente a produzir a transferência e enamorar-se do terapeuta? Quando isto ocorre no curso do tratamento, talvez se deva a uma intenção inconsciente do método: consolidar a respectiva teoria[25]

É difícil encontrar uma afirmação tão clara do que pretendíamos demonstrar. Numa tentativa de síntese e postos a constatar que limitações o divã impõe à terapia e às teorias psicanalíticas, concluímos: o divã isola o indivíduo, separa-o da realidade, paralisa a ação, incita ao monólogo da livre associação com predomínio da palavra, condiciona a matéria do monólogo: sexualidade, sonho. Não deixando atuar no presente, incita a recordar o passado e, pela postura do terapeuta, condiciona e favorece a transferência.

Vejamos por partes. O primeiro condicionamento do divã é *isolar o indivíduo dos olhos dos demais*: "A forma mais conhecida de terapia individual era o divã. O divã é a plataforma para o tratamento do indivíduo isolado."[26] A terapia psicanalítica provém de um ambiente determinado pela medicina, ou seja, de uma clínica de medicina interna, a clínica de Breuer; sabemos que a medicina tratava exclusivamente do indivíduo isolado[27]. Ainda neste contexto geral da medicina, Moreno atribui a permanência do divã à própria formação pessoal e médica de Freud, no campo do hipnotismo[28]. É a presença do divã, não como fato material, mas pelas implicações terapêuticas decorrentes, que conduz ao isolamento:

> Provavelmente pensou que mantendo o paciente menos comprometido, afastado de toda a complicada perturbação interpessoal — deitado no divã —, conseguiria que o processo fosse mais objetivo e científico[29].

Definitivamente, o divã custou a Freud a perda do grupo e das técnicas adequadas ao seu tratamento. E Moreno se autodeclara superando a teoria freudiana e criador de uma concepção do homem em "relação", e de um possível adoecimento dessa relação, mesmo na hipótese de que o indivíduo esteja são. A partir daí, busca os meios para o tratamento terapêutico em grupo. Sua concepção antropológica é basicamente social e considera o grupo como uma entidade em si.

> Enquanto a psicanálise supõe que os processos na psique isolada e no grupo são os mesmos, para a teoria da psicoterapia de grupo, é fundamental a idéia de que o grupo tem sua própria estrutura social, na qual, sem dúvida, os processos individuais desembocam sem perder sua autonomia[30].

A dimensão social moreniana se opõe claramente à exclusiva concepção individualista de Freud. Se o homem nasce em grupo e vive nele e nele adoece psiquicamente, a psicanálise, alienando-o até do próprio psicoterapeuta, cria-lhe um ambiente artificial. Esta é uma das primeiras objeções à terapia psicanalítica, formuladas por Moreno, que sempre concebeu e pôs em prática a idéia de que o homem deve ser tratado no contexto de sua realidade, no meio em que se encontra. Do já conhecido encontro com o pai da psicanálise, recordemos algumas palavras: "Você vê as pessoas no ambiente artificial de seu consultório, eu as vejo na rua e em suas casas, no seu ambiente natural."[31] E insiste continuamente em atribuir às suas técnicas a função de medir a realidade tal qual é:

> No divã os pacientes não podem fazer outra coisa senão monologar; porém no grupo, podem reagir uns frente aos outros. O psicodrama dá um passo a mais e mais se aproxima da vida. Chega-se ao verdadeiro diálogo e ao drama vital entre duas ou mais pessoas[32].

Avançando em novos aspectos da objeção ao divã psicanalítico, Moreno acrescenta que o divã impede a ação e todas as suas conseqüências. Esse tema, antes abordado, pois tem sido o arranque da diferença entre Freud e Moreno: divã-teatro. Pretendemos agora ver concretamente as falsas conseqüências que, ao negar-se ao *acting out* ou o *Ausleben*, a psicanálise se impôs; a palavra segue vitalmente à ação:

> Porém a psicanálise tem enfatizado os símbolos verbais e sua interpretação. Quando um paciente associa livremente, suas associações estão artificialmente restringidas. Não se lhe permite atuar ou interatuar livremente, embora, na conduta adulta, as ações e as palavras se entrelacem naturalmente[33].

Através da ação muitos outros dados que podem ser interessantes para a análise dos traumas pessoais, se associam. Inclusive, Moreno afirma que a livre associação depende também da pessoa que está presente à narração verbal:

> O processo do começar, especialmente o uso de iniciadores físicos no processo de aquecimento, suscita a questão de, em que medida a associação livre de palavras é digna de confiança, como guia para os níveis mais profundos do psiquismo. Vimos que a posição e o papel em que se encontra o paciente quando surgem as palavras, determinam amplamente a *classe* de associações que ele apresentará. As palavras e frases que pronuncia estendido num divã, em estado passivo, e as palavras e frases pronunciadas quando movimenta seu corpo, de um lado para outro, *não* são as mesmas. E se quando associa palavras e frases, alguém está na sala, por exemplo, um médico de quem gosta ou desgosta, mais uma vez as associações variam. Se a pessoa presente faz o papel de sua noiva, seu pai, seu patrão ou de um grupo de pessoas, também mudará sua pauta de associações[34].

Na tentativa de apurar as limitações impostas pelo divã, à ação, Moreno atinge outro grande pilar da psicanálise: os sonhos. Considera uma enorme diferença entre um sonho falado e um sonho dramatizado. Sem dúvida alguma o sonho representado é mais rico em conteúdo do que o simplesmente exposto através da palavra:

> Freud se apoiou muito nos sonhos; pois bem, foi nesta área que o psicodrama conseguiu levar a ciência para além d'*A interpretação dos sonhos*, através da técnica de atuação e de desempenho de papéis. O relato verbal de um sonho é apenas um pobre arremedo da experiência que o paciente viveu *in situ*, isto é, enquanto dormia. O psicodrama é a essência do sonho[35].

Desta forma — diz Moreno — torna-se desnecessário analisar o sonho, pois ele é vivido na dramatização com seus conteúdos manifestos e latentes, dando maior segurança científica, porque, ao se exteriorizar, torna-se observável e verificável; enquanto, que do sonho deixado à livre associação do paciente e à interpretação do psicanalista, fica sempre uma dúvida: se tal interpretação não seria uma bela hipótese não verificada.

Bem profundas, diz nosso autor, são as limitações que a psicanálise impôs desnecessariamente às suas próprias técnicas e teorias, ao privar-se da ação. O próprio inconsciente, a grande revelação psicanalítica, se manifesta mais exaustivamente através da ação do que pela associação livre. O ator que está no cenário representando seu drama, mergulhado em seu ato, perde o autocontrole e por isso mesmo, nesse momento, não atuam os mecanismos de censura. Enquanto o paciente representa, suas profundezas se abrem totalmente ao terapeuta que pode observá-lo atuando. Esta é a razão pela qual acabamos de ler que o psicodrama é a essência do sonho. Estamos vivendo o inconsciente, ou melhor, os estados inconscientes, *in situ*: "Quanto mais o paciente se compromete, menos consciência terá de seus atos; é como poder contemplar a atuação do próprio inconsciente. A indicação objetiva desse fato, é que o paciente dificilmente se lembra imediatamente do que fez."[36]

Nos casos concretos relatados para comprovar o caráter experimental de suas teorias, ou para mostrar como se as põe em prática, Moreno chega a demonstrar que o paciente, na fase de pré-aquecimento e preparação, ao narrar o conteúdo manifesto de seu sonho, esquece muitos elementos que surgem e afloram à vida consciente, no momento da representação, devido à sua própria atuação ou à do ego-auxiliar ou, simplesmente devido a elementos externos, como por exemplo, o mobiliário cênico.

E ataca radicalmente a terapia freudiana por violentar o paciente que, no momento de sua narração, pode querer representar o que está dizendo. Assim, a psicanálise que trata de evitar os traumas provenientes da repressão, os fomenta. Esta crítica é dirigida à essência psicanalítica:

O paciente que está no divã pode ser, por exemplo, uma mulher que, de repente, sente necessidade de levantar-se e dançar, ou de falar com seu marido, de quem suspeita de infidelidade, ou ainda, tomada por sentimentos de culpa, deseje ajoelhar-se ou rezar. Se estas atividades lhe são proibidas, certos elementos que a estão perturbando não se manifestam e não podem ser analisados e tratados. Porém se o paciente sabe que o terapeuta aceita o *acting out* de seus pensamentos e impulsos, deixa-os surgir[37].

Moreno amplia as conseqüências que podem advir ao paciente, por esta repressão de seus impulsos de atuação. Conhecendo ou sem conhecer as investigações de Zeigarnik[38] sobre a acumulação de energia psicofísica não consumida, afirma que a repressão da ação durante a análise de um paciente pode levá-lo a atuar na vida real e, se estes impulsos estiveram orientados para o suicídio, as conseqüências poderão ser definitivas e maléficas:

> É muito possível que no dia seguinte se mate e, em lugar de vir à sessão aparecerá seu anúncio fúnebre. O decisivo, portanto, é *permitir ao paciente a exteriorização dramática de seus problemas*[39].

Finalmente surge uma limitação externa: se o homem é uma unidade formada por mente e corpo, também o *soma* adoece psiquicamente, o que no dia a dia nos mostra a medicina psicossomática. E se deixamos o cliente paralisado no divã, perdemos a possibilidade de uma terapia psicossomática e de uma influência saudável do corpo sobre o espírito ou mente: "Em oposição à psicanálise, no psicodrama, o centro da terapia é ocupado não só pela psique, mas também pelo corpo."[40]

Partindo de considerações sobre a *associação livre* imposta pelo psicanalista, Moreno julga e critica a situação sagrada do tratamento psicanalítico. A excessiva transcendência que a associação livre confere à palavra tornando-a absolutamente responsável pela terapia, logicamente o provoca para outro sério ataque. Não pode aceitar que na técnica terapêutica se outorgue exclusividade a um fator limitado da comunicação. A associação livre, embora sendo uma forma de liberdade, não *esgota* a livre expressão; seria uma limitação parcial da espontaneidade, que a supera em profundidade e extensão. "Por mais importante que seja o comportamento verbal, *a ação precede a palavra* e a inclui."[41]

Moreno insiste em fixar limites de penetração à associação livre e não em suprimi-la. Outras circunstâncias da pessoa-paciente que poderíamos considerar externas à técnica da livre associação em si, limitam seu raio de ação. No campo da psicopatologia, essa técnica não é aplicável a enfermos psicóticos privados de comunicação verbal. Isto coincide, embora por caminhos diferentes, com a crítica feita por Jung[42] à teoria psicanalítica ortodoxa, pela sua incapacidade para explicar e curar certos tipos de psicose.

Também as crianças não são passíveis de tratamento pela associação livre. Não têm a capacidade de objetivar seu mundo interior, através da palavra. E, em última instância, nos psicóticos se dá uma regressão aos primeiros estágios da vida infantil. Moreno os unifica como sujeitos não aptos à psicanálise e aptos à dramatização. A criança, antes de ter acesso à palavra, vive uma etapa pré-verbal que, segundo ele, é mais importante que a verbal, porque nela representa certos papéis dos quais emergirá o eu consciente. "Essa debilidade teórica do sistema freudiano na construção dos processos inconscientes, teve como conseqüência seu descuido com relação à psicoterapia de crianças e de psicóticos."[43] E apurando sua visão do divã como *situação* da terapia psicanalítica, julga a postura do psicoterapeuta. Sabemos que o psicanalista se distancia do paciente, de sua afetividade e de sua agressividade, refugiando-se atrás do divã: "na situação psicanalista clássica, não está presente mais que uma pessoa, porque a segunda, o analista, não está realmente com ele porém *fora* da unidade"[44].

A partir do momento em que a situação psicoterapêutica abandona o divã e passa à ação e à intercomunicação, como acontece no psicodrama moreniano, não há outra saída senão admitir a influência terapêutica de todos os participantes. Já não existe uma psicoterapia de direção única, do médico ao paciente, mas uma *interterapia*, essencial para Moreno.

O segundo motivo fundamental de crítica ao terapeuta freudiano, é que a situação do psicanalista favorece a transferência. Essa circunstância externa e concreta altera os resultados da análise psíquica e, se a mudamos, possivelmente mudarão alguns resultados considerados científicos e aplicáveis a todos os níveis e pessoas: "Por que não invertemos a afirmação, dizendo que a situação física e psicológica da psicanálise se estrutura de tal maneira que *convida* o paciente a criar a transferência e a apaixonar-se pelo terapeuta?"[45]

Para Moreno a explicação é simples: o paciente reage ao que lhe é apresentado e se lhe apresentamos um Deus, o adora; se um sacerdote, o reverencia. "O psicanalista se apresenta assumindo o papel de padre (confessor ou intérprete) perante o paciente. É portanto o psicanalista quem define a situação, transferindo uma atitude ao paciente."[46]

A transferência é o resultado lógico da situação em que se põe o cliente, deduz Jacob Lévy Moreno.

4. Concepção mecanicista do psiquismo

Prossigamos na crítica a Freud, dispersa porém intensa na obra de Moreno e, abandonando a *situação* psicanalítica, vamos considerar a *lei da conservação da energia e suas conseqüências,* conceito que Freud recebeu e incorporou, como dogma, à sua teoria.

Moreno corrobora o que tantos autores criticaram em Freud: que sua concepção é mecanicista por ele haver aplicado a uma ciência humana, conceitos tomados da física decimonônica. A libido é a interpretação freudiana da energia constante que, ao ser contida, busca novos desafogos. Desta concepção da libido como energia física que se conserva ou se transforma, provém, como reações em cadeia, as noções psicanalíticas de fixação, repressão etc.:

> Veja-se mais uma vez o conceito de libido, segundo a teoria psicanalítica. De acordo com esta teoria, Freud pensou que se o impulso sexual não obtém satisfação em seu objetivo direto, deve deslocar sua energia não aplicada, para outro lugar. Deve ligar-se a uma localização patológica ou encontrar saída na sublimação[47].

Moreno aceita a logicidade das conseqüências, a partir desta premissa, porém se opõe a aceitá-las, e o faz infinitas vezes em sua obra. Por que aplicar uma lei física ao psiquismo humano, que é de outra natureza? ou por que a "energia" humana deve conservar-se? pode simplesmente esfumar-se e desaparecer. E mais: deveríamos excluir a palavra energia da terminologia psicológica.

As deduções lógicas da conservação da energia são aparentemente esmagadoras: se a energia psíquica se comporta da mesma forma que a energia física, deduz-se que o que somos está *determinado* pelo curso que essa energia vai tomando. Moreno reconhece que "num sistema psicodinâmico tão fechado, não há lugar para a espontaneidade. Assim, como a energia libidinal deve permanecer constante, o determinismo psicológico é absoluto"[48].

E mais uma vez, numa cadeia de seqüências lógicas, temos o confronto Freud-Moreno. Pois se a vida presente se explica de modo determinista, por esse rosário de causas pretéritas, concedendo importância fundamental ao passado, Freud se converte num biógrafo, num historiador do paciente. Não lhe resta outra solução, tendo em vista suas premissas: "em vez de apelar para a situação atual, se deteve a meio caminho, dirigindo-se ao cliente que recorda, que se inclina sobre seus traumas passados à *la recherche du temps perdu*"[49]. Estes extremos psicanalíticos tocam um ponto nevrálgico da teoria de Moreno e de suas intenções terapêuticas: a vivência do aqui e agora.

Na linha biográfica humana, o passado é a infância, etapa da vida que se apodera de uma "quantidade de projeções", segundo a teoria freudiana. A mesma ou até maior relevância tem a infância na obra de Moreno, mas por razões bem diferentes. Para a psicanálise, a infância é o tempo do trauma, da repressão, da sexualidade polimorfa. Para Moreno, em cujo pensamento a espontaneidade é substancial, a criança não tem nada pronto ao nascer e sim o futuro de toda uma vida a realizar. O antagonismo quanto à relevância da etapa infantil, surge de suas próprias concepções do homem:

> É pertinente considerar, sistematicamente, a criança humana, a partir do nível dos mais elevados exemplos concretos de realização e expressão humanas — referimo-nos literalmente aos gênios da raça — e interpretá-la como um gênio em potencial. Aqui supomos que, nos gênios da raça, certas capacidades e aptidões básicas latentes, comuns a todos os homens encontram sua expressão mais dramática[50].

Neste marco de referência estão implícitos alguns pontos do pensamento psicanalítico sobre a infância, rejeitados basicamente por Moreno. O trauma do nascimento é para ele um momento de crescimento, o mais genuíno, original e primário; o instante em que o homem é mais original, por ser mais espontâneo. O nascimento o impressiona tão positivamente que tenta encontrar o *status nascendi* de todos os conceitos que expõe em sua obra:

> Outro conceito psicanalítico é que o nascimento é um trauma de que a criança demora a se recuperar... Porém o ato do nascimento, para o qual ele e a mãe se preparam durante nove meses, é o oposto do trauma. É uma catarse de profundo alcance, tanto para a mãe como para a criança. Uma teoria da espontaneidade para o desenvolvimento infantil estima o crescimento da criança em termos positivos e em termos progressivos, e não em termos negativos de atraso e regressão[51].

Sob esse prisma de otimismo que perpassa em todas as páginas de sua obra, Moreno critica outra atribuição psicanalítica da infância: sua duração excessiva comparada com a de outros organismos inferiores, devido à pouca maturidade biológica com que o homem nasce. Moreno, coincidindo com outros autores[52], se posiciona a favor da duração da infância, tendo em vista a dignidade humana e o valor dessa etapa de preparação para sua realização como gênio:

> A teoria psicanalítica de que a existência intra-uterina do embrião é demasiado breve, e que seria inclusive desejável uma gravidez mais prolongada, é errônea... O bebê humano poderia nascer bastante independente e auto-suficiente, porém pela longa incubação num ambiente limitado teria sacrificado as oportunidades para as quais o prepara a pla-

centa social. Sacrificaria a produtiva associação, culturalmente significativa, com seres ativos e altamente organizados, por uma vida de isolamento; e finalmente porém não menos importante, devido à sua comparativa auto-suficiência, teria nascido muito menos necessitado de ajuda, mas também menos sensível a aculturação da herança social incorporada nos ego-auxiliares do novo meio[53].

Com relação às zonas erógenas — oral, anal e genital — Moreno admite sua existência, embora desprovida de toda significação sexual. São, fundamentalmente *locus* de aquecimento para o ato: diríamos que nelas se dá a preparação física para a realização de alguns atos indispensáveis à vida e ao desenvolvimento da criança.

Forte área de atrito é o *complexo de Édipo,* interpretado por Moreno como a deformação conseqüente do estudo do homem como um organismo físico e não como membro de uma sociedade. Para ele o drama de Édipo torna-se incompreensível, senão se leva em consideração seu pai, Layo, e sua mãe, Yokasta. O drama não é individual, mas familiar, e sempre inter-relacional. *"A trama das relações das três pessoas, os atritos produzidos entre elas, os choques entre seus complexos, determinam o processo psicossocial efetivo de suas inter-relações, que difere qualitativamente do que aparece se olharmos exclusivamente para Édipo."*[54]

Conseqüente consigo mesma, a teoria de Moreno dá aos fenômenos que Freud situa em torno do complexo de Édipo — introjeção, moralidade etc. —, uma interpretação e até uma experimentação sociométrica. O que a criança "introjeta" não são as normas do pai, no momento em que se identifica com ele, mas, passada a época da "matriz de identidade", quando chega a distinguir-se dos demais observando-os como distintos de si mesma, a criança interioriza os seus "papéis". A primeira pessoa com quem se identifica e troca papéis é com a mãe, porque, o que importa é a pessoa e não o seu sexo. A partir dessa observação explica uma experiência realizada com sua mulher, Zerka, seu filho Jonathan e ele, Moreno:

> Jonathan prefere a troca de papéis com sua mãe, mesmo podendo conseguir uma inversão mais completa com o pai, dada a semelhança de sexo. Porém a configuração física da pessoa com quem inverte papéis é secundária. O fator principal é aparentemente a *pessoa* e não a sexualidade dessa pessoa[55].

Resumindo: o nascimento não é um trauma; a duração da infância é favorável ao homem que então se socializa usando sua espontaneidade criadora; esta socialização tem uma base fisiológica — as zonas de encontro com o mundo das pessoas e das coisas — que não são zonas basicamente sexuais, porém "sociométricas". E finalmente, o complexo de Édipo deve receber uma interpretação familiar, grupal ou "sociométrica". Estes são pontos de encontro entre Freud e Moreno, no que diz respeito à infância.

A síntese da teoria moreniana obtida a partir desta oposição, faz avançar o esquema básico, pelo menos com relação aos pontos-chave de seu pensamento. Era esse nosso objetivo ao compará-lo com Freud: do contraste recolher sortidas linhas e enumerativamente o vamos conseguindo.

5. O inconsciente

Ao nos depararmos com uma das vigas mestras do pensamento psicanalítico, o inconsciente, procuramos, por um lado completar o antagonismo Freud-Moreno e por outro, apontar alguns extremismos da ideologia de nosso autor.

Moreno não rejeita a realidade do inconsciente no sentido de que algo que anteriormente existiu em nossa vida continue influenciando o rumo de nossa existência atual. Na exposição da temática do psicodrama há infinitas alusões à vida passada das pessoas. Vida não vivida, ansiedade, temores, desejos não realizados. Se Moreno tivesse rejeitado totalmente a persistência da vida afetiva anterior, não se expressaria nesses termos:

> Todas as cenas de seu passado remoto e todas as suas relações longínquas tornaram-se importantes em vista de uma catarse geral de todas as pessoas implicadas. A solução foi então a ressurreição de todo o drama psicológico, ou pelo menos das cenas cruciais desse drama, representadas pelas mesmas pessoas e nas mesmas situações em que sua associação começou[56].

Apesar de haver expressões e técnicas que não se explicariam se basicamente não existisse a realidade do inconsciente, Moreno não aceita este conceito em sua acepção freudiana. Não pode compreendê-lo como uma substância com entidade própria, tal como Freud parece entendê-lo, quando em seu livro O "ego" e o "id" expõe a evolução do ego a partir do id: "A idéia de que o inconsciente seja uma espécie de entidade, isto é, uma coisa ou um 'ser' autônomo, deve ser absolutamente rejeitada."[57]

Moreno prefere empregar o termo inconsciente no sentido de "estado" inconsciente: "Neste livro, para simplificar, falamos de 'inconsciente' e poderíamos despertar a falsa impressão de considerá-lo como 'substância'. Na realidade, com isto designamos 'estados' inconscientes e não um inconsciente."[58] Claramente discorda do conceito psicanalítico de substância, suporte de certos acidentes — alguns instintos, como quer Freud — e se define por um estado do ego, do sujeito. Modificaram-se diametralmente os conceitos: já não é o ego que surge do id ou do inconsciente mas é o inconsciente que procede do ego. Parece lógico concluir que, se para Moreno o inconsciente não é uma substância mas um estado do ego, nele, nada pode existir que anteriormente não haja passado pela consciência; daí ser precisamente um estado e não uma substância. "Um acontecimento só pode ser recordado se foi registrado e só se foi recordado pode ser esquecido. Só se pode reprimir fatos que tenham sido registrados ou recordados."[59]

Por não ter passado e porque o inconsciente não é uma substância, a criança, na primeira etapa de identidade, vive nada mais que o momento presente[60] e o maior momento vital de espontaneidade e, não tendo inconsciente, não pode sonhar. Só posteriormente, o sonho lhe será possível:

> Só quando começa o período de realidade total, aparecem na vida desperta da criança, imagens que se assemelham à estrutura onírica noturna. Assim pois, a esperança dos psicanalistas, de que se possa usar o sonho como fonte das experiências arcaicas da humanidade, tem que ser abandonada. Na medida em que é provável que o sonho seja uma aparição relativamente tardia no desenvolvimento dos processos psíquicos, originada no período de realidade total, a própria teoria do inconsciente perde sua principal justificação[61].

A partir do momento em que o inconsciente é algo que surge na vida de cada um, quando se é capaz de ter memória, e, portanto, ter um passado, seus conteúdos têm uma conotação essencial e exclusivamente biográfica, pessoal, e não arcaica. Seguindo essa linha de argumento, Moreno considera absurdo que Freud chegue a afirmar que:

> Há duas classes de inconsciente... ambas são inconscientes no sentido psicológico do termo, porém, no nosso referencial, a primeira, a que simplesmente chamamos inconsciente, é incapaz de se tornar consciente; mas à segunda chamamos de pré-consciente, porque suas excitações, logo após se cumprirem certas regras de procedimento, tornam-se capazes de passar à consciência... O sistema pré-consciente é como um tamis colocado entre o sistema inconsciente e o consciente[62].

Se tudo o que existe no inconsciente é biográfico e não substância preexistente e pré-formante, diríamos, logicamente, que não há razão para distinguir entre o inconsciente e o pré-consciente. A uma conferência em que Moreno expõe estes conceitos, Cholden responde dizendo: "Concordo com todo vigor, que a distinção entre inconsciente e pré-consciente não tem sido fecunda."[63] E, tampouco esta

65

distinção pode ser baseada na capacidade ou incapacidade de seus conteúdos serem evocados conscientemente; se os dois têm a mesma origem, terão as mesmas possibilidades, embora mais ou menos remotas: "em conseqüência, a afirmação de Freud, no sentido de que o inconsciente deve ser definido como área *incapaz* de consciência, pode ser demasiado rígida; é, pelo menos arbitrária, à margem de toda demonstração científica direta"[64].

Tentando ser mais global, Moreno volta a insistir, várias vezes, com a mesma refutação e sob o mesmo aspecto:

> Os fundamentos do sistema do inconsciente, tal como foi proposto por Freud e ampliado por Jung, são fracos. O sistema não é logicamente fiel a si mesmo, é incompleto e, do ponto de vista da investigação, é improdutivo. O encadeamento entre o pré-consciente e o inconsciente não tem sido satisfatoriamente explicado. Falta, por completo, uma ligação entre o pré-consciente e o inconsciente de um indivíduo e o dos outros, ficando uma greta entre os indivíduos, entre os pequenos grupos, e as coletividades a que todos eles pertencem. Toda a área das atividades psíquicas inconscientes requer uma nova formulação, dentro de um marco de referência operacional e de ação[65].

Deduzimos porque Moreno diz que os argumentos em prol do inconsciente, tal como é concebido por Freud, sejam fracos. Mas, por que incompletos? Não podemos esquecer que na base de toda teoria e terapia morenianas encontra-se uma concepção social do homem, segundo a qual todo fenômeno psíquico deve ter uma dimensão de *Einladung*, de *Zwischen*. O inconsciente não poderia ser uma exceção. Como explicar, por exemplo, que duas pessoas que convivem intensamente, se entendam sem palavras, ou possam, reciprocamente, predizer suas condutas? Mais ainda: como explicar que em grupos de pessoas desconhecidas entre si, ao se aplicar um teste sociométrico, se descubram entre elas, relações inexplicáveis pelo acaso? Moreno responde que estes fenômenos são explicados, em parte, pela existência de um *inconsciente comum* ou um *coinconsciente*. Este inconsciente está ligado à biografia das pessoas: o que está claro no primeiro caso, explica-se, no segundo, por ambos terem vivido e aceito uma mesma cultura. Porém, este inconsciente é sempre vivido ou biográfico, não arcaico e não coletivo[66].

6. Aproximação Moreno-Freud

Talvez nos tenhamos demasiado e minuciosamente detido sobre a crítica dispersa na obra moreniana, com relação a teoria e a prática psicanalíticas, especialmente à psicanálise de Freud. Se o fizemos foi porque, realmente, a doutrina psicanalítica como contrapartida da moreniana, está presente nos milhares de páginas das obras de Moreno. Não se poderia fugir a esta oposição, mas considerá-la na mesma amplitude em que aparece na obra que estamos analisando.

Chegou o momento de dedicarmos algum espaço à aproximação. E nesta aproximação não buscamos detalhes. Trata-se de uma comparação em linhas gerais, para que a delimitação e quase definição prévia do pensamento de Jacob Lévy Moreno, que vamos completando, se fundamente não apenas no contraste psicanalítico, mas também na aceitação parcial ou, pelo menos, na concomitância de alguns supostos. É reconhecido pelo próprio Moreno que a técnica e a teoria psicanalíticas, estão presentes em suas obras. Antes de tudo queremos assinalar as coincidências lingüísticas dos textos morenianos com relação aos de Freud. Caberia falar, de uma assimilação inconsciente de suas técnicas e teorias às formas de expressão psicanalíticas, por parte de Moreno, para se fazer entender.

Nas várias citações feitas neste capítulo, podemos verificar a constante referência de nosso autor à terminologia psicanalítica, enquanto expõe, sua própria teoria. Em seu livro *Psicoterapia de grupo e psicodrama*, este fenômeno mais se evidencia nas páginas em coluna tríplice, que se intitulam: *Tabela de coincidências e oposições: psicoterapia individual, psicodrama e psicoterapia de grupo*[67].

Temos dúvida se certos aspectos teóricos e técnicos morenianos não sofreram filiação direta da psicanálise, e nos perguntamos se, sem essa influência, Moreno teria realizado sua análise onírica em seu teatro terapêutico. Inclusive, seus "estados inconscientes", aplicados à psicoterapia, fazem alusão ao achado definitivo do inconsciente, que Freud conseguiu para toda a psicologia.

A oposição entre teatro e divã, integralmente extraída da obra de Moreno, foi bem reforçada. Mas, será real? Uma resposta monossilábica seria bastante comprometida, embora muitas vezes tenhamos pensado que o cenário psicodramático seja um divã ampliado, no qual se representa o que se fala no divã da psicanálise. Além disso, em realidade, no tratamento individual — um paciente frente aos terapeutas, principal e auxiliares — não há muita diferença. Confirmando o que asseveramos, vejamos as próprias palavras de Moreno: "o divã continua presente em e sobre a cena e em todas as suas dimensões: vertical, horizontal e de profundidade"[68].

E sobre este divã multidimensional, se desenvolve uma psicanálise potenciada pela ação e até com as indicações comuns a Freud, recomendando a livre associação no início de uma sessão psicanalítica. E mais: segundo Moreno, a encenação vem precedida de uma conversa em que se recomenda esta associação livre. E depois, a encenação não passa de uma posta em cena, do que antes foi associação livre:

Desde que o paciente tenha conseguido liberar sua espontaneidade e tomar gosto por sua tarefa, torna-se relativamente fácil — em sua atuação cênica — fornecer indicações de sua vida quotidiana... Deve atuar livremente à medida que as coisas lhe venham ao espírito: por isso, deve-se oferecer-lhe a maior amplitude para expressar sua espontaneidade, com toda liberdade. Depois da espontaneidade surge, segundo sua ordem de importância, o processo de representação. Supera-se o nível verbal, incluindo-o no nível da ação[69].

E, com a associação livre, a representação da vida *passada*; a vivida e a não vivida, o que se foi e o que, ainda se querendo, não se conseguiu ser: "toda a vida fica exposta, com todas as suas complicações mútuas, na dimensão temporal; nenhum momento, nenhum instante lhe é suprimido; conserva-se cada momento de desgosto, cada pergunta, cada crise de ansiedade, cada momento de recolhimento interior que então voltam à vida"[70].

E com o passado e suas tensões, o inconsciente continua atuando e *determinando* o momento presente: "a análise de suas palavras e de sua mímica, no transcorrer das diversas cenas, nos permite saber melhor em que consistia sua vida familiar anterior, compreender melhor as tensões afetivas que paulatinamente o trouxeram onde se encontra hoje"[71].

E a cadeia de paralelismo continua, pois acabamos de ver o retrospecto à vida afetiva e familiar. Passemos ao papel relevante da infância. "Durante um período importante de nossa vida, sua primeira fase, nossa infância, não dispomos desse instrumento de comunicação social "regularizada", mas a influência deste período sobre nosso desenvolvimento futuro está sempre presente."[72]

Agora surge a análise, típica da psicanálise: geralmente no final de uma sessão psicodramática, o terapeuta principal interpreta e analisa o que foi acontecendo em cena. Por isso, seguindo o modelo de seu trabalho, no final da exposição dos casos práticos que aparecem na obra moreniana, existe sempre uma *análise*.

Nosso espanto cresce e parece que estamos destruindo o que havíamos montado lentamente, quando, de um paciente escutamos palavras como estas: o doutor Moreno me disse domingo último, que quando eu sonhasse, tentasse escrever o sonho[73].

Essa enumeração de pontos paralelos, além de eficiente — pois chega a convencer-nos de que é necessário diminuir distâncias entre psicodrama e psicanálise — é perigosa por sua ambivalência. Se consideramos mais o conjunto do que o detalhe, permanecem latentes profundas diferenças entre Freud e Moreno, diferenças que diminuem as coincidências e tornam impossível a identidade.

Apesar de Moreno conhecer profundamente a psicanálise, em defesa freudiana, torna-se justo deixar patente seu escasso rigor científico ao referir-se a aspectos psicanalíticos concretos. Sua crítica ao complexo de Édipo, baseada na experiência de seu filho, generalizada pela sua afirmação de que a criança não leva em conta o sexo, mas a outra pessoa, é infundada. A experiência com seu filho não se passa na idade edípica mas numa etapa anterior; Jonathan ainda não havia completado três anos. Sua teoria da socialização através de identificação com papéis, ultrapassa o que Moreno considerava pequenezas psicanalíticas.

É imperdoável a sua omissão no que diz respeito ao reconhecimento científico da psicanálise quando, ao aplicar seu método sociométrico ao estudo das idades para fixar as etapas evolutivas da socialização, utiliza, entre outros critérios, "o sexual". Os resultados numéricos teriam sido um argumento irrefutável para justificar a teoria freudiana da evolução sexual da criança, porém Moreno se omite completamente, tornando-se culpado por traição.

Fiquei surpreso ao verificar, posteriormente, que Klineberg, em sua *Psicologia social,* faz o mesmo comentário:

> A mesma técnica (sociometria) tem sido empregada para o estudo do processo da separação dos sexos que começa ao redor do quarto ano escolar (nove anos de idade) o que permite certa comprovação experimental da teoria da latência de Freud[74].

É impossível não fazer uma última pergunta: Qual é realmente a postura de Moreno com relação a Freud? Desse interjogo de divergências e paralelismos surge uma indecisão e até uma dúvida sobre a possibilidade de uma resposta esclarecedora.

Arriscamo-nos formulando estas anotações. Moreno reconhece implicitamente a transcendência alcançada pela psicanálise e não se atreve a ignorá-la. Tenta miná-la num assédio progressivo para, finalmente, fixar-se uma meta bem clara: *superá-la.* Creio havermos feito alusão às palavras escritas por Bischof sobre os grandes propósitos de sua vida e um deles era, exatamente, superar a psicanálise: "De fato ambicionava elaborar: 1) uma teoria da personalidade superior à de Freud: o psicodrama."[75]

Admitimos que, realmente, em psicoterapia, este foi o maior propósito de Moreno. Por isso, embora aflore uma crítica severa e onipresente, antes ou depois de cada observação sempre existe um "porém", uma objeção, afirmação latente de que a psicanálise não desaparece totalmente, mas permanece integrada, ampliada e aperfeiçoada no psicodrama ou na sociometria. Ele acredita e afirma haver superado Freud em cada um dos elementos teóricos ou técnicos de que tratamos neste capítulo: grupo, realidade, ação, ciência, tele, espontaneidade, função do terapeuta etc.[76]

Moreno sente respeito por Freud: uma espécie de temor reverencial, "ambivalente" sem dúvida, e em que predomina a sua parte agressiva. Por isso, diante da forte oposição, busca que o "pai" castrante porém introjetado, lhe diga que teria feito o mesmo:

Se Freud vivesse ainda e continuasse criando, como reagiria frente ao presente trabalho? Creio que ele argumentaria assim: "A psicanálise individual, sem abreviações, deve ser mantida a todo custo como fonte última de informação. Porém se novas técnicas e descobrimentos possibilitarem uma *ampliação* da investigação psicanalítica nas áreas das relações humanas que a associação livre, incluindo a técnica da interpretação do sonho, não pode alcançar, por exemplo, no campo da patologia social ou cultural, eu seria o primeiro a reconhecer-lhe o benefício trazido por sua aplicação[77].

Para terminar esta comparação entre Moreno e Freud, talvez nada melhor que uma frase de Moreno em que, de acordo com seu temperamento e suas idéias, nos convida a abandonar as teorias e colocar-nos na prática terapêutica; aí certamente as desavenças encontram um ponto de contato e de continuidade:

No conjunto, tudo isto significa uma aproximação mútua e crescente entre as teorias psicanalíticas e as psicodramáticas. Quanto mais nos propusermos a concentrar-nos na descrição de nossas atividades e não a trazermos para um primeiro plano as nossas análises teóricas, tanto melhor nos entenderemos mutuamente[78].

7. Outros psicanalistas: Adler e Jung

Ultrapassando já o campo psicanalítico do pai da psicologia profunda, esta comparação psicodrama-psicanálise, ficaria incompleta sem algumas referências à postura de Moreno ante os psicoterapeutas anteriores, aos discípulos dissidentes e aos autores posteriores a Freud.

Do passado freudiano, menciona a evolução da psicoterapia desde o mesmerismo até a transferência freudiana, passando pelo magnetismo animal e pela auto-sugestão[79].

Além disso, a respeito da psicologia anterior a Freud, Moreno refere algo que, por ser conhecido, basta recordar: o empenho em separar-se totalmente os papéis de paciente e de psicoterapeuta. Freud, por inércia, herdou em sua concepção terapêutica esta definida separação e perdeu o grupo e os mecanismos de interação. Entre os psicanalistas, chamam a sua atenção os grandes dissidentes: Adler e Jung. De Adler guarda uma lembrança pessoal:

> Conheci-o muito bem e pessoalmente, e estou certo de que Adler teria aceito com entusiasmo a maior parte dessas técnicas. Simpatizava com todas as investigações terapêuticas e sociais, porém enquanto reconhecessem devidamente sua "psicologia individual"[80].

Chaix-Ruy relata uma conversa entre Adler e Moreno, na qual Adler afirma não existir muita diferença entre as suas teorias. Esta conversa deve ter ocorrido depois que Moreno publicou seu *Teatro da espontaneidade* e começou a praticar sua terapia de ação, em Viena: "Moreno, você e eu, no fundo não temos teorias tão diferentes. Nossas filosofias se acoplam perfeitamente, confirma Adler."[81]

Alguns discípulos de Adler, como Ansbacher e Dreikurs, numa resposta pessoal a Moreno, também pretendem identificar-se com ele. Moreno reconhece que o autor da psicologia individual dá um passo a mais além de Freud, aceitando a participação na terapia, admitindo o diálogo com o paciente, porém, restringindo-se ao individual, não chega ao grupal nem a ação[82].

Reconhece além disto, que Adler haja inspirado as teorias de muitos movimentos neopsicanalistas que deram mais atenção ao social. É pena — comenta — que se tenha preocupado excessivamente em se opor ao seu mestre Freud, não desenvolvendo os gérmens que entreviu:

> A psicologia de muitos neofreudianos procede em grande parte da colheita de Adler. Só que, como é o caso de Horney, foram escritores mais habilidosos. Não se pode negar que Adler destacou a importância das relações sociais na terapia dos transtornos mentais, muito antes que outros, e numa época em que os autores psicanalíticos haviam envarado na estéril discussão de conflitos intrapsíquicos... era um estilista pobre, um pensador fragmentário e aforístico, incapaz de reunir suas brilhantes idéias num conjunto organizado[83].

É muito pouco e muito vago o que podemos conhecer sobre Jung, sua obra e seu pensamento, através dos escritos de Moreno. Tudo, absolutamente tudo, se reduz a sabermos que ele formulou uma teoria sobre o inconsciente coletivo, que fez uma classificação das características psicológicas chegando a dividir as pessoas em introvertidas e extrovertidas, e que levou a cabo um teste de associação livre.

A crítica se prende essencialmente ao inconsciente coletivo, que poderá ser confundido com o inconsciente comum moreniano.

O inconsciente coletivo é formado por idéias comuns, idéias que existem em todos os homens; o inconsciente comum está baseado na experiência biográfica das pessoas que vivem juntas, pessoal ou culturalmente. Isto significa que o inconsciente coletivo junguiano nada vale no momento de tratar de um grupo[84].

Nos seus pontos comuns com Freud e Adler, referentes à psicoterapia individual, Jung recebe o mesmo tratamento que eles:

> O problema de como se deve tratar um grupo interpessoal íntimo, nunca foi abordado pelos advogados dos métodos individuais. Foi um êxito de nossa geração reconhecer o problema, formulá-lo claramente e logo propor soluções[85].

Também Moreno o equipara a Freud, pois, tanto quanto ele, Jung adotou a atitude de observar mais o passado que o futuro: "ambos, Freud e Jung, estudaram o homem a partir de seu aspecto evolutivo — histórico —; um a partir do aspecto biológico, o outro a partir do aspecto cultural"[86].

A psicanálise posterior a Freud não aparece na obra de Moreno. Raramente uma alusão geral, como vimos com referência a Horney ou, ainda mais vagamente, quando afirma que os neopsicanalistas foram-se aproximando de suas técnicas e de suas teorias. Sullivan merece suas preferências, por falar em *relações interpessoais* no tratamento psicoterápico e por ser um dos neopsicanalistas que abandonou o divã pela cadeira. O processo terapêutico no entanto, em nada mudou:

> Quando Sullivan fala de relações interpessoais, uma das pessoas implicadas é o terapeuta, um participante observador; há somente *um* paciente, diante de um elemento terapêutico... Nisto, Sullivan não se separou de Freud, pelo menos não a ponto de afetar realmente o processo[87].

Moreno defende o campo da psicoterapia de grupo e da ação como propriedade sua: foi ele o pai, e nisto não depende de ninguém. Em outros aspectos admite aproximação, porém não aqui.

Notas

1. *Psicoterapia de grupo y psicodrama*, F.C.E., México, 1966, 25.
2. *Fundamentos de la sociometría*, Paidós, Buenos Aires, 1972, 44; *Psicoterapia de grupo y psicodrama*, 32; *Third psychiatric revolution*, en *Progress of psychoterapy*, Grune and Stratton, New York, 1956.
3. *Freud's hundredth birthday:* Group Psychotherapy 9 (1956), 251.
4. *Psicoterapia de grupo y psicodrama*, 25.
5. *Psicodrama*, Hormé, Buenos Aires 1972; cf. *Psicoterapia de grupo y psicodrama*, 29, onde se repetem as mesmas palavras.
6. *Psicodrama*, 27.
7. *Las bases de la psicoterapia*, Hormé, Buenos Aires, 1967, 341-342.
8. *Ibid.*, 342.
9. *Psicodrama*, 27.
10. *Ibid.*, 29-30.
11. *Psicodrama*, 27.
12. *Ibid.*, 27.
13. E. Freijo, *El problema religioso en la historia de la psicología médica contemporánea: Psicología y religíon en la obra de S. Freud*, Eset, Vitoria, 1966.
14. *Psicodrama*, 29.
15. *Ibid.*, 28.
16. *Ibid.*, 28.
17. *Psicoterapia de grupo y psicodrama*, 138.
18. S. Freud, *Autobiografía*, em Obras completas II, Biblioteca Nueva, Madrid, 1968, 1019.
19. As citações foram tiradas de *Psicoterapia de grupo y psicodrama*, 30-32. Este mesmo relato é repetido em *Psicodrama* e em *Interpersonal therapy and the psychopatology of interpersonal relations:* Sociometry 1 (1937).
20. *Psicomúsica y sociodrama*, Hormé, Buenos Aires, 18. No primeiro artigo da revista *Sociometry* também recorda esta experiência.
21. *Psicoterapia de grupo y psicodrama*, 127-128.
22. S. Freud, *Esquema del psicoanálisis*, em *Obras completas* II, 102. (O grifo é meu).
23. *Las bases de la psicoterapia*, 158-159.
24. *Psicoterapia de grupo y psicodrama*, 136. Em outro lugar afirma que "o passar de um divã a um espaço livre e pluridimensional foi de grande importância teórica e prática": *Ibid.*, 27.
25. *Las bases de la psicoterapia*, 157.
26. *Psicoterapia de grupo y psicodrama*, 15.
27. *Ibid.*, 90: "O princípio básico da medicina científica foi, desde seu começo, que a localização de uma enfermidade física deve ser buscada dentro do organismo individual."

28. *Las bases de la psicoterapia,* 156.
29. *Ibid.,* 156.
30. *Psicoterapia de grupo y psicodrama,* 28.
31. *Psicodrama,* 27.
32. *Psicoterapia de grupo y psicodrama,* 95.
33. *Psicodrama,* XVI.
34. *Psicodrama,* 276.
35. *Las bases de la psicoterapia,* 167.
36. *Ibid.,* 167.
37. *Psicodrama,* XII.
38. Cf. T.M. Newcomb, *Manual de psicologia social,* Eudeba, Buenos Aires, 1967, 146.
39. *Psicoterapia de grupo y psicodrama,* 366-367.
40. *Ibid.,* 319.
41. *Ibid.,* 136.
42. C.G. Jung, *Lo inconsciente,* Losada, Buenos Aires, 1965, 94.
43. *Psicoterapia de grupo y psicodrama,* 136.
44. *Ibid.,* 96.
45. *Las bases de la psicoterapia,* 157.
46. *Psicodrama,* 221.
47. *Ibid.,* 159.
48. *Ibid.,* 132.
49. *Fundamentos de la sociometría,* 44.
50. *Psicodrama,* 87.
51. *Ibid.,* 109.
52. P. Osterrieth, *Psicología infantil,* Morata, Madrid, 1965, 43 s.
53. *Psicodrama,* 105-106.
54. *Fundamentos de la sociometría,* 255-256.
55. *Las bases de la psicoterapia,* 239-240.
56. *Psicodrama,* 250.
57. *Psicoterapia de grupo y psicodrama,* 72, 7.
58. *Ibid.,* 132, 1
59. *Psicodrama,* 107.
60. Cf. *infra,* 158.
61. *Psicodrama,* 112.
62. Tirado de Moreno e reproduzido literalmente para demonstrar melhor o que ele pretende refutar. *Las bases de la psicoterapia,* 87.
63. L.S. Cholden, em resposta à conferência de Moreno: "A terapia interpessoal, a psicoterapia de grupo e a função do inconsciente", em *Las bases de la psicoterapia,* 111.
64. *Las bases de la psicoterapia,* 89.
65. *Ibid.,* 102.
66. *Psicoterapia de grupo y psicodrama,* 77. O conceito de inconsciente comum a que temos chegado em Moreno, em contraposição ao inconsciente freudiano, encontra-se amplamente exposto no sistema de suas teorias. Cf. *infra,* 225.
67. *Ibid.,* 93-95.
68. *Psicoterapia de grupo y psicodrama,* 115.
69. *Fundamentos de la sociometría,* 76.

70. *Psicodrama*, 58.
71. *Fundamentos de la sociometría*, 237-238.
72. *Psicodrama*, XV.
73. *Psicoterapia de grupo y psicodrama*, 298.
74. O. Klineberg, *Psicología social*, F.C.E., México, 1969, 343.
75. L.S. Bischof, *Interpretación de las teorias de la personalidad*, Trillas, México, 1973, 260, 2.
76. A introdução do livro *Psicoterapia de grupo y psicodrama*, tem, penso eu, uma única finalidade: a de realçar aqueles aspectos nos quais a psicometria e o sociograma superam a psicanálise. A leitura das páginas 23-29 seria uma boa confirmação do que estamos dizendo.
77. *Las bases de la psicoterapia*, 101. As palavras de Freud se encontram em *El Malestar en la cultura* (1930).
78. *Psicoterapia de grupo y psicodrama*, 149.
79. *Fundamentos de la sociometría*, 209-210.
80. *Las bases de la psicoterapia*, 102.
81. J. Chaix-Ruy, *Psicología social y sociometría*, Troquel, Buenos Aires, 1966, 83-84, nota 1.
82. *Las bases de la psicoterapia*, 90-91.
83. *Ibid.*, 217.
84. *Psicoterapia de grupo y psicodrama*, 77.
85. *Las bases de la psicoterapia*, 103.
86. *Behavior therapy*: Group Psychoterapy and Psychodrama XXVI 3 (1972), 103.
87. *Las bases de la psicoterapia*, 103.

… 3
Constantes Psicológicas do Pensamento de Moreno

1. A filosofia do momento

Ao iniciarmos a busca e a definição das constantes psicológicas do pensamento de J.L. Moreno, temos consciência do risco que esta sistematização global significa: enfrentarmos o árduo problema de detectar as poucas atitudes que estruturam o seu mundo conceitual, para fazermos de um conglomerado, um organismo. Temos consciência do risco mas também da satisfação científica que resulta quando se penetra em um universo ideológico. Decidimos pois, aceitar o risco e a satisfação.

Para conseguir uma sistematização do pensamento e das técnicas morenianas, torna-se indispensável a prévia compreensão da motivação e da atitude central de todas suas idéias. G. Allport diz categoricamente:

> O problema da motivação ocupa uma posição central no estudo psicológico da personalidade. Alguns autores chegam a considerá-las idênticas. Não acreditamos ser necessário aceitar esta atitude extrema, mas reconhecemos que toda teoria da personalidade é centrada na análise da natureza da motivação; por isto entendemos toda motivação interna do indivíduo, que o induz à ação ou ao pensamento[1].

Conscientes desta necessidade totalizadora em nossa tentativa de compreender e expor a psicologia moreniana, muitas vezes nos perguntamos: Qual é a motivação central da obra de Moreno? Passando por diversos caminhos — suas origens religiosas, sua teoria da espontaneidade e da ação, sua técnica psicodramática — chegamos sempre à mesma resposta: a atitude essencial de Moreno, é o que ele definiu como "filosofia do momento".

77

É difícil reduzir a palavras o que Moreno entende por filosofia do momento. A definição terminológica sufoca a genuidade do conceito e se aproxima da vivência tão moreniana, de aversão à palavra "conservada" em livros e bibliotecas. Talvez a linguagem adequada seja a linguagem poética, a linguagem metafórica, a linguagem que Bergson utiliza em sua obra filosófica, mais para nos aproximar e nos fazer sentir do que para nos fazer aprender o que ele entende por *intuição* da realidade em si, e o tempo em que essa intuição se desenvolve.

A filosofia do momento é mais uma sensação vital do que uma elaboração conceitual e não é em vão que não é uma idéia mas uma atitude. Seria vivida em momentos originários, desprovidos de experiências passadas e de atualidade: diríamos, em situação de surpresa, pois o termo *choque* já está muito viciado. Esse inapreensível instante e essa ilocalizável situação, eis o *momento* moreniano.

O conceito nos é conhecido motivando críticas feitas por Moreno a muitas filosofias e muitas formas de vida. Recordemos as críticas ao existencialismo intelectual de Heidegger, ao existencialismo frustrado de Kierkegaard e ao existencialismo religioso de Martin Buber, em que ele exige mais vida e não conceitos. Aí vemos, já antecipada, sua filosofia do momento. Recordemos sobretudo sua identificação com o existencialismo heróico vienense, exatamente entendido por Moreno como filosofia do momento. Recordemos ainda a crítica à noção de *durée* de Bergson, que, na sua opinião foi quem mais se aproximou da sua noção de tempo. E esta foi a circunstância em que, por negação ou exclusão, também mais nos aproximamos da definição moreniana da filosofia do momento. A definição seria feita com os verbos *apurar e viver*, em forma imperativa: apura exaustivamente tua vida criadora, aqui e agora, prescindindo de toda circunstância exterior que não seja este aqui e agora, neste momento.

Freqüentemente acontece criarmos sutilezas literárias para podermos comunicar conceitos quotidianos, realidades e experiências que vivenciamos no momento mais inesperado. E não nos acontecerá o mesmo com relação ao conceito de "existência"? Quantas manhas e artifícios lingüísticos os autores existencialistas têm empregado para se fazerem entender? Os neologismos intraduzíveis das obras de Heidegger o testemunham. Deixemos pois toda linguagem tensa e busquemos simplesmente o que Moreno entende por filosofia do momento.

Na filosofia do momento ele pretende captar a realidade, sobretudo a realidade humana, tal como é em si, em suas circunstâncias *reais* ou existenciais, o que implica os conceitos de *aqui* e *agora*: cada ser ou cada ato têm uma existência que se realiza em tempo concreto (momento), em lugar concreto *(locus)* e em ambiente também concreto (matriz). Para Moreno, retirar as coisas do seu momento, *locus* ou matriz, é desvirtuá-las, desessencializá-las. O laboratório para o estudo da realidade é a própria realidade. O laboratório da ciência moreniana é o próprio *situs* em que o objeto está naturalmente inserido. Se o objeto é o homem em sociedade, Moreno não o leva a um laboratório experimental de psicologia, estuda-o na circunstância social de convivência com outras pessoas: sociometria. Se o que procura estudar é o drama que se desenrola na alma de quem vive dramaticamente, Moreno tenta penetrar nessa alma: para isso cria o teatro da espontaneidade e, posteriormente, o psicodrama terapêutico.

Existem outras substâncias e acidentes que não apenas se encontram aí, "jogados" na existência, mas têm um desenvolvimento através do tempo, ou, que têm uma existência tão efêmera que seu aparecer é simultâneo ao seu desaparecer. Estas substâncias e acidentes devem ser estudadas em sua mobilidade e principalmente na genuinidade de seu nascer, quando são verdadeiramente originais. Depois, talvez se fossilizem numa conserva e para Moreno esta fossilização já não é mais o fato em sua originalidade primeira, passou a ser uma *"conserva cultural"*. Se quisermos penetrá-las em si, temos que buscar meios para captá-las em seu *status nascendi* (outro aspecto importante da filosofia do momento).

A partir daí, Moreno valoriza profundamente o ato do nascimento e o busca — no sentido de primitivismo essencial — em seus grandes conceitos: o grupo no grupo e em sua constituição, o drama na pessoa que o vive, a criação no momento de ser criada, a ação no atuar, a obra de arte enquanto é gestada e, o homem, no seu nascer, nas etapas de seu desenvolvimento e nos momentos em que, vivencialmente, descobre algo novo. Sua ciência é pois, uma ciência que brota do *momento*. Também acontece as suas técnicas e teorias são do momento.

Outros autores que tentaram expor a filosofia do momento, tal como Moreno a compreende, intuíram — embora nos pareça que não em toda sua profundidade — a importância dessa atitude em sua obra. Como exemplo nos basta o que o casal Pundik escreve sobre a noção de nascimento *(status nascendi)*:

> A concepção moreniana do nascimento normal, como momento de máxima espontaneidade e de máxima criatividade, como possibilidade de máxima gratificação para o ser frente a este instante, e a atribuição de um papel ativo de primeira ordem ao indivíduo que vai nascer, imprimem ao psicodrama uma conotação diferente. O diretor de psicodrama deve considerar a situação conflitiva do protagonista em cena, como uma situação de nascimento[2].

Estamos repetindo o que escrevemos a propósito de sua fase mística, porém agora como atitude, e não simplesmente como objetivo ou meta. No período místico Moreno vivia o momento por motivação religiosa; agora tratamos de defini-lo como uma das constantes em sua meta científica e terapêutica. Afirmamos reiteradas vezes que, sem compreender aquela primeira vivência mística, irrepetível e básica, não se poderia compreender sua teoria psicológica nem suas técnicas terapêuticas.

Numa análise progressiva dos escritos do nosso autor, descobrimos que ele próprio confessa sua dificuldade em definir o que entende por *momento*. Talvez, ou melhor, certamente porque se trata de um conceito dinâmico e nossa mente, ao abstrair — como dizia Bergson — separe o ser de sua existência tal como é em sua realidade. Nossa mente cartesiana quer as idéias claras e distintas; lembremos por exemplo, as noções de espaço e de tempo, em Kant, ou as investigações escolásticas em torno da noção de movimento, noção também implícita no momento; ou a preocupação agostiniana com o tempo como *distensio ipsius animi*. Esta impossibilidade mental com relação a uma concepção direta do tempo, tem impedido que a psicologia o leve em consideração. Pelo menos é o que pensa Moreno:

> Um dos conceitos mais importantes em todo o pensamento humano, a categoria do momento — o momento de ser, viver e criar — tem sido o enteado de todos os sistemas filosóficos universalmente conhecidos. Isto porque o momento é difícil de ser definido; a maioria dos filósofos o tem situado como a fugaz transição entre passado e futuro, sem substância real; é intangível e instável e, conseqüentemente, de base insatisfatória para um sistema de filosofia teórica e prática. Teria que se encontrar, num plano diferente do apresentado pelo momento, algum fenômeno que fosse tangível e susceptível de uma definição clara, e ao qual o momento estivesse integralmente vinculado... Até agora, o momento havia sido formulado como uma partícula do tempo e do espaço, ou como uma abstração matemática; portanto, havia sido pragmaticamente inútil e teoricamente estéril[3].

Como dissemos, Moreno considera que o filósofo que mais se aproximou da verdadeira definição do momento, foi Bergson, com a sua noção de *durée*; porém, como vimos, na crítica dirigida ao filósofo francês, mostra que ele se colocou no extremo oposto, propondo uma noção de tempo infatigável no seu vir a ser (devir), e assim não deixando lugar para o repouso exigido pelo momento.

O conceito moreniano de momento não é histórico, não se pode defini-lo tendo como referência o passado ou o futuro, mas tendo entidade própria. Tampouco podemos considerá-lo um conceito abstrato ou matemático, ou pode ser pensado como pura duração incessante. O tempo histórico, para Moreno como para Bergson, é irreal: "é uma "conserva" da criatividade e não a própria criatividade. "Na conserva cultural encontrou-se um conceito à luz do qual se pode refletir e ava-

80

liar o sentido dinâmico do momento que se converte assim num marco de referência."[4] Em Moreno, esta postura é tão central que através dela, ele julga os pensadores das mais variadas correntes e todos, sem exceção, falham ao passar pela sua radiografia do momento. Assim, Nietzsche e Freud:

> Para os dois, o momento presente tinha apenas um interesse secundário: não levavam em consideração os conhecimentos atuais e não perdiam tempo em refletir sobre eles. Parecia-lhes que a única coisa que se podia fazer com o presente e com seus conflitos era explicá-los, isto é, descobrir as associações que os ligavam às suas causas[5].

Também os sociólogos passam pela mesma análise e com idênticos resultados: "Enfatizei cada vez mais o *status nascendi* nos processos sociais, porque, no passado, os sociólogos o descuidaram por completo."[6].

Remetamo-nos ao primeiro capítulo, para não repeti-lo. Em suas críticas Moreno vai delineando, com clareza, a noção de momento e suas implicações.

O momento, atitude constante em sua ideologia psicológica, Moreno o definiu de forma original perante a crítica, que aliás o considera valor definitivo em seu pensamento:

> Pela bibliografia dos últimos vinte anos, parece que *unicamente* nas obras de Moreno, os dois pontos de referência — a teoria do momento e a teoria das relações interpessoais — se integram coerentemente em um só sistema: a sociometria[7].

Chegou o "momento" de deixarmos que Moreno defina e caracterize este pilar de suas idéias. Até agora sabemos: que o momento não é um conceito abstrato e que por isso mesmo, é diametralmente oposto à conserva cultural; que não é susceptível de relação com passado ou futuro, porque tem entidade própria. Desbravado e demarcado o campo, impõe-se defini-lo e para isto, vamos justapor algumas tentativas de definição, buscando uma síntese coletiva:

> O instante não é uma parte da história, mas a história é uma parte do instante, *sub specie momenti*. De acordo com a experiência, as vivências mais impressionantes do passado encontram de alguma forma, expressão, nas vivências presentes[8].

Uma aproximação mais filosófica e mais explícita, aparece em outras tentativas:

> O "aqui e agora" da existência é um conceito *dialético*. A única maneira em que os passados percebidos e os futuros percebidos existem é no

aqui (neste lugar) e no agora (neste momento). O aqui e agora podem ter existido em numerosos passados e podem estar alentando numerosos futuros. O único oposto autêntico ao aqui e agora é o conceito do nada total, do não aqui e não agora, do não-passado e não-futuro, do não-eu e não-tu, isto é, do não viver[9].

E vai mais além em suas afirmações: o momento e o que nele existe, é o que realmente existe. Esta implicação da filosofia do momento é a resposta à seguinte objeção: o aqui e agora será *tão* valioso, a ponto de "comprometer" totalmente o indivíduo, a ponto de atribuir-lhe todos os direitos sobre a sua existência?!... Moreno não consegue explicar o que confere tamanho vigor ao aqui e agora, quando é evidente que o aqui e agora se desvanece rapidamente "no que foi" e está em contínua mudança... E finalmente, o que é mais importante: o aqui e agora nem ao menos existe na realidade[10].

A esta objeção, Moreno responde: o que realmente não existe, é o passado e o futuro; o que passou já não é, e o que ainda não foi também não é. O passado e o futuro são o nada. Se algo existe, está existindo agora e aqui, no momento. E assim mais uma vez, na história do pensamento, nos misturamos em discussões sobre o devenir.

Basicamente, são dois pontos de vista distintos: um considerando o tempo como pura sucessão de momentos na qual o presente não é mais que um simples trânsito, *fieri*; e o outro — o de Moreno, menos filósofo e mais psicólogo —, tentando simplesmente dar um tempo e um lugar a quem experimente em si próprio. Moreno pensa no momento da experiência e não no tempo do relógio ou do movimento dos astros.

Nesta vivência psicológica do tempo, nosso autor faz uma dupla distinção: existe em primeiro lugar o tempo psíquico biográfico, que experimentamos necessariamente, porque existimos. Compreenderemos o que isto significa se ao final do dia lembrarmos, minuto por minuto, o que fizemos, embora tenhamos a surpresa de que nossa vida tenha sido uma rotina. Deste tempo, nos diz — como qualquer filósofo que se ocupe do tema — que é a base de onde tiramos toda noção de tempo. Nesta visão do tempo, não se dá a vivência do momento. Esta vivência é uma segunda acepção, do aqui e agora, ou o tempo em Moreno; está unida ao ato criador e, enquanto tal, não exige mais conexão entre o instante anterior e o que o segue; é algo que surge no tempo, sem possibilidade de justificação; chega como a graça ao homem religioso, ou como a inspiração ao escritor. Isto é o que Moreno entende por *momento*:

> Os estados espontâneos são de curta duração, plenos de acontecimentos, às vezes saturados de inspirações: os defini como *fragmentos* de tempo, as menores unidades de tempo. É a forma de tempo que é realmente

vivida pelo indivíduo e não somente percebida ou construída. Metodo-logicamente é útil distingui-la de outras formas, como *tempo espontâneo*. Pode-se considerar o tempo espontâneo como a estrutura primária do tempo, subjacente a todos os seus conceitos como os de tempo astronômico, biológico (e à *durée* de Bergson) e psicológico (por exemplo a história de um indivíduo). A alta freqüência de acontecimentos durante as unidades espontâneas de tempo, a saturação de atos e intenções, podem ser responsáveis por esta peculiar sensação liminar de que eles "vêm" de alguma parte, de uma fonte metapsicológica, de um "inconsciente"[11].

Estes estados inconscientes, estes *momentos* privilegiados são poucos e raros na vida. Pode inclusive acontecer que, na história de alguém dominado pelas conservas culturais, nem cheguem a existir. O indivíduo viveria o tempo psicológico, porém não o *momento*:

> De acordo com esta teoria pode haver, no desenvolvimento de uma pessoa, momentos originais, começos verdadeiramente criadores e decisivos sem nenhum *horror vacui*, isto é, sem o temor de que não exista por trás dele um reconfortante passado de onde provir. Não é necessário, e na verdade é indesejável, outorgar a todos os momentos do desenvolvimento de uma pessoa o mérito da espontaneidade. De tempos em tempos surgem momentos que se convertem em *locii nascendi*, e que lançam a pessoa em novos caminhos de experiência, ou como digo freqüentemente, em um novo "papel"[12].

Não podemos deixar de recordar aqueles momentos raros, geralmente silenciosos, de que falávamos ao tratar da fase mística de sua juventude. O próprio Moreno recorre àquelas precoces experiências para nos explicar:

> Somente para o herói, o aqui e agora é um verdadeiro existencial, como por exemplo, para o "santo heróico", que está situado de forma ininterrupta no fluxo da vida. Para ele o aqui e agora não é uma hipótese, porém a vida. É o que é *in actu et in situ*. Ao contrário porém, é uma hipótese para o "sonhador" que não está na coisa em que quer estar, mas fora dela[13].

Estas noções e suas distinções se esclarecem através das condições exigidas por Moreno para que *exista* a noção do momento e para que o momento seja percebido. O momento supõe correspondência com a realidade de um universo aberto, em que se produz mudança e crescimento; um cosmos criador e não acabado ou fechado:

> A categoria do momento só tem significado num mundo aberto, isto é, num universo em que haja lugar para a mudança e o novo. Ao contrário, num universo fechado não há momento, e devido a esta ausência, não há crescimento, nem espontaneidade, nem triatividade[14].

Porém não basta que o mundo seja aberto, sendo também necessário que o homem perceba esta renovação constante:

> Para que o momento seja experimentado como um momento *sui generis* se requer as seguintes circunstâncias: a) deve haver mudança na situação; b) a mudança deve ser suficiente para que o sujeito perceba a experiência da novidade; c) esta percepção implica *atividade* por parte do sujeito: um ato de estimulação para um estado espontâneo[15].

O estágio da vida em que melhor se cumprem estas condições é a infância, quando a criança ainda não saturada de experiências e normas, acha novo tudo o que acontece diante dela. Sua vida está cheia de impressões fortes que a fazem perceber o que para um adulto já se tornou rotina. Uma pessoa estranha, uma voz nova, o encontro com uma flor ou um animal com que entra em contato pela primeira vez, a visão do céu na primeira noite em que se deita um pouco mais tarde, a primeira letra que aprende... tudo, tudo lhe causa forte impressão, condição requerida para a experiência do *momento*. Daí sua alegria por tudo que é novo e a excitação, inclusive corporal, que a invade. Com o passar do tempo a criança vai adquirindo a noção de passado e de futuro e perdendo a capacidade de admiração, que só de vez em quando surgirá, como instantes excepcionais:

> O conceito subjetivo do tempo do adulto tem três dimensões: passado, presente e futuro. O tempo infantil não tem mais que uma dimensão: o presente. A criança se aquece ante situações imediatas, se o faz de forma absoluta e diante de um tempo imediato. Um exemplo é o ato da nutrição. Comporta-se como se padecesse de uma síndrome de *fome de atos*. A isto corresponde a categoria do presente, do momento[16].

Retrocedamos um pouco. Tentávamos provar que a categoria do *momento* era uma atitude constante e básica em toda a vida e obra de Moreno.

Desnecessário é repetir que a categoria do momento estava presente na sua fase religiosa. Ainda é possível lembrar os momentos da visão totalizadora de Deus criador e a experiência do homem como continuador desta criação. Lembremos também as vivências alcançadas, os silêncios em que afirmava a noção de *encontro* no sentido cósmico. Acabamos de mostrar com as próprias palavras de Moreno que, quem vive o momento de modo intenso, é o "santo heróico".

Da fase posterior, fase do teatro da espontaneidade, nos basta recordar o que ele pretendia com o "jornal vivo", expressão máxima deste período:

> Uma das formas que melhor se adequa à nossa idéia é a apresentação das *notícias quotidianas*. Só a improvisação é, por natureza, suficientemente

rápida para poder projetar notícias no cenário. Quando um dramaturgo escreve uma obra sobre uma notícia, essa notícia já perdeu a vibração do imediato e da realidade. Porém na improvisação se encontram os dois pólos: o Momento da vida e o Momento interno do criador[17].

Já sabemos também que o psicodrama nasceu espontaneamente, do teatro de improvisação, num *momento* (e nunca melhor dito) da vida de Moreno; por isso mesmo conserva suas características essenciais, principalmente a categoria do momento, pois o que se pretende com ele, é que o paciente *improvise* seu drama e o atualize no cenário.

Suas teorias psicológicas, em conceitos como espontaneidade, criatividade e ação, se tocam com a essência do momento. Não estando ligados nem ao passado nem às conservas, cumprem um requisito essencial para a espontaneidade: a coisa nova. Voltaremos ao assunto e preferimos não antecipar conceitos, o que impediria a apresentação lógica do pensamento moreniano. Agora, algumas palavras, testemunho de que o momento é essencial à ideologia e às técnicas de Jacob Lévy Moreno: "Como sabemos, foi a categoria do momento que deu à obra espontânea e ao psicodrama sua revisão e direção fundamentais."[18]

Status nascendi

Semelhante à dualidade kantiana de tempo-espaço, aparece em Moreno a dualidade momento-*locus nascendi*. Dualidade de tal implicação conceitual que se torna muito arriscada a sua demarcação. Também o *locus nascendi* é uma constante básica de seu pensamento — não se podem compreender as coisas em si sem a sua localização — e, tão ligada ao momento, que nos satisfaz entendê-las constelacionalmente. Mais que de duas constantes, e o manteremos na divisão estrutural estabelecida, trata-se de aspectos básicos da permanente atitude do "aqui e agora", de aspectos parciais da global "filosofia do momento".

Não são conceitos estáticos, ou recipientes onde colocar nossas categorias da realidade, mas têm um significado dinâmico e vital. Todo ser e todo ato para sua compreensão total, devem ser surpreendidos em seu *locus*, em seu *status nascendi* e em sua matriz. E com palavras definitórias, Moreno assim unifica o processo do ser criado:

Na filosofia do momento, três fatores se devem destacar: o *locus*, o *status nascendi* e a *matriz*. Representam três visões do mesmo processo. Não há coisa sem seu *locus*, não há *locus* sem seu *status nascendi* e não há *status nascendi* sem sua *matriz*[19].

Portanto fica bem claro, explicitamente confirmado por Moreno, que estas noções são partes integrantes de sua filosofia do momento e expressão constante do desejo de genuinidade e imediatez que vivifica a sua obra. Estes conceitos básicos, dinâmicos e vitais, novamente resistem às palavras e Moreno recorre à terminologia latina e à comparação, pelas quais sente a predileção de místico:

Ao se estabelecer um ponto de referência para os espaços geométricos, deve-se destacar três fatores: o *status nascendi*, o *locus* e a *matriz*. Representam as fases de um mesmo processo. Não há coisa sem seu *locus*, não há *locus* sem seu *status nascendi* e não há *status nascendi* sem sua *matriz*. O *locus* de uma flor, por exemplo, é o canteiro onde ela cresce como flor e não o cabelo de uma mulher. Seu *status nascendi* é o de uma coisa em desenvolvimento tal como brota da semente. Sua matriz é a própria semente fértil... O *locus* de uma pintura é seu contorno específico e original. Se se a retira desse contorno original, ela simplesmente se converte em outra coisa, num valor de mudança, secundário. O *locus* de uma palavra é a língua que a pronuncia ou o traço que lhe faz a pena[20].

Pela mesma razão que o momento se opõe à conserva, a ela também se opõem os conceitos de *status nascendi*, de *locus* e de *matriz*. Pela mesma razão que a noção moreniana do momento motiva sua preferência pelo nascimento e pela criança, o *status nascendi* justifica e exige essa mesma predileção pela criança e pelo nascimento.

A partir destas atitudes constantes em sua busca do originário da realidade, Moreno tenta simplesmente surpreender a primeira manifestação da existência. Acredita, com a fenomenologia, que muitas páginas da filosofia não se haveriam escrito se se houvesse observado como nascem as coisas. Se fôssemos testemunhas de como nasce a primeira idéia abstrata na criança, a teoria do conhecimento, na filosofia contemporânea, de Descartes aos nossos dias, passando pelo empirismo, pelo idealismo e pela fenomenologia, não se haveria proposto. Para Moreno, o mal é ter-se começado inversamente o estudo do conhecimento, a partir das idéias abstratas do adulto.

Seu vitalismo originário chega a prostituir-se diante dos recursos técnicos, num quase sonho de surpreender a vida antes do nascimento, na própria concepção e durante a gestação do feto:

Ao nos ocuparmos de um organismo vivo, dirigimos nossa atenção, do nível do nascimento, para o nível da própria concepção. No campo da consecução técnica, estão-se aproximando os métodos para o estudo direto do embrião em seu ambiente intra-uterino. São necessários filmes da vida embrionária, ao longo dos nove meses da gravidez, para se obter uma visão das respostas do embrião em suas diferentes etapas. Pode ser que apareça algum aparelho técnico, um tipo de filme raios X, combinando a técnica cinematográfica com a fotografia raios X[21].

Levado pelo desejo de encontrar a originalidade das coisas ou dos atos, em seu *status nascendi*, Moreno interpreta o ato artístico criador em si, e não o resultado da obra de arte. Não lhe importa tanto o Hamlet — obra dramática acabada — quanto o conhecimento dos vários estados pelos quais passou Shakespeare durante a sua concepção:

> As primeiras formas de uma obra particular não são normalmente conhecidas pelo mundo. Se o fossem, seria muito duvidoso se o veredito estético comum não diferisse da decisão do artista. Há detalhes de Hölderlin e Blake que excedem muito em beleza, à forma final do mesmo motivo[22].

Inclusive, seu indiscutível gênio criador chega a criar técnicas que evidenciem o nascimento. É o caso do teatro da espontaneidade, criado para que se possa observar como surge o drama no *locus* da alma do artista:

> A matriz do Teatro da Improvisação é a alma do autor. Permitamo-nos a ilusão de que as figuras do drama que ali está em processo de produção, se tenham feito visíveis, audíveis e tangíveis. Nesta execução ideal se cumprem todas as condições: o ato da criação é contemporâneo ao de produção; há uma harmonia entre situação e palavra[23].

E consciente de que esse drama que nasce espontaneamente morre no próprio ato de seu nascimento, Moreno tudo sacrifica ao momento:

> Uma das funções do teatro para a espontaneidade é tomar sob sua proteção essas obras de arte abortivas. É o santuário do filho não desejado, porém, digamos, somente daqueles filhos que não querem viver mais de uma vez. Não oferece a imortalidade, oferecendo antes o amor à morte. Faria bem aos nossos autores escrever menos e atuar mais, pois ao escrever tentamos dar permanência ao que pode ter seu valor no momento, porém não depois[24].

Ou mais claramente dito, como indicação total de suas contribuições no campo da representação:

> O fundamento sobre o qual este livro baseia sua análise do teatro, não é um produto acabado, mas a realização espontânea e simultânea de uma obra poética, dramática, em seu processo de desenvolvimento, passo a passo, desde o seu *status nascendi*[25].

Significativo e expressão desta constante, é seu êxito no estudo de grupos, em que Moreno foi pioneiro e impulsor. Para estudar um grupo *in status nascendi*, ele põe em contato indivíduos que jamais se conheceram e os observa passo a passo:

Mediante a observação do comportamento original de uma pessoa com relação à outra, podemos acompanhar a configuração destas relações passo a passo, até a fase final da organização do grupo[26].

O livro *Fundamentos da sociometria*, em que se encontram as contribuições sociométricas de Moreno ao estudo dos grupos, é todo ele um exemplo contínuo desta sua permanente intenção de estudar as realidades em seu *status nascendi*:

> Porém uma psicoterapia de grupo fundamentada na diagnose não foi possível sem a sociometria, cujos métodos permitiram captar cientificamente as estruturas de grupo. A forma aprofundada e ampliada da psicoterapia de grupo é a revivescência da vida interior dos grupos *in actu* e *in situ*[27].

Quando fala dos "papéis" que vão definir a personalidade do indivíduo, mais uma vez Moreno busca seu *locus* de nascimento, e o encontra nas zonas de aquecimento:

> Cada processo de aquecimento tem um foco. Tende a localizar-se numa zona, enquanto seu *locus nascendi*... Cada zona é o ponto focal de um iniciador físico no processo de aquecimento para um estado espontâneo, sendo esse estado, componente da conformação de um "papel"[28].

Esta mesma atitude o leva a transformar sua casa num teatro psicoterapêutico, para experimentar "in vivo"[29].

E resumindo o quanto queríamos dizer, transcrevemos esta frase que revela a intencionalidade de todo seu trabalho terapêutico:

> Compreendi que deixaria de ser leal ao momento e à gente que me rodeava se não compartilhasse com ela o momento, e não expressasse as suas necessidades presentes. Descobri novamente o homem espontâneo, quando comecei a dirigir sessões de desempenho de papéis e de psicodrama. Sempre que trabalhei com grupos, no decorrer de milhares de sessões que realizei durante os últimos quatro decênios, senti que devo trabalhar com o *aqui e agora* e que toda manipulação contrária não teria sido apenas antiética, como também insincera e, enfim antiterapêutica[30].

Existência-realidade

Buscando a originalidade das coisas, Moreno definiu o momento — tempo criador — e o *status nascendi* — surpreender o nascimento

—, dois conceitos que se entendem no âmbito de uma filosofia existencial. Filosofia que partindo da fenomenologia de Husserl, conduziu o pensamento ocidental ao estudo do *Da-sein* de Heidegger ou das situações limites de Jaspers. Moreno porém não é filósofo: é substancialmente terapeuta. Embora em sua juventude tenha chegado ao existencialismo — umã forma de vida —, sabemos que este fenômeno foi, principalmente, uma vivência religiosa. Ao empregarmos agora termos de conteúdo definitivamente filosófico-existencial, o fazemos a título de *gestalt* cultural, para explicar noções morenianas no contexto em que surgiram, porém paralelismo científico sem maior rigor que o da referência, como quando fizemos alusão às noções kantianas de espaço e de tempo.

A denominação de existencialista não incomodaria a Moreno que, em 1959, se autodefine como iniciador de uma terapia existencial:

> Este diálogo que, abreviado, apareceu pela primeira vez, na revista mensal *Daimon*... Os diálogos *La divinidad como autor* (1918), *La divinidad como orador* (1918) e *La divinidad como comediante* (1919) têm caráter psicodramático e são precursores da chamada "terapia existencial"[31].

Inclusive, para Moreno, sua técnica psicodramática é o sistema terapêutico que melhor se adapta à filosofia existencial, não *a posteriori*, mas por se antecipar à análise existencial:

> A debilidade da análise existencial consiste em que, tendo desenvolvido um sistema filosófico, não foi capaz de criar uma tecnologia própria. Porém me parece que a tecnologia que melhor responde às exigências da análise existencial já existe: o psicodrama. E não é por acaso que o método psicodramático se adapta à análise existencial. O psicodrama proclamou, há mais de trinta anos, algumas das teses mais importantes da análise existencial[32].

As formulações morenianas do momento e do *status* podem ser, efetivamente, conceitos afins aos conceitos da filosofia existencial. Até se podem considerar atitudes existenciais, porém, sua intenção não era filosófica; de qualquer maneira, por definição e por essência, foge à teorização. Sua intenção é a terapia ajustada à vida concreta dos pacientes e cujo fim é aproximá-los da vida real. Obviamente, uma filosofia não encontra lugar; em seu ódio à teoria. Moreno deprecia o falar sobre a existência, pois quer vivenciá-la e experimentá-la:

> O "conceito" pode muito bem satisfazer às esferas abstratas, porém nas ciências existenciais, a palavra tem que ser aprofundada e intensificada mediante o ser e a ação[33].

Abandonando as investigações teorizantes, nos importa dizer que, Moreno é um autor terapêutico a quem, "constantemente" interessa fazer com que seus pacientes vivam a realidade, que experimentem na carne os efeitos terapêuticos e que, para isto, cria meios de cura que não afastam da própria vida. Assim, quando explicitamente buscamos indícios de uma possível filosofia existencial, encontramos unicamente palavras como estas: vivencial, vida, vivido, vital, experiência, existencial, presente, vida real, realidade. Não são termos filosóficos mas expressam uma atitude constante que vamos agora precisar. Esses termos se repetem em contextos bem determinados: em primeiro lugar, como oposição ao teórico e em apoio ao concreto, como vimos no capítulo referente aos marcos de referência. Em segundo lugar, se repetem em oposição a outras teorias terapêuticas que retiram o indivíduo do meio real em que ele vive. A psicanálise polariza estas terapias subjetivas: "A psicanálise é insuficiente. O Deus da teoria deve descer dos céus e pôr-se, também ele, a representar o jogo, com os outros atores, ao nível sócio-existencial ou ao nível sociodramático."[34]

E em terceiro lugar, estas expressões de imersão na vida e na realidade aparecem primordialmente, com a função de definir seus próprios métodos e técnicas, o que nos serviu como base para afirmar que seu existencialismo é terapêutico e não filosófico. E é também fundamental para evidenciar que a existência é uma constante na sua obra. Passamos a demonstrá-lo acrescentando um novo elo à cadeia que vínhamos formando com o *momento*, o *status nascendi* e, por fim, com o *sentido da realidade*, conceito dependente dos anteriores e que caracteriza de forma conclusiva o processo do ser.

Novamente nos remetemos àquela juventude mística, que consideramos *vigor* e sensibilidade dos anos maduros de Moreno. A existência não é um conteúdo religioso, porém, como atitude, tem raízes naquelas experiências profundamente vitais. Esta constante é a razão de um de seus grandes tratados, o *Psicodrama*, cujo propósito é "apresentar métodos de psicoterapia que estejam mais próximos da vida mesma"[35]. É o antídoto de todo experimento pré-fabricado no laboratório; seu campo de experiência é a vida em toda sua realidade. Diríamos que a constante de existência determinou de forma definitiva a técnica terapêutica moreniana:

> Este meio-termo consiste, precisamente, na revisão sociométrica do método experimental: por isso, sempre que se tratava de organizar uma experiência, procurei me aproximar, ao máximo da situação vivida e até a exagerar decididamente a sua complexidade, em vez de reduzi-la. Então me senti capaz de construir o âmbito de minha experiência, de maneira a não perder o contato com a realidade[36].

Sendo este o campo mais predeterminado pela sua atitude de realidade, façamos uma sondagem nas proposições de suas técnicas concretas: a sociometria, a psicoterapia de grupos e o psicodrama. Não uma sondagem conclusiva, porém, significante. Referindo-se à sociometria Moreno diz que "a vantagem do teste sociométrico e do teste de espontaneidade está em substituir as relações artificiais da psicanálise e dos testes de inteligência do tipo Binet, por *situações naturais, que se apresentam na vida quotidiana*"[37].

E para que o teste sociométrico se ajuste à realidade em que a pessoa vive, ele enfatiza que o critério proposto para as eleições ou rejeições seja da própria vida: convivência, trabalho em comum etc., critérios que manifestem uma situação vital, na qual o sujeito tenha realmente que conviver com outros. "Todos os critérios implicam o mesmo postulado implícito, isto é, que todos os nossos sujeitos tenham um *conhecimento vivido* destes critérios, seja em seu passado ou em seu presente."[38]

Mais que uma constante, sua preocupação com a vivência é uma preocupação obsessiva. A função da psicoterapia de grupo, com relação à terapia individual, não é outra: busca o grupo porque no grupo o sujeito se encontra num ambiente tão real quanto a vida:

> Os problemas da sociedade humana, tanto como os problemas do indivíduo —, a representação de relações humanas —, o amor, o matrimônio, a doença e a morte, a guerra e a paz, que constituem *a grosso modo*, a imagem do mundo, podem agora ser representadas em miniatura, numa "microrrealidade" dentro dos marcos do grupo[39].

É surpreendente a definição de grupo como "microrrealidade".

Da inflamada oposição à terapia individual psicanalítica, podemos lembrar incontáveis aspectos pelos quais o grupo é considerado realidade, contexto vital ideal, como a própria realidade. Moreno se distancia das terapias individuais e aceita o êxito de sua terapia de grupos como um reconhecimento ao que é natural:

> A psicoterapia de grupo encontrou reconhecimento por preencher determinadas necessidades a que as terapias individuais não podem satisfazer. Vivemos em grupos, desde o nascimento. Não se pode eliminar as dificuldades, em tão grande escala condicionadas pelo mundo que nos rodeia, se não se faz do ambiente, uma parte da situação terapêutica e se o trata ao mesmo tempo. A psicoterapia de grupo se aproxima mais do meio natural em que as pessoas vivem, e trata tanto a dinâmica individual como a de grupo[40].

Embora Moreno admita a possibilidade de tratamento de grupos internados e até realize esse tipo de terapia, continua achando que o melhor ambiente para tratar o grupo não é a clínica, mas a casa, a fábrica...: "Não se trata um indivíduo separadamente, mas *in situ*, no contexto natural em que se encontra: na família, no local de trabalho, na comunidade ou, nas clínicas, como membro de um grupo sintético. É isto que torna possível a análise direta de sua situação vital."[41]

De propósito, deixamos para o final a nossa sondagem de realidade na técnica psicodramática, pois a simples referência ao teatro é suficiente para despertar uma sensação antagônica ao que vínhamos buscando. Impõe-se uma imagem de irrealidade, de criação fictícia ou fantástica, de expressão de problemas humanos, porém, não reais. Como diria Stanislavski: "nada irrita tanto ao teatro como o ator expressar, em cena, seus problemas pessoais". Também, por ser a técnica terapêutica mais querida por seu criador e porque — parecendo talvez paradoxal — é a terapia na qual Moreno mais busca aproximar-se da realidade. O psicodrama não é uma função cênica — é a própria vida.

> À primeira vista parece que a função psicodramática e a realidade se excluem mutuamente. Isto na verdade não é mais que aparência externa: o cenário não é um palco no sentido teatral, é uma plataforma social e os atores não são atores, mas pessoas reais, e não "atuam" mas representam seus próprios eus. Seus enredos não são "obras" porém seus problemas mais íntimos[42].

Acabamos assim com um possível mal-entendido de distanciamento. No teatro psicoterapêutico a realidade está mais presente que na própria vida: "pode-se dizer que o psicodrama permite ao sujeito viver uma experiência nova, ampliada, um *"plus de realidade"*[43], "pode-se dizer que o psicodrama proporciona ao paciente uma experiência nova e mais ampla da realidade, uma realidade de superabundância"[44].

Moreno apresenta três razões para esse *plus* de realidade do psicodrama: primeiro, amplia as possibilidades que temos na vida quotidiana, que às vezes nos sufoca e nos obriga a ser o que não somos. O espaço vital, na realidade é, freqüentemente, estreito e constritivo; porém na cena, podemos encontrar-nos conosco mesmo, liberando-nos de opressões insuportáveis ou experimentando a liberdade de expressar-nos ou de vivenciar. O cenário é uma ampliação da vida, pois ameniza os limites impostos pela realidade:

> O teste de realidade, que em outras terapias não passa de mera expressão, adquire autenticidade na representação... O Objetivo destas diversas técnicas, não consiste em transformar os pacientes em atores, mas em estimulá-los a ser, em cena, o que eles *são*, mais profunda e mais explicitamente do que se mostram na vida real[45].

A segunda razão é que também nossas ilusões são reais, têm existência em nós próprios. Com freqüência surgem pacientes cujo problema consiste na luta entre sua fantasia e sua realidade, entre o que sonham ser e o que são. Uma luta entre os papéis sociais e os psicodramáticos. O que é real psicologicamente, pode expressar-se no psicodrama e não na vida quotidiana.

O espaço cênico oferece à vida possibilidades de extensão que o original real da própria vida não possui. A realidade e a fantasia aqui já não estão em conflito; uma e outra participam de uma cena mais ampla: o mundo psicodramático dos objetos, das pessoas e dos acontecimentos[46].

Moreno aponta a terceira razão pela qual o psicodrama supera a realidade: porque dá oportunidade de aumentar a vivência real a quem a tem diminuída e oferece a realidade a quem dela necessita, como o esquizofrênico. No psicodrama, Moreno lhe permite, a princípio, encenar suas fantasias, porém, pouco a pouco, através dos egos-auxiliares, o vai trazendo à realidade e lhe ensina a novamente portar-se como pessoa normal na vida em comunidade[47]. Embora inicialmente parecesse paradoxal, também o psicodrama conduz à realidade. Guiado pela constante atitude de *penetrar na própria vida,* Moreno teve a capacidade de adequar teatro e realidade o que tradicionalmente era considerado essencialmente antagônico. O psicodrama transformou-se na técnica que se tem acomodado à realidade total da circunstância humana, pois "é a que mais se aproxima da vida em si. Quanto mais uma terapia se aproxima da atmosfera de um *encontro* vivo, tanto maior será seu êxito terapêutico"[48].

Chegou a hora de concluir que, na obra moreniana, toda teoria e técnica estão motivadas por uma constante: a adequação à realidade existencial, que se capta no *momento* privilegiado, no *próprio instante do nascimento,* quando essa realidade é mais original.

Se é verdade o que procuramos provar, logicamente devemos encontrar estas constantes na própria base dos grandes temas morenianos: espontaneidade, criatividade e ação. Inclusive, veremos que este conjunto de atitudes constantes, determina, em seu desenvolvimento, outra postura prévia e substancial na obra de Moreno: o desejo de chegar aos elementos mais simples da atividade humana, o que entendemos como elementaridade ou primitivismo.

Elementaridade

Progressivamente vamos desentranhando um núcleo de irradiação em torno da genuinidade do encontro com a vida mesma e que intuímos ser celular no pensamento de Moreno. A realidade existencial de um momento criador implica o vigor do que nasce, a busca do elementar, do que é sem mistura de aparências. Porque não é em si, mas qualifica tudo o que é novo e se manifesta como busca prévia daquilo que posteriormente vai-se tornando mais complexo, a elementaridade é ainda menos passível de definição do que o momento e o *status*. Moreno nos parece dominado pela preocupação de encontrar esses "átomos" (expressão sua!) cuja combinação explique as realidades mais complexas das relações humanas. Diríamos ser um químico analítico frustrado, querendo chegar aos elementos mais simples em tudo quanto estuda. Pensando bem, esta atitude não é mais que uma conseqüência lógica do que vimos com relação à constante *status nascendi*. A tão definida atitude em captar a realidade em sua primeira respiração, logicamente o levará a tentar decompor também este primeiro ato em seus elementos mais simples. De fato, várias vezes encontramos essas definições atômicas num contexto de *status nascendi*, como por exemplo, no estudo da constituição dos grupos:

> Quando se pode estudar jovens que, como em Hudson, jamais se haviam encontrado anteriormente, e que a partir de seu primeiro encontro, tiveram que viver em conjunto e participar de um mesmo grupo, então nos encontramos com o primeiro ato, com a situação original[49].

O que dissemos sobre o *momento* também confirma que estas definições atomísticas estão ligadas ao que estamos chamando de elementaridade. Recordemos a definição de momento e nos convenceremos do que estamos tentando demonstrar:

> Os estados espontâneos são de curta duração, plenos de acontecimentos, às vezes saturados de inspirações. Os definimos como fragmentos de tempo, *as menores unidades de tempo*[50].

Dissemos que Moreno não trata explicitamente da elementaridade. No entanto, se como pretendemos, a elementaridade for uma atitude constante, não devem faltar em seus escritos, alusões de que possamos inferi-la de maneira mais ou menos explícita. A propósito da terapia musical, surge uma dessas alusões ao primigênio:

> Segundo minha teoria psicomusical, o primeiro passo consiste na eliminação *analítica* do presunçoso andaime de todo o secular sistema de produção musical e numa volta a procedimentos *mais primitivos*, que provavelmente funcionaram nos começos da experiência musical[51].

Numa tentativa de sistematizar e provar a intencionalidade do elementar na obra de Moreno, achamos conveniente ordenar, em forma de glossário, alguns exemplos que nos parecem suficientes[52].

Este sistema permite captar esse primitivismo elementar como complemento dos mais variados conceitos e proporciona o detalhe num contexto mais amplo. Os grifos, sempre nossos, reforçam o termo que nos interessa destacar e evitam comentários, muitas vezes dispensáveis. Com relação ao psicodrama, Moreno mostra que: "o psicodrama pode apresentar o processo social em sua *fase formativa,* em mais dimensões e mais vividamente que qualquer outro método"[53].

E como fundador da microssociologia, esclarece:

> Microssociologia é a sociologia dos pequenos grupos e de suas estruturas *atomísticas* (microscopia social). O conceito e a aplicação da microscopia social foram introduzidas por mim (1934) com relação às análises dos pequenos grupos, e com isso se deu fundamentação à microssociologia[54].

E atribui o mesmo valor do "pequeno", à sociometria, dentro da sociologia: "para a passagem, desde as grandes análises dos conjuntos sociais até os pequenos acontecimentos *atômicos*; de um método de *investigação* macroscópico ao microscópico".

Nesta frase como nas anteriores, aparece seu claro interesse pelo primigênio e elementar. Algumas de suas definições também gozam da elementaridade: "o papel é a unidade de cultura"[55], "para expressar a *menor unidade* de sentimento, transmitida de um indivíduo a outro, utilizaremos o termo tele"[56]. Porém onde mais claramente se apura a intencionalidade de Moreno pelo elementar, é num conceito cujo próprio nome o decanta: *átomo social*:

> Demócrito teve que abstrair da matéria verdadeiras configurações e afirmar contra o que parecia evidente, que são compostas por unidades infinitamente pequenas, às vezes invisíveis: os átomos. Talvez nos possamos inspirar no método de Demócrito e no que concerne ao universo social, e fazer abstração de verdadeiras configurações que a "matéria" social apresenta: famílias, formações industriais ou escolares, nacionais etc. Se não nos deixarmos distrair pelas aparências mais grosseiras dos fatos sociais, nos será possível descobrir a menor unidade social viva, em si própria indivisível: o átomo social[57].

A partir destes átomos sociais, como veremos quando estudarmos a formação dos grupos, irão-se formando as díadas, os triângulos, as cadeias, as redes sociais e, sucessivamente, se poderá chegar a um estudo da sociedade total. O átomo social oferece a possibilidade de agrupar, sob o mínimo denominador comum, a imensa complexidade das configurações que se delineam no universo social. Consideramos essas posturas e definições suficientes para nos convencermos de que o que temos chamado "elementaridade", é outra das constantes morenianas e tem sua origem na atitude mais geral de captar a *realidade* em si mesma, no *momento de nascer.*

2. A ciência

Talvez pareça estranho que o vitalismo desmedido e primário de Moreno, pensador e terapeuta sistematicamente possa limitar-se a alguns princípios científicos ou a uma forçada atitude cientificista. A ciência parece um compartimento frio para tanta vivência e tanto calor, presentes em sua obra e em sua vida. E, sem dúvida, encontramos, em sua etapa terapêutica, uma tendência marcadamente científico-positiva. Moreno procura conceitos verificáveis e repetíveis, apresenta e leva a termo hipóteses estritamente científicas, com o mesmo vigor com que as poderia ter formulado um Claude Bernard.

Possivelmente estivéssemos pensando apenas em suas contribuições sociométricas! Porém não nos referimos unicamente à sociometria, mas a atitude básica subjacente à toda sua obra terapêutica, donde, também ao psicodrama. De outra maneira, com rigor científico, não poderíamos definir a ciência como uma constante na obra amadurecida de nosso autor. Moreno bem compreende que uma técnica terapêutica não prospera se não respeita a axiologia dos tempos em que surge. E como não busca o fracasso, nessa época atual dominada pela ciência e em que outros valores filosóficos e espirituais se hão perdido, ele programa cientificamente a sua terapia: "numa cultura dominada pela ciência, não poderá florescer nenhuma forma séria de psicoterapia que não procure ajustar-se às exigências do método científico"[58]. Consideramos que sua intenção de fazer uma terapia científica é patente e explícita. Compreende a dificuldade que existe entre muitas de suas propostas e a ciência, como por exemplo, o estudo *in situ* de uma coletividade ou das migrações de população, o que até seria mais fácil escrever em forma de romance. Porém, nesses momentos de desalento científico, sente-se animado pelo exemplo de outros cientistas:

> Nesse difícil empreendimento, fomos encorajados pelo êxito de experiências feitas em outros domínios: algumas experiências bem conduzidas, sobre a reprodução, teriam sido suficientes para lançar as bases da biogenética... Por isso pensamos que o estudo aprofundado de uma *única coletividade,* poderia fazer-nos conhecer melhor a estrutura de qualquer outra coletividade.

Sua atitude de fazer ciência positiva, conscientemente mantida, fica bem clara. E se nos esforçamos um pouco, descobrimos que nestas palavras está implícita uma formulação do método científico da indução: do particular tirar conclusões gerais.

Sua atitude básica e consciente de fazer ciência, se fortifica quando chega a exigir que ninguém se dedique à terapia, se o método que emprega não for cientificamente comprovado e oficialmente reconhecido: "Todo psicoterapeuta de grupo deve utilizar unicamente os métodos terapêuticos que tenham fundamentação científica e hajam sido reconhecidos por instituições oficiais"[59] porque, "lamentavelmente, grande parte da literatura psicoterápica se escreve de maneira dogmática e revela pouca ou nenhuma preocupação pela investigação[60]".

Inclusive, Moreno sente e expressa verdadeiro orgulho científico por sua evidente contribuição à terapia sistemática:

> Todavia em campos de investigação quase inteiramente inexplorados, são permissíveis construções puramente lógicas e intuitivas. Tais campos de investigação se abrem de tempo em tempo, como sucedeu com o enfoque sociométrico antes de 1929. Porém desde que um campo de investigação tenha sido indagado mediante instrumentos apropriados, as construções puramente teoréticas se tornam regressivas. Todas as construções e hipóteses deveriam, a partir de então, fundar-se ao mesmo tempo em orientações lógicas, intuitivas e empíricas. E a investigação sociométrica o ilustra. Depois de *Das Stegreiftheater* (1923), *The group method* (1931) e *Who shall survive?* (1934) tornou-se imperativa uma nova estratégia de investigação. Veja-se *Sociometry in relationship to other science*[61].

Também quando julga outros sociólogos, aparece a sua intencionalidade científica. É a crítica de um cientista a outro cientista, desafiando-o com as mesmas armas. Em *Fundamentos de la sociometría,* Moreno faz uma longa revisão de teorias científicas que de algum modo se relacionam com a sua. Aparecem nomes bem conhecidos como Durkheim, Bogardus, Lewin, Bales, Tagiuri, Parsons etc.

A título de exemplo, vejamos a crítica que faz ao famoso experimento de Lewin, sobre o rendimento dos membros dos grupos de clima democrático ou de clima autocrático. As teorias de Lewin são bem conhecidas[62] e por incongruência da história, até mais conhecidas que as de Moreno, inventor da psicoterapia de grupo e descobridor de sua dinâmica[63]. E Moreno o ataca já em seu ponto de partida, considerando sua experiência e suas conclusões mal conduzidas: "Analisado, o enfoque de Lewin parece lógico, porém fundado em pressuposições errôneas; não passa de um engano". E por três razões o rejeita: porque a experiência foi artificialmente montada; por não haver um estudo prévio dos grupos, verificando sua exata igualdade e justificando assim a comparação posterior entre eles, erro que teria sido evitado pelo estudo sociométrico dos dois grupos. E finalmente, rejeita a experiência e as conclusões de Lewin porque centradas na pessoa do líder ou chefe de cada um dos grupos, sem que se haja verificado se essas pessoas estão aptas para dirigir os referidos grupos. Bem poderia acontecer que as tendências pessoais estivessem trocadas.

Não temos a intenção de discutir se a crítica de Moreno é ou não justa. Nosso trabalho não é um estudo comparativo; tentamos unicamente demonstrar a sua explícita atitude científica. Para confirmar esta intencionalidade científica podemos citar os títulos de algumas de suas obras, por si, eloqüentes. *Sociodrama: a method and the science of society; The function of the social investigator in experimental psychodrama* etc.

A ciência *in situ*

A intenção ou a atitude científica de Moreno não é simplesmente uma constante de genérica simpatia para com a verificação. Já na crítica a Kurt Lewin o vemos descer à proposição concreta de regular o objeto da experimentação. Deve-se experimentar na *própria realidade, in situ*. E segundo seu obsessivo costume de comparar-se com outros métodos, declara abertamente detestar a preparação da experiência em laboratórios:

> Em oposição ao plano de trabalho experimental, sociometricamente válido, em geral se encontram duas classes de desvios: a experimentação artificialmente montada em todas as suas peças, cujos limites se conhecem, e a experiência mal estruturada, cujo significado exato o próprio experimentador ignora[64].

Em matéria de psicoterapia e sociometria Moreno rejeita o laboratório. Sendo nossa afirmação um tanto categórica torna-se necessário esclarecê-la: Moreno não quer o laboratório em que algumas amostras são caprichosamente escolhidas, em que se lhes dão algumas instruções previamente pensadas e em seguida se tiram algumas conclusões. Moreno não monta um laboratório, mas aproveita o laboratório que naturalmente existe. Foi o que fez em Hudson e no cárcere de Sing-Sing. Não colocou ali, pessoalmente, nem as moças nem os presos; mas uma vez que estavam juntos e deviam viver em comunidade fechada, aproveitou a circunstância para seus estudos e experiências sociométricas. Repetimos: esta era uma situação naturalmente acontecida. Ele aproveita a realidade tal como é, sem violentá-la, respeitando-a no contexto em que se encontra: é sua atitude científica habitual.

Assim como critica alguns autores que partem de experiências não vividas, reclama de outros por serem excessivamente abstratos em suas conclusões. Por caminhos divergentes, também isto confirma sua intenção científica. Os objetos de ciência têm que ser estudados em si mesmos, sendo preciso descer do mundo das idéias ao mundo da realidade. E embora com intensidade diferente, sua crítica chega até Bogardus e a Ford, exatamente por isolarem suas experiências da realidade, ou pelo menos, por não se terem aproximado definitivamente dela: crítica porém menos intensa que a dirigida aos que experimentam com animais e aplicam suas conclusões ao homem (o problema foi visto ao estudarmos o contexto psicológico em que surge e com que se delimita o pensamento de Moreno) porque, com a espécie animal deslocam o objeto científico de sua própria realidade humana:

> O estudo psicológico do recém-nascido tem sido feito, principalmente, em duas dimensões: a dimensão da psicologia animal, que estudando o comportamento do animal jovem o compara com o das crianças humanas. O exemplificam os experimentos de Pavlov com os cachorros e os experimentos com os ratos em labirintos. Apreciamos o valor desta corrente de investigação mas a consideramos unilateral. É uma excrescência da teoria da evolução[65].

Esta constante atitude de Moreno se manifesta quando tenta fazer ciência, terapia e pensamento. Em qualquer manifestação de sua atitude, sublinha o constante pressuposto do contato imediato com a realidade. De fato, não devíamos falar em constantes — no plural — mas da essencial e única atitude de busca da vida em si mesma, em sua mais primitiva e genuína expressão. E talvez uma só palavra definisse esta atitude: primigenidade. Em sua auto-análise, quando julga suas próprias técnicas terapêuticas, Moreno destaca os mesmos valores que a seu ver são pouco considerados em outras terapias: o aproximar-se dos fatos em si, *in situ*. Valoriza o psicodrama cujo mérito é "ter encontrado um método de investigação que se aproxima muito do processo natural do conhecer-se a si próprio"[66].

Sustenta que a sociometria "nos ensinou a reconhecer que a sociedade humana não é uma ficção, mas uma força real, regida por leis e por uma ordem que lhe são próprias e que diferem radicalmente das leis e da ordem que governam os outros aspectos do universo. Por isso tornou-se necessário inventar métodos, denominados sociométricos, que permitem explorar e descrever o domínio social"[67].

O mesmo critério de afirmação científica *in situ* o faz rejeitar, para a psicoterapia de grupo, a adaptação dos métodos de observação das terapias individuais. Porque os fenômenos de grupo são distintos dos do indivíduo isolado e, como cada ser deve ser estudado em si mesmo, não se podem transferir as teorias e técnicas individuais, para o grupo:

> É preciso afastar com energia a idéia de que a psicoterapia de grupo seja um caso excepcional dentro da medicina e que pode ser exercida sem estudo diagnóstico. Este disparate foi propiciado especialmente pelas escolas de psicoterapia individual. Freqüentemente costumam deduzir

da psicodinâmica do indivíduo, todos os sintomas, dando com isto a impressão de que a dinâmica do grupo não tem caráter independente e objetivo. Daí, pensam eles, não ser necessário estudar sistematicamente as estruturas do grupo, visto que nada de novo resultaria[68].

Vamos demarcando o tema em círculos concêntricos. Começamos vendo a oposição de Moreno a outros autores; depois traçamos mais um círculo, expondo o que ele exige de suas próprias técnicas terapêuticas. Mas, podemos supor que não faltam afirmações explícitas em que Moreno diga que a verdadeira ciência está no contato direto com a realidade. O mais, dirá, seria falseá-la. Olhando para trás e lembrando suas arrebatações místicas, não diríamos que um dia ele chegaria a escrever frases tão exigentemente científicas como estas. Sem dúvida é possível acompanhar o fio condutor, desde os êxtases que num estreito contato o fundiam com a realidade total, até essas exigências científicas de partir da própria realidade, a que tantas vezes aludimos. Mudou o "objeto material", porém a intenção que o "informa" é a mesma: o *encontro imediato,* o que em seu dia a dia chamava de "sentido".

Nos fomos acercando da proclamação solene do método científico moreniano, pronunciada na introdução ao *Fundamentos de la sociometría,* cujo contexto é o seguinte: depois de ordenar as origens teóricas e geográficas já nossas conhecidas, Moreno delineia rapidamente o desenvolvimento ulterior de suas técnicas terapêuticas e vai centrar-se em alguns de seus aspectos que exigem uma especial atenção. Para tornar anátemas os que heterodoxamente dele se afastam, lança a premissa maior de um silogismo, em que expõe o que entende por método científico, especialmente aplicado ao homem. Os pontos programáticos desta declaração se resumem no que tentamos expor anteriormente: que a realidade deve ser estudada em seu contexto, tal como é e existe, e cujo contrário não será fazer verdadeira ciência.

Sintetizando e ordenando suas idéias: a) a sociometria de "salão" é condenável; b) com pessoas, não se pode "experimentar" friamente, como se fossem cobaias; c) devem ser evitadas falhas cometidas anteriormente por outros pesquisadores, embora querendo fazer ciência sociométrica séria e com seres humanos: não permanecer em contato com a realidade social tal qual é; dividir a realidade social em partes, afetando assim a objetividade das suas investigações; partir de hipóteses prévias a que se hajam "acomodado" a experiência, quando o que se requer é uma postura franca diante da realidade.

Para se arriscar a experimentar nestas condições, é necessário ter a capacidade imaginativa e criadora de Moreno. Esperamos que na medida em que avançarmos em nossa exposição, esta capacidade se evidencie e se comprove. Não obstante, selecionamos agora um caso espe-

100

cialmente interessante por ser inesperado, por não se tratar de sociometria, onde os psicólogos e sociólogos conhecedores de Moreno podem facilmente esperar investigações *in situ* e porque, quando o publicou, Moreno foi duramente atacado e incompreendido, apesar de sua clareza.

A experiência está contada em *Las bases de la psicoterapia*, livro corajoso, que foi escrito em capítulos separados que, antes de sua publicação, foram enviados a personalidades reconhecidas no campo da sociologia, da religião, da psicologia e da terapia das mais diversas correntes — freudiana, junguiana, adleriana, rogeriana, existencial e neopsicanalítica — e também no campo da sociometria e do psicodrama. Surgem comentários de Alexander, G.W. Allport, Blake, Corsini, Lebovici etc. pois todos foram solicitados a opinar sobre cada capítulo. E o livro foi escrito com a finalidade de encontrar os denominadores comuns aos vários tipos de terapia, o que aliás corresponde ao desejo de muitos psicólogos[69].

Moreno que, como tentamos demonstrar, nada quer afirmar no campo da terapia sem que esteja cientificamente comprovado, usa sua poderosa capacidade criadora para programar uma experiência *in situ*, com a finalidade de observar as principais classes de terapia. Quer observar a terapia no momento de sua realização, mas se encontra com dificuldades metodológicas: como experimentar uma sessão de psicanálise em realização, por exemplo. Ao experimentá-la, deixaria de ser tal. Para remediar esta dificuldade recorre a uma de suas múltiplas formas psicoterapêuticas: o *role playing*. Se lhe ocorre que, o que não pode ser observado em sua própria evidência, pode ser representado na cena psicodramática. Em vez da encenação de um problema pessoal ou social, seriam representados os vários tipos de terapia, para que vendo-os, se possa chegar experimentalmente à evidência do que tem de comum[70].

Além da surpresa diante das condições em que se desenvolve a experiência, admiramos a grande capacidade de nosso autor ao propor situações experimentais. Frente a novos problemas que se apresentam em seu exercício profissional, sabe reagir experimentalmente, trazendo um novo método que nos ofereça dados objetivos, verificáveis pela possibilidade de repetição. É também estimável a intenção explicitamente científica da obra terapêutica moreniana, mas, resta dúvida se esta representação de papéis terapêuticos, na verdade, alcança o que pretende, enquanto experiência: observar as distintas terapias *in situ*, tal como acontecem na prática quotidiana. Voltamos a projetar sobre o psicodrama, a imagem preconcebida que temos com relação ao teatro: uma ficção da própria realidade. Não passará de uma representação do trabalho psicoterapêutico, semelhante aos filmes sobre a psicanálise aos quais um crítico sempre fará seus reparos de falta de realidade.

101

Entre os autores que receberam as comunicações de Moreno para julgamento, muitos reagiram sob essas mesmas suposições. Um exemplo é a resposta de L.S. Cholden:

> Duvido da validez do estudo da situação psicoterapêutica pelo método do *role playing*. Por mais que os psicoterapeutas e os pacientes procurem imitar a situação psicoterapêutica, parece inteiramente impossível que a situação possa ser atuada com êxito, porque, por definição, estaria ausente o impulso mais importante da situação psicoterapêutica, ou seja, saber, a motivação para alcançar a finalidade terapêutica[71].

Acontece que Cholden e os outros autores que criticam a experiência, o fazem a partir de sua postura de experimentadores de laboratório. Moreno respondeu a todas as comunicações recebidas, esclarecendo posteriormente os mal-entendidos, oferecendo-nos assim, mais uma vez, sua postura de que todo experimento deve realizar-se na realidade tal como existe:

> a) deve tratar-se de um paciente *verdadeiro* e um terapeuta *verdadeiro*, quer dizer, o paciente deve ter um problema atual que necessita ser tratado e o terapeuta deve ser uma pessoa profissionalmente capacitada; b) o paciente deve ter escolhido esse determinado terapeuta para que o trate. Nenhum dos dois é imposto ao outro; c) o terapeuta é retribuído por seus serviços, na forma habitual... Se estes requisitos são cumpridos, a "motivação" que leva a alcançar a finalidade terapêutica, tem que aparecer. A única modificação com relação ao método terapêutico normal consiste na presença de uma terceira pessoa, terapeuta profissional, que interroga as duas partes durante a sessão, ou as entrevista depois[72].

Pode aceitar-se ou não a validez da experiência, mas a atitude constante em Moreno, de não deslocar a experiência da realidade em si, permanece indiscutível, feita a ressalva de que para ele, o psicodrama é uma extensão da própria vida e não teatro.

Objetivação do subjetivo

A primigenidade como atitude básica em Moreno, aparece no campo científico, não somente na determinação do objeto, mas também com relação ao modo.

Se quiséssemos abusar de esquemas extremamente lógicos, deduziríamos o desenvolvimento da ciência *in situ* da existência-realidade,

102

e o *status nascendi* e o momento nos confrontariam com o álgido problema do método em psicologia: objetividade-subjetividade.

De fato, por dedução lógica da postura geral de Moreno, enveredamos nesta proposta. O objeto da terapia é o homem; o *status nascendi*, o momento e a ciência *in situ*, seriam a alma humana. Como penetrar na alma, para fazer ciência experimental autêntica, como se pretende?

Diante disto Moreno teve que enfrentar o problema, não a partir da prévia intenção de tratá-lo — como o faria um tratadista de psicologia experimental — mas para resolver seu próprio dilema: o de um terapeuta que em seu caminhar se depara com dificuldades e não esconde a cabeça debaixo da asa. Isto é dar a luz a uma teoria psicológica e a algumas técnicas terapêuticas.

Por não ser um tratadista teórico, não enfrenta o problema partindo da opinião consagrada dos grandes nomes do método psicológico científico: W. James, Watson, Külpe... Apoiar-se-á em autoridades que estão mais próximas de seus campos diagnósticos e terapêuticos.

Fique bem claro que Moreno não pretende quebrar lanças nesse campo. Levanta o problema da observação e exclusivamente porque se defronta com ele, a partir de suas atitudes frente à terapia. E fique igualmente claro que não abordamos a subjetividade-objetividade da observação moreniana com finalidade teórica; é uma exigência da sua atitude básica científica e não um tratado expositivo.

De fato se põe e repõe o problema: toda ciência, para sê-lo, além do objeto, necessita de um método. Este método tem sido encontrado na física, astronomia etc., porém, e no caso do homem? O homem tem sua subjetividade e se quisermos fazer ciência objetiva autêntica, não podemos prescindir dela. Com palavras, que consideramos bastante precisas Moreno assim se expressa:

> Cada ciência se refere a uma constelação de fatos; possui seus próprios meios para medi-los. Sem instrumentos adequados de descobrimento ou de medição, uma ciência não pode existir... Cada ciência tem sua maneira própria de cumprir essa tarefa. As condições em que aparecem os fatos físicos e biológicos são relativamente bem conhecidos. Porém se torna um assunto muito mais complicado, avaliar as condições de emergência dos fatos relativos às relações humanas. Semelhante empreendimento só se pode conseguir de maneira adequada, adotando um método verdadeiramente revolucionário... Quando se trata de sociedades animais, se pode admitir que estas foram dadas e fixadas de uma vez para sempre, como o são os organismos animais individuais; porém a sociedade humana não tem nada de automatismo estabelecido ou fixo. Embora extremamente ligada a condições físicas e biológicas, possui uma estrutura cuja criação e desenvolvimento dependem de condições internas e que, em conseqüência, devem ser estudadas a partir do seu interior[73].

O problema é claro. Há uma gradação de seres: os minerais devem ser estudados a partir de seu exterior; os organismos não humanos também têm uma estabilidade em suas leis, por serem guiados pelo instinto. Porém quando se trata do homem que tem sua interioridade em mudança, o problema se agrava. Tem-se que estudá-lo tanto a partir de sua exterioridade como de sua interioridade, de forma científica, e não como romance psicológico. Moreno recusa as soluções parciais e, entre elas, a do observador. Aceitar o observador nada mais é do que transpor ao homem, os métodos apropriados ao estudo dos seres infra-humanos, físicos e animais. É preciso que cada ciência encontre seus *próprios* métodos. Para não deformar a concepção científica de Moreno, aceitaremos seu ponto de partida; acomodar-se às exigências científicas da época, o que porém não implica aceitar fazer ciência humana da mesma forma que se faz ciência física. É o espírito e não a materialidade que deve ser captada.

Por não haver encontrado o método científico adequado aos grupos, rejeita, por exemplo, a metodologia da observação de grupos proposta por seu discípulo Bales. Se não aceita como cientificamente válida a postura objetiva de Bales, também não aceita a postura exclusivamente fundada na introspecção, e nem sequer a que nos podem oferecer as técnicas projetivas. Moreno não se detém nestas rejeições partidaristas e propõe uma nova postura programática: no estudo da psicologia humana deve-se encontrar um método que *objetive a subjetividade*:

> Nós, os sociômetras, temos insistido desde os primeiros momentos, em que o ser humano em toda sua subjetividade, deve ser parte e parcela da análise científica, com o objetivo de oferecer ao investigador uma completa relação fenomenológica de tudo o que ocorre na situação humana. Demonstramos que se o subjetivismo é levado a sério, assume um caráter "quase objetivo" que torna os respectivos fenômenos passíveis de "medição"[74].

É inegável que Moreno tenha compreendido perfeitamente o problema do método na investigação psicológica, e que, se realmente conseguiu o que se propôs, deu um passo gigante neste campo de investigação. Os psicólogos lhe serão eternamente agradecidos, porque o que ele metodologicamente propõe, é uma revolução: "Semelhante empreendimento só se pode conseguir de maneira adequada, adotando um método verdadeiramente revolucionário."[75]

Se numa síntese tentarmos resumir as opiniões dispersas em todas as obras de Moreno, deduziremos que este método revolucionário se fundamenta em duas características essenciais e complementares: a primeira é que o sujeito, objeto da experimentação, *atue de maneira espontânea*. Assim poderemos ver o que se passa em sua sub-

104

jetividade *in status nascendi*, pois uma das características da ação é, que enquanto atua, o indivíduo perde todo controle sobre si mesmo, e torna-se puro ato, permitindo ao diretor do experimento, chegar ao conhecimento direto do que está ocorrendo no seu psiquismo. Compreendemos então porque Moreno diz que no psicodrama o inconsciente torna-se diretamente observável e patente e, por isso mesmo, experimentável. Também compreendemos porque, segundo ele, na ação psicodramática se pode experimentar *in situ, in status nascendi*, a mecânica da elaboração do sonho. Compreendemos finalmente porque o psicodrama é o melhor método de investigação psicológica que Moreno ofereceu à psicologia.

A segunda condição que Moreno exige para a elaboração de um método, é que todos os participantes do experimento sejam ao mesmo tempo sujeitos da experimentação e experimentadores; os pacientes são tão experimentadores quanto o terapeuta e o terapeuta tão paciente quanto o cliente que vem ao seu consultório.

Achamos conveniente sublinhar a diferença radical entre o método de objetivação pela ação, defendido por Moreno, e os tradicionais sistemas psicológicos de introspecção. A introspecção propõe que o sujeito comunique o que está vivendo interiormente. Moreno, numa postura quase antagônica, distingue entre a comunicação do que o sujeito experimenta e a experimentação em si mesma. A palavra pode deformar e é sempre um *intermediário* entre a própria realidade e quem recebe a comunicação. A ação, tal como Moreno a apresenta, põe em comunicação direta com o que acontece. Não esqueçamos que no momento de atuar o sujeito perde a consciência de todo o resto e exterioriza o seu interior tal qual é. A ação conduz à própria realidade, sendo assim mais completa e totalizadora do que a palavra.

Objetamos: não sendo introjecção, a ação seria objeto da observação, e estaríamos diante de uma das chamadas técnicas objetivas. Evitando um extremo, Moreno cai no outro. Também esta objeção supõe uma incompreensão da atitude de Moreno. Para ele o que se analisa na ação, não é o seu produto que fica recolhido no papel ou num aparelho registrador de conduta e que será a conseqüência da ação porém não a própria ação. Precisamente aqui se estabelece, a diferença entre seus testes psicológicos e os já conhecidos:

> Em vez de contentar-nos com o material inerte que o sujeito deixa, uma vez esgotada a excitação que manteve sua atitude criadora, *nós* o devemos observar enquanto libera sua espontaneidade e se dispõe a expressá-la. Indubitavelmente se pode afirmar que o sujeito está presente no momento de ser *testado* como o está na situação analítica. No entanto, o que se deve destacar é que, num e noutro caso se enfatiza o material produzido e não o próprio ato: há mais interesse no que o sujeito fez que no *ator* propriamente dito... Do ponto de vista do método, importa

105

considerar os atos como "fazendo parte do ator", ao mesmo tempo que se estudam os produtos de sua atividade[76].

Talvez ainda fiquem dúvidas sobre a validade de seus argumentos, porém, não sobre o conteúdo dos mesmos. Dizíamos que Moreno acreditava ter conseguido objetivar a subjetividade através da participação de todos na experimentação, evitando a distância que deforma e a presença que altera as circunstâncias reais. Certamente nos testes sociométricos esta participação do paciente na investigação é real e além disso, motivada pelo próprio interesse do sujeito em manifestar suas atrações e repulsas. No psicodrama foi mais difícil a participação direta do experimentador. O terapeuta não pode entrar em cena, para, entre outras razões, acompanhar com mais objetividade a ação. Porém neste caso, Moreno tem em cena um auxiliar do diretor ou terapeuta geral, perfeitamente instruído (tendo recebido formação específica) para que possa ser ator e observador. Esta é a função do "ego-auxiliar" e por meio dele, se obtém a participação do experimentador[77].

A dúvida sobre a validade dos argumentos de Moreno, permanece. Foi mais uma tentativa, talvez séria e esforçada, para superar as dificuldades do método objetivo na psicologia. Antecipamos que ele buscou superar o obstáculo em sua vivência, como terapeuta, porém talvez a solução não estivesse ao seu alcance. Analisando seus dois grandes pilares — a ação e a participação — podemos questionar, segundo sua teoria básica, Moreno considera que mediante a ação o sujeito se manifesta em toda sua realidade. Esta é porém uma estimação tão pessoal que deve ser verificada, pois outras teorias psicológicas — a psicanálise por exemplo — admitem o contrário: que, pela atuação, o sujeito pode estar deformando e utilizando mecanismos de defesa para defender sua interioridade. Que critério objetivo teremos para dizer, se o que o cliente está atuando é a realidade objetiva ou é uma deformação subjetiva dessa realidade? Moreno não apresenta critérios além do seu testemunho, de sua própria opinião. Recorre a uma distinção entre os critérios de validação, descritos em várias ocasiões: validação estética, existencial e científica. A ação psicodramática é avaliada por um critério existencial que não necessita ser cientificamente válido; a convicção do sujeito é suficiente, isto é, basta o valor existencial. Se a princípio duvidávamos, agora não há lugar para dúvida.

Que valor objetivo, verificável, tem esta apreciação? Não vemos diferença entre ela e a introspecção, e quando Moreno interrompe uma sessão de terapia e pergunta ao paciente o que está sentindo no momento, pedindo-lhe que o expresse verbalmente, tememos que ele não haja superado realmente o método introspectivo.

Existe outro fato que nos faz suspeitar da sua própria convicção de que o método de ação supere o subjetivismo da introspecção. Precisamente porque teme que a ação não mostre a realidade como é em si, inclui, como acabamos de ver, o "ego-auxiliar" com função investigadora, função que se baseia na superação da ação em si. Tentemos esclarecê-lo. Se o ator ao apresentar seu problema no cenário sofre uma amnésia,[78] esquece o que está se passando no seu interior, o que está vivendo, e deve comunicar esta vivência, se lhe está exigindo algo contraditório, que pode ser superado pelo ego-auxiliar. O ego-auxiliar não vivendo o problema com a mesma intensidade, lhe sobra uma parte de sua psique para observar essa parte que falta ao próprio ator[79].

Quer dizer que o ego auxiliar entra em cena para poder investigar o que ocorre, dado que o paciente o esqueceu, e para comunicar esta experiência, "posteriormente", quando "ainda fresca". Na verdade não vemos em que se diferencie da introspecção, em todos os seus valores e todas as suas falhas. Repetimos que a intenção de Moreno foi muito além dos seus resultados. Reconhecemos no entanto, que embora não chegando a resolver a questão do método psicológico, talvez insolúvel, a ação realmente nos aproxima dos estados psíquicos em si, muito mais do que qualquer outro método já conhecido. É um método, mais total e mais imediato, porém, para ser cientificamente válido certamente terá que se valer do método tradicional da introspecção.

Outra objeção fundamental ao método objetivo de ação, é incidir exatamente no que critica no método de observação de Bales. Obrigando o experimentador ou terapeuta principal psicodramático a retirar-se da cena e do contato imediato com o paciente, para que a sua observação seja mais objetiva, afirma explicitamente que esta função observadora não pode faltar em seu método científico.

Podemos levar a crítica ainda mais longe. Moreno ataca fortemente os métodos de investigação que analisam os resultados de um processo, e não o próprio processo e no entanto, se orgulha de haver sido o primeiro a introduzir métodos objetivos de análise da conduta, como o magnetofone e a filmagem de sessões. O que resulta na fita magnetofônica ou no celulóide não é a voz e a atuação como *efeitos* de um processo? como resultado, e não como processo em si mesmo?

Admiramos os esforços de Moreno chegando a esta síntese da introspecção e observação, porém achamos que em vez de uma síntese ele conseguiu uma junção. E também nos conseguiu oferecer novas técnicas — fruto de sua constante atitude científica — para continuarmos investigando no campo da ciência psicológica.

Sistemas de validação

Na valiosa intenção de objetivar o subjetivo, Moreno cria novas técnicas que por sua vez levantam problemas relativos a validação, a que responde com igual e constante atitude de busca de rigor científico.

Paralela ao seu desejo de objetividade, surge uma quase obsessão de poder justificar, perante a ciência, os resultados obtidos. Esta preocupação é possivelmente reforçada pelo fato de as referidas técnicas nem sempre serem passíveis de validação matemática ou quantitativa. É evidente que os efeitos terapêuticos de uma psicoterapia com esquizofrênicos, não são estatisticamente mensuráveis ao mesmo nível que o são as atrações e rejeições sociométricas.

Com o objetivo de fixar um sistema de validação, Moreno realizou estudos bastante completos como se pode ver em sua obra *Progress in psychoterapy*, ou no artigo *"The dilema of existentialism, daseinanalyse and the psychodrama: With special emphasis upon existential validation."* Ao tratar aberta e cuidadosamente este problema, nos torna claro o seu interesse e a sua preocupação com o mesmo. Nesses trabalhos, diz que cada ciência ou cada tendência cultural exige um método próprio de convalidação; e propõe três métodos fundamentais: o estético, o existencial e o científico: "Eu propus a distinção entre três categorias de convalidação: *a ciência, a estética* e *a existencial*, esclarecendo assim um fenômeno de ordem geral."[80]

A validação estética é baseada na impressão subjetiva ou nos elementos formais inerentes a um quadro ou a um poema; não requer nenhuma outra convalidação. A convalidação existencial é necessária quando alguém experimenta, em si próprio, os efeitos vivenciais de uma terapia. Talvez possamos equipará-la à validação através de sistemas clínicos: é possível que não possamos expressar numericamente o que a pessoa viveu, porém isto não invalida o método clínico como método científico. Moreno acha que esta seja a convalidação buscada pelos existencialistas, como Kierkegaard, ou pelo homem religioso. Nesses casos os números nada expressam com relação à vivência e até a desvirtuam. "Sem dúvida, quando a complexidade de um agregado social se traduz em configurações de vida de grande riqueza com tudo o que pode implicar de processos mentais plenamente desenvolvidos, o tratamento estatístico corre o risco de simplificar excessivamente as condições da investigação a ponto de seus resultados se tornarem inaceitáveis e sem valor científico. Daí, freqüentemente, técnicas de investigação tomadas da arte, como o psicodrama, parecerem mais apropriadas que os métodos estatísticos."[81]

Com a mesma ou com maior clareza responde a Bischof que alega as dificuldades surgidas com relação à validade científica do psicodrama. Insiste em que uma validação existencial não precisa de estatísticas, bastando o próprio depoimento dos pacientes para lhe conferir valor científico.

Moreno define os três métodos de validação científica, referindo cada um deles, a técnicas terapêuticas diferentes:

> Distinguimos três espécies de validação: *a estética, a existencial e a científica.*
>
> 1) Em primeiro lugar temos a valoração *estética*. O psicodrama separou-se do teatro e do drama literário, porém tem feito fincapé na influência dos princípios estéticos na terapia e os tem desenvolvido.
> 2) A valoração *existencial*: apesar de desenvolver-se como ciência, o psicodrama nunca abandonou seu enraizamento existencial, na vida. O existencial é e continuará sendo uma de suas características essenciais. As criações no encontro, aqui e agora, são únicas e imediatas...
> 3) Em terceiro lugar temos a valoração *científica*. Numa cultura dominada pela ciência, não pode florescer nenhuma forma séria de psicoterapia, que não procure ajustar-se às exigências do método científico. O valor experimental dos métodos psicodramáticos de grupo, já tem sido investigado com a máxima amplitude e se tem mostrado verificável[82].

Achamos que Moreno, ao expor esses três tipos de valoração científica, além de dar provas de sua amplitude criadora, rompeu alguns limites demasiadamente estreitos, impostos à ciência. Por que existiria um tipo único de ciência? Porém, ele próprio, finalmente homem do século dos números e dos robôs, enfim claudica inconfessadamente quando, na busca de valoração científica para suas técnicas terapêuticas, acaba por enfatizar o científico quantitativo. Ele, que havia possibilitado uma validação menos escrava do quantitativamente verificável! A este nível, falaríamos de atitudes, de constante de valoração quantitativa, porque, se não é essencial nem substancialmente determinante da terapia, irá converter-se em definitiva.

Não é necessário demonstrar a quantificação na sociometria, pois em sua formulação nominal já se encontra a palavra "medida". Todo o livro *Fundamentos de la sociometría* assim como os artigos anteriormente citados, são uma manifestação evidente do servilismo final à quantificação. Nos começos desta ciência, quando a expôs aos psiquiatras norte-americanos na Convenção de Filadélfia no ano de 1932, buscava já sua aprovação por esta razão verificável.

Procurou, inclusive no psicodrama introduzir a quantidade: lembremos a experiência referente à definição e representação de papéis e os métodos quantitativos utilizados no exame de diretores psicodramáticos e egos-auxiliares. Moreno, efetivamente entregue à constante de validação, já fazia a quantificação numérica intervir de maneira decisiva em todas as suas técnicas. Até em definições de seu pensamento, não técnicas nem estritamente psicométricas, percebe-se uma dependência do verificável. É possível que haja atuado como ressonante

109

das acusações recebidas por sua falta de rigor científico, e que o medo o tenha levado à unilateralidade.

A espontaneidade, que segundo suas gradações exigiria um critério existencial de validação, é submetida e limitada pela quantificação: "a análise quantitativa das expressões espontâneas parece trazer uma preciosa ajuda para a interpretação das inter-relações entre os indivíduos"[83].

A tele-relação: "a objetividade da tele-estrutura foi demonstrada indiretamente, mediante cálculos quantitativos"[84].

Esta preocupação obsessiva de Moreno em tudo converter a quantidades, manifesta-se claramente mesmo em algo tão existencial como a coleta de dados nas representações espontâneas. Quando ainda não podia utilizar técnicas mecânicas no recolhimento de dados, punha vários colaboradores registrando com exatidão o diálogo, os movimentos dos atores, a duração das intervenções, o número de palavras, a duração dos silêncios etc. E depois chega mesmo a propor fórmulas estatísticas para a quantificação de todos os elementos que intervêm na representação espontânea. Diríamos: quer medir a respiração. Qualquer protocolo apresentado por Moreno, comprova estas palavras: recolhe na coluna da esquerda, perfeitamente ordenadas, as notas referentes a atuação física e, à direita, recolhe a expressão verbal.

Quando pode utilizar meios mecânicos, para retenção exata do diálogo, os aceita para que seu estudo seja mais científico. Quando, por exemplo, expõe o caso de Roberto — e o faz com freqüência em suas obras —, esclarece:

> Esta história clínica foi a primeira na literatura psicoterapêutica (1936) na qual o diálogo foi sistematicamente fixado, *palavra por palavra*, em fita magnetofônica. Este método de "objetivação" das sessões psicoterapêuticas foi uma inovação fecunda, que agora é universalmente empregada. É interessante sob o ponto de vista histórico, lembrar que o teatro terapêutico de Beacon, a iniciou[85].

Em sua ânsia de verificar, a mecanização invade o campo existencial e a câmara cinematográfica fossiliza a vida — Moreno não se recorda de suas essenciais teorias do ato em sua origem —, e como que, progressivamente, como que se vai comercializando ou vai comercializando sua psicologia, face à demanda dos anos sessenta. Os filmes recolhem à atuação psicodramática e recolhem até a propaganda para sua aprendizagem. Na introdução ao capítulo em que apresenta a possível utilização da televisão para a terapia, assinala que "para integrar as relações interpessoais no marco de referência mais amplo das ciências sociais, se hão de considerar novos instrumentos e novas formas de procedimentos estatísticos"[86]. E em seguida expõe a maneira de utilizar tecnicamente a televisão nas sessões psicodramáticas.

110

Está claro que Moreno, embora admitindo três sistemas de validação científica e insistindo em defender a validação existencial para salvar o psicodrama, rende-se finalmente perante a apresentação de resultados pelo sistema quantitativo e referindo a quantificação exclusivamente à estatística. Em seu *Fundamentos de la sociometría*, chega a oferecer fórmulas para calcular a probabilidade de eleição ou rechaço de um sujeito, fórmulas para medir a expansividade afetiva, a introversão ou extroversão sociométrica de um grupo, porcentagens de atrações etc. E acrescenta um apêndice sobre a aplicação destas fórmulas estatísticas a casos práticos.

Com estas palavras — final quantificável da validação — queremos terminar nossa investigação com relação à atitude constante de Moreno, na busca de fazer ciência experimental. Percorremos um caminho que nos levou desde sua louvável postura científica até sua escravidão a dados quantificáveis da vida. Parece uma contradição. O progresso da vivência do número se foi acentuando e invadiu toda sua obra terapêutica.

Agora surge uma pergunta, uma colocação interrogativa que não se pode evitar. Ao definirmos as constantes, anotávamos como caráter constitutivo: a continuidade, a substancialidade, o sentido justificante do pensamento e da técnica. Porém, não se percebe uma curva vital que justifique, em pensamento e terapia, o progressivo deslocamento do espiritual ao quântico?

Não podemos — e confessamos haver tentado — manter o *homo sacer* moreniano, em convivência com o terapeuta. Apenas um tom religioso ou uma vaga sensibilidade espiritual persistia anos depois. Nem sei se podemos fazer conviver a filosofia do momento e suas implicações, com o Jacob Lévy Moreno da divulgação e da apoteose. Preocupa-se demais com a aceitação social de suas técnicas, para que realidades tão profundas como o *status* ou o *momento,* encontrem nele, qualquer ressonância.

Algo sim, é claro, e não está sujeita à interrogação: suas técnicas nasceram desta atitude básica de primigenidade e, embora posteriormente se tenham afastado tanto, levam marcado o caráter dessa primeira reflexão. Chegaremos a quantificar exatamente a existência humana, porém se não enraizarmos esses frios números nas idéias quentes do existir *hic et nunc,* do nascimento ou do elementar, os resultados podem ser absolutamente falsos. É contraditória a terapia psicológica de Moreno — tão existencial e tão verificável —, porém essa contradição lhe é inerente. Não podemos prescindir de nenhum de seus termos, tão pouco do primeiro.

Finalmente, uma observação que justifique a limitação do conceito de constante apenas à "filosofia do momento" e à "atitude científica", e que explique a exclusão de outras notas fundamentais do pensamento moreniano. Mais concretamente, algum conhecedor de Moreno poderia culpar-nos pela ausência do *encontro* entre as constantes. De fato, nos anos do existencialismo heróico, manifesta-se como encontro o que nos anos de terapia denominamos filosofia do momento ou *status nascendi*, ou existência e elementaridade. Isto é, a noção de encontro subjaz a estas constantes existenciais posteriores. Quando na fase terapêutica o encontro reduz seu campo de relação — da realidade total e originária à interpessoal — nossas constantes ultrapassam a noção do encontro, assim reduzida, em conseqüência da também redução vital moreniana: da vivência religiosa à existência terapêutica. Ao perder-se o místico, se perdem outras descobertas ou, pelo menos, estas descobertas se limitam.

Num complexo vital nada é tão simples que se possa submeter a uma dissecção rigorosa; implicam-se: vivência religiosa e encontro, existência do terapeuta e filosofia do momento, a persistência do tom espiritual moreniano e a redução da relação ao interpessoal.

Por tudo isso, o encontro não é uma constante delimitada, misturando-se com outras e nelas se explicando. Se a relação interpessoal — versão definitiva do encontro — gerou toda a terapia moreniana (psicodrama, sociodrama, psicoterapia de grupos e sociometria), através de minuciosa análise podemos observar que não se mantém a finalidade do encontro: promover a amizade e, na psicoterapia, curar o indivíduo *por meio* da cooperação entre os homens e integrar a pessoa na sociedade. A terapia pela interação não seria um fim senão um meio. E, como meio, o encontro será tratado quando falarmos das técnicas terapêuticas morenianas. Logicamente, seu lugar não é o de uma constante.

Também excluímos da noção de constante um conceito permanente da teoria de Moreno: *a fobia às conservas culturais*. Há conceitos positivos, impregnados de força e os há que surgem por contraposição a outros mais potentes. A falta de uma lógica justificativa não se faz sentir: fossilizar a vida é querer aprisionar o instante criador ou a elementaridade do que nasce, para que não se vá. Substancialmente, conservar é um conceito contrário ao surpreender a genuinidade. Donde fica excluído pelo contraste com as constantes expostas, permanecendo no claro-escuro da espontaneidade e da criatividade.

Duas constantes, "filosofia do momento" e "atitude científica", polarizam a curva evolutiva do pensamento e da terapia morenianas, e talvez dos seus extremos surja o antagonismo inerente à psicoterapia de Jacob Lévy Moreno, antagonismo que, se introduz a contradição, também a salva da quantificação fria.

A idéia mais profunda e o rigor experimental mais mecânico nos vão explicar exaustivamente teorias e técnicas, nos capítulos posteriores.

Notas

1. G. Allport, *La personalidad, su configuración y desarrollo*, Herder, Barcelona, 1966, 238.
2. J. y M.A. Pundik, *Introducción al psicodrama y a las nuevas experiencias grupales*, Paidós, Buenos Aires, 1974, 17.
3. *Psicodrama*, Hormé, Buenos Aires, 1972, 153-154.
4. *Ibid.*, 154.
5. *Fundamentos de la sociometría*, Paidós, Buenos Aires, 1972.
6. *Psicodrama*, 332.
7. *Psicomúsica y sociodrama*, Hormé, Buenos Aires, 1965, 220.
8. *Psicoterapia de grupo y psicodrama*, F.C.E., México, 1966, 96. "A espontaneidade é o homem em ação, o homem lançado à ação, um momento que não é parte da história, mas a história como parte do momento": *Sociometry and science of man*, Beacon House Inc., New York, 1958, 60.
9. *Las bases de la psicoterapia*, Hormé, Buenos Aires, 1972, 359.
10. J. Nehnevajsa, citado em *Las bases de la psicoterapia*, 350.
11. *Psicodrama*, 309; *Psicomúsica*, 52, nota 3.
12. *Ibid.*, 152.
13. *Las bases de la psicoterapia*, 359-360.
14. *Psicodrama*, 152.
15. *Ibid.*, 53.
16. *Ibid.*, 109.
17. *Ibid.*, 77.
18. *Ibid.*, 72.
19. *Foundations of sociometry* traduzido em *Psicodrama*, 95: "Toda coisa ou idéia tem um lugar, um *locus* que lhe é mais adequado e apropriado, em que tem a expressão mais perfeita e mais ideal de seu significado."
20. *Ibid.*, 54.
21. *Ibid.*, 95.
22. *Ibid.*, 71.
23. *Ibid.*, 75.
24. *Ibid.*, 71.
25. *Ibid.*, 59.
26. *Psicoterapia de grupo y psicodrama*, 72.
27. *Ibid.*, 24.
28. *Psicodrama*, 97.
29. *Las bases de la psicoterapia*, 227-228.
30. *Ibid.*, 227.
31. *Psicoterapia de grupo y psicodrama*, 155.
32. *Ibid.*, 152-153. "Porém no pensamento moderno apareceu uma corrente em que este problema do existencialismo foi previsto e tratado: é a socio-

metria e, especialmente, através de seu método psicodramático": *Las bases de la psicoterapia*, 341.

33. *Ibid.*, 142.
34. *Fundamentos de la sociometría*, 35.
35. *Psicodrama*, 13.
36. *Fundamentos de la sociometría*, 25.
37. *Ibid.*, 95.
38. *ibid.*, 89.
39. *Psicoterapia de grupo y psicodrama*, 109. "Outra transformação radical da sessão individual consiste no *modo direto e imediato da interação no grupo, que tem todas as qualidades de uma prova de realidade*": *Ibid.*, 28.
40. *Ibid.*, 83.
41. *Ibid.*, 82.
42. *Psicodrama*, 332. O psicodrama define o drama como uma extensão da vida e não como sua imitação: *Ibid.*, 319.
43. *Fundamentos de la sociometría*, 78.
44. *Psicoterapia de grupo y psicodrama*, 117.
45. *Fundamentos de la sociometría*, 76.
46. *Ibid.*, 75.
47. *Psicoterapia de grupo y psicodrama*, 370.
48. *Ibid.*, 154.
49. *Fundamentos de la sociometría*, 226.
50. *Psicodrama*, 309.
51. *Psicomúsica y sociodrama*, 13.
52. Para uma ampliação de citações referentes ao tema, cf. A.A. Schützenberger, *Diccionario de técnicas de grupo*, Sígueme, Salamanca, 1974.
53. *Psicodrama*, 331.
54. *Psicoterapia de grupo y psicodrama*, 38.
55. *Psicodrama*, VIII.
56. *Fundamentos de la sociometría*, 211.
57. *Ibid.*, 204.
58. *Ibid.*, 153.
59. *Psicoterapia de grupo y psicodrama*, 105.
60. *Las bases de la psicoterapia*, 17.
61. *Psicodrama*, 124-125.
62. Cf. B. Mailhiot, *Dinámica y género de grupos*, Marova, Madrid, 1973.
63. A.A. Schützenberger, intencionalmente nos faz esta cronologia: "1935, Lewin e seus alunos se conhecem na casa de Moreno; 1936, Moreno e Helen Jennings: *Advances in sociometric technics*, num clima autoritário ou democrático: sociometric control studies of grouping and regrouping, with reference to authoritative and democratic methods of grouping": *Introducción al psicodrama*, 183.
64. *Fundamentos de la sociometría*, 25
65. *Psicodrama*, 86-87.
66. *Psicoterapia de grupo y psicodrama*, 123.
67. *Fundamentos de la sociometría*, 83.
68. *Psicoterapia de grupo y psicodrama*, 100.
69. *Las bases de la psicoterapia*, 15.

70. *Ibid.*, 32.
71. *Ibid.*, 59. Neste sentido argumenta, por exemplo, Alexander.
72. *Ibid.*, 151.
73. *Fundamentos de la sociometría*, 65-66.
74. *Las bases de la psicoterapia*, 342-343.
75. *Fundamentos de la sociometría*, 65. "Meu livro sobre a investigação da espontaneidade, imprimiu uma mudança nos principais problemas relativos a nossos conceitos psicológicos e sociológicos": *Psicodrama*, 330.
76. *Fundamentos de la sociometría*, 228.
77. *Psicodrama*, 346-347.
78. "Nossa explicação da amnésia se baseia no processo de aquecimento para o ato espontâneo. Centenas de testes de espontaneidade, com pessoas de todas as idades, demonstraram que, para que o sujeito possa recordar posteriormente o que aconteceu durante o ato, deve registrar os acontecimentos na medida em que se desenvolve o processo de aquecimento para o próprio ato. Certa parte de seu ego se deve separar, na qualidade de observador participante *interno*, e registrar os fatos... A conclusão é que em tais casos, quando o sujeito nada se lembra, nem dos atos nem do que aconteceu a seu redor, esse observador participante interno não apareceu. Não se constituiu porque todas as partes do sujeito estavam incluídas no ato": *Psicodrama*, 106.
79. *Ibid.*, 146.
80. *Las bases de la psicoterapia*, 334.
81. *Fundamentos de la sociometría*, 433.
82. *Psicoterapia de grupo y psicodrama*, 153.
83. *Fundamentos de la sociometría*, 248.
84. *Psicoterapia de grupo y psicodrama*, 51.
85. *Psicoterapia de grupo y psicodrama*, 281.
86. *Ibid.*, 219.

II
Antropologia Psicológica
de Jacob Lévy Moreno

4
Espontaneidade e Criatividade

1. *Primazia da espontaneidade*

Estruturar o pensamento antropológico de um autor é buscar sua explicação do próprio homem e, quando esse autor é terapeuta, é buscar também sua explicação da doença e da saúde psíquica do indivíduo. Embora a dissecação da conduta do individual não seja possível, metodologicamente nos vemos obrigados a manter um jogo entre conceitos que se implicam e não se sucedem e que devem ser expostos progressivamente.

Dois eixos polarizam a teoria de Moreno relativa à pessoa humana: a *espontaneidade* em sua dimensão individual, e o *fator tele* em sua projeção social. Ambos se conjugam no *eu tangível*, o que fundamenta sua teoria do *papel*.

O conceito de espontaneidade é de tamanha projeção teórica e terapêutica na psicologia moreniana, que nos sentimos induzidos a aceitá-lo como sendo o núcleo de sua antropologia, muito embora, com essa atitude, corramos o risco de nos tornarmos unilaterais; a noção de tele, a teoria de grupo e a técnica psicodramática também reclamam compartilhar dessa primazia. Apesar do risco, continuamos pensando na espontaneidade como núcleo central da antropologia de Moreno.

As provas de nossa justificada insistência, indo das mais externas às mais fundamentais, começariam pela freqüência material desse conceito em todas as suas obras e em quase todas as suas páginas. A leitura da obra de Moreno tornar-se-ia impossível, se ignorássemos a importância da espontaneidade, e suas idéias se tornam claras e nítidas quando a aceitamos. Inclusive, Moreno às vezes lhe concede a primazia, nas ciências:

A espontaneidade tornou-se um valor biológico tanto quanto social. Hoje, ela é um marco de referência para o homem de ciência, assim

119

como para o político, para o artista e para o educador. Se assim for, também será marco de referência para o teólogo. Uma teologia da Divindade não pode iniciar-se sem o conceito de espontaneidade como primeiro princípio[1].

Ressalvando nossa responsabilidade, poderíamos multiplicar indefinidamente as palavras de Moreno, afirmando que a espontaneidade é a lei última, não só no âmbito psicológico, mas também no cosmológico: possui os atributos de um pequeno deus residente em cada psiquismo humano, pois é a primeira a existir[2]. Sem que ela exista, nada cresce na terra fecunda do humano[3]. Seu concurso é inerente a toda e qualquer ação:

> A espontaneidade e sua liberação atuam em todos os planos das relações humanas, quer seja comer, passear, dormir, ter relações sexuais, ou relacionar-se socialmente; manifestam-se na criação artística, na vida religiosa e no ascetismo[4].

A psicoterapia grupal o é, se os seus membros dela participam livres de entraves; o importante é a livre participação[5]. A sociometria só merece fé quando os eleitores manifestam espontaneamente suas preferências[6]. E torna-se supérfluo provar a necessidade da espontaneidade no psicodrama, se nos lembramos que este nasceu do "teatro da espontaneidade"[7].

A importância da espontaneidade nas técnicas terapêuticas determina que em todas elas sejam usadas, inicialmente, exercícios físicos ou mentais para desencadear o que, por enquanto, chamaremos de esta "força". Esses exercícios têm por finalidade mover a pessoa a agir espontaneamente sem preconceitos nem amarras. Se Moreno lhe concede tal valor terapêutico, preciso é demonstrar que a doença tem suas raízes na falta de espontaneidade e que a função da terapia é devolvê-la ao paciente. Cumpridos estes requisitos, ficaremos plenamente convencidos de que nossa afirmação de valor absoluto da espontaneidade não é uma afirmação gratuita, porém solidamente fundamentada. Que a enfermidade psíquica está ligada à falta de espontaneidade, o confirmam palavras como estas: "Uma grande parte da sócio e da psicopatologia humana pode ser atribuída a um desenvolvimento insuficiente da espontaneidade."[8]

E encontrada a causa do adoecimento, surgem duas possibilidades de tratamento terapêutico: uma, corretiva, se a doença já apareceu e para que Moreno criou técnicas terapêuticas, todas elas vinculadas à manifestação e ao desencadeamento da espontaneidade. A outra possibilidade é a medicina preventiva, que justifica a infinidade de páginas que Moreno dedica à educação da espontaneidade.

Conceito, limites e conteúdo

Este conceito básico e até o momento indefinido quanto ao seu conteúdo e limites, tem para Moreno, uma dupla dimensão: cósmica ou filosófica e operativa psicoterapêutica. No sentido cosmológico, a espontaneidade se opõe à energia física que se conserva; no sentido psicológico, desenvolve no homem um estado de perpétua originalidade e de adequação pessoal, vital e existencial à circunstância que lhe compete viver. Se em sua dimensão filosófica a espontaneidade é a explicação da constante criatividade no mundo, na dimensão individual ela pressupõe uma concepção do homem como gênio em potencial. A dimensão cosmológica encontra-se subjacente a todo julgamento posterior:

> São dois métodos pelos quais se pode demonstrar a existência do fator *e*. O método *negativo*, que por análise lógica ou intuitiva, demonstra que as leis da natureza não são absolutas, mas produto da evolução; conclui-se, por inferência, que deve existir um fator como a espontaneidade, não limitado por estas leis[9].

Esta afirmação nos oferece o contexto exigido pela definição cosmológica da espontaneidade. Se o mundo está em constante *evolução* e não simplesmente em *transformação*, deve existir, digamos, uma força que explique esta evolução. Moreno fala da evolução do mundo, como de um fato consumado e para ele palpável, dispensando qualquer demonstração. É um axioma muito discutível, embora como axioma, seja um juízo de verdade ou de falsidade de uma doutrina. Possivelmente a sua convicção provém da assimilação do *élan vital* bergsoniano. De fato, aqui se apóiam os seus comentaristas para atribuírem a Bergson a ascendência imediata das suas teorias. Sem dúvida, pelo que sabemos sobre Moreno, não seria necessário recorrer a Bergson para encontrar as raízes deste pensamento. Mais próxima e mais personalizada é a teoria hassidista da constante criatividade divina: "O universo é uma criatividade infinita"[10].

É contraditório admitir a criação infinita no mundo e aceitar ao mesmo tempo que este mundo seja regido pela lei da conservação da energia, o que significa um mundo fechado, determinista, onde pode haver transformação, porém onde não há lugar para a criação.

Para salvar esta contradição, Moreno assim configura a espontaneidade:

> Mas, o que é a espontaneidade? É uma forma de energia? Se é energia e, se a idéia de espontaneidade não é contraditória, deve-se admitir que não esteja submetida à *lei da conservação*[11].

Este é mais um dos muitos erros cometidos por Freud. Quase afirmávamos que um dos motivos que levaram Moreno a negar a espontaneidade como energia conservável, foi continuar a opor-se decididamente a Freud. Porém, achamos que nele, o aspecto positivo, é mais importante, ou seja, é mais importante defender um mundo criador[12]. A concepção prévia de um mundo aberto é condição para que exista a espontaneidade: "um universo em que continuamente é possível certo grau de novidade — e é este, aparentemente, o tipo de universo em que surgiu a consciência humana — é condição favorável para que apareça e se desenvolva o *fator e*[13].

Mas, se for assim, podemos imediatamente objetar: o mundo está aí, está feito e se a força que o causou foi a espontaneidade, esta conservou-se no que o mundo é, como objeto, diante de nós. Logo, apesar do que diga Moreno, a espontaneidade deve ser entendida como energia que se conserva e que se transforma. E esta objeção, não só podemos deduzi-la logicamente das afirmações anteriores de Moreno como podemos captá-la em suas próprias obras.

> Deveria ter o cuidado de não produzir menos que a quantia precisa de espontaneidade necessária, pois se isto acontecesse seria necessário um "reservatório" do qual extraí-la; igualmente deverá cuidar-se de não produzir mais do que a situação requer, pois o excedente poderia induzi-lo a armazená-la, a estabelecer um depósito, conservando-a para futuras tarefas como se fora energia[14].

Não é difícil deduzir que a espontaneidade se acumula, posto que constitui um depósito; este depósito são as conservas culturais, o maior inimigo da espontaneidade; estas conservas culturais se *originam* precisamente da própria espontaneidade: é a energia transformada em conserva.

Realmente, entrevemos uma contradição neste conceito tão fundamental. Se a espontaneidade certamente se deposita, se fica acumulada como uma mercadoria e se converte em algo que permanece, o que será a espontaneidade senão a energia com todas as qualidades que lhe foram anteriormente negadas?

E por indicação do próprio Moreno, vamos compará-la também à libido freudiana. Nosso autor se opõe à libido, enquanto mundo fechado em que a única dinâmica possível é a sublimação, dando a parecer que se produz algo de novo. Opõe-se decididamente à sublimação e apesar disso, de que outro modo podemos chamar esta criação das conservas, originada pela espontaneidade?

Quando Moreno trata da criação das obras de arte — plásticas, dramáticas ou musicais — as atribui a um ato criador que é mais sublime do que a obra terminada, porque a gestação surge de um momento de espontaneidade. Porém, desta espontaneidade gestante, não brota a obra de arte terminada? E não é a isto que Freud chama de sublimação, no mesmo setor da criação artística?

Nosso espanto aumenta diante de novas contradições aparentes, por exemplo, quando Moreno diz que nem todos os indivíduos têm a mesma quantidade de espontaneidade. Então a espontaneidade é tão quantificável quanto a energia?[15] Chegamos à mesma conclusão quando analisamos suas palavras, dizendo que há *mais* ou *menos* espontaneidade no decorrer da vida; parece-nos uma energia que se vai gastando à medida que passam os anos, assim como se gasta a força de um motor ao passar o tempo de seus serviços.

A contradição aparece e, não obstante, temos que pensar que o nosso autor dedicou muitas horas de sua vida à reflexão sobre a espontaneidade, que em todos os tratados sobre a mesma ele mantém estas afirmações aparentemente contraditórias e que, tendo consciência, dessas contradições, não foi capaz de erradicá-las. Inclusive, são estas aparentes contradições que o obrigam a caracterizar o conceito de espontaneidade como energia não conservável.

Para Moreno, existem duas classes de energia ou de espontaneidade: a que se conserva e a que não permanece, que se gasta e desaparece no momento de existir:

> Fiz a pergunta: o que é a espontaneidade? Reduz-se à energia? Se se reduz a energia, esta já não obedece ao princípio de conservação, visto que, se o obedecesse, a noção de espontaneidade perderia toda consistência. Somos obrigados a distinguir duas classes de energia, uma regida pelo princípio de conservação e outra que o escapa. A primeira forma de energia se conserva de diferentes maneiras: existem moldes congelados "conservas culturais", que se podem reter mas que também podem gastar-se à vontade... Mas há outra forma de energia que, apesar de sua quantidade poder ser medida, não pode ser conservada, deslocada ou transformada, porém que emerge e se gasta de uma vez; deve emergir para ser gasta e deve ser gasta para dar lugar a outro impulso de energia. É como a vida desses animais que nascem e morrem no mesmo dia, unicamente para perpetuar-se[16].

Se o aceitamos, temos que desprezar suas outras palavras, transcritas anteriormente, em que afirmava que as conservas culturais se originam da espontaneidade, do excesso de espontaneidade. E desprezaremos também sua explicação sobre as obras de arte terminadas. Apesar de seus esforços, Moreno não chega a esclarecer esta aporia. Ajustando os termos, nos obrigamos a admitir que o fato da espontaneidade se transformar em energia, só indica uma coisa: que se transforma. De modo algum podemos deduzir que seja limitada, que não possa originar-se nova espontaneidade que, por sua vez, se transforme ou se conserve. Se o que interessa a Moreno, em definitivo, é deixar uma porta aberta ao novo e à criatividade, isto ficará perfeitamente salvo, admitamos ou não a transformação ou a conservação da espontaneidade. O importante é manter um mundo aberto.

Sua intenção é compreensível e o preocupou durante toda sua vida: é preciso evitar a criação de excessivas conservas culturais, que sufocam a espontaneidade e a capacidade criadora do homem. Por que empenhar-se em ter a vida resolvida, tendo, de antemão, para cada problema, a solução buscada? Esta postura não aniquila o enfrentamento pessoal e original com a realidade? As conservas transformam o homem em robô previamente programado. As conservas surgem da ansiedade do homem, querendo ter assegurada a sua resposta diante do desconhecido. Talvez esse esforço que Moreno exige do homem, constitua um excessivo risco, porém ele será sempre mais pessoal, por ser exclusivamente de si própria, aqui e agora, e não uma apropriação alheia.

Voltemos sobre nossos passos e retomemos a idéia de salvar o mundo e o homem criador. Moreno dizia que o excesso de espontaneidade produz as conservas, só evitáveis se, em cada situação concreta, o homem desencadear apenas a quantidade de energia necessária. As conservas sufocam a espontaneidade e este esgotamento da espontaneidade produz a doença psíquica.

Por outra parte — tratamos de desenredar aparências — a quantificação da espontaneidade só é possível se, como veremos em seguida, referir-se a uma simples disposição. Não há inconvenientes em admitir que se possa medi-la, assim como se pode medir a disposição receptiva de um vaso, o que não implica que o vaso esteja sempre cheio ou vazio, ou, menos cheio de um ou outro conteúdo. O conteúdo dependerá daquilo para que se o utilize, *no momento presente* em que é utilizado. Logo, o fato de ser mensurável não implica que se trate de uma quantidade acumulada ou conservada. Agora torna-se aceitável a negação de que o homem possua uma quantidade de energia:

> O indivíduo não possui um depósito de espontaneidade se por isto entendemos uma quantidade ou um dado volume. A espontaneidade apresenta toda uma série de graus, indo de zero a um máximo, segundo os quais pode estar mais ou menos rapidamente disponível para o indivíduo em quem atua como catalisador[17].

Objetávamos também que a espontaneidade se gasta ao longo da vida. O que aliás nada tem a ver diretamente com a noção de espontaneidade como *não* energia. Pois como vimos anteriormente que, se não existe quantidade, não pode gastar-se. E ainda que se converta em conserva, se a espontaneidade não existir no mundo nem no indivíduo como quantidade fixa, sendo engendrável a cada instante e para cada circunstância, nunca poderá esgotar-se. Outro aspecto a considerar é que, na medida em que desabrocha sua inteligência e sobretudo sua memória, a criança aprende modos de conduta estandartizados e aprende a manejar as conservas culturais; assim o mundo deixa de parecer-lhe uma novidade — condição indispensável para a criação da espontaneidade no homem — e por isso utilizará menos sua espontaneidade. A espontaneidade não diminui com a idade, mas acontece que a freqüência do uso das conservas culturais aumenta. A espontaneidade em si é inesgotável pelo fato de criar-se no instante, para cada circunstância. É função da terapia, tal como a concebe Moreno, evitar que as conservas culturais sufoquem a espontaneidade.

Ao fazer da espontaneidade o eixo de sua teoria e de sua terapia, nosso autor pressupunha que o mundo deve estar aberto à criatividade constante e que o homem deve ser um criador, um gênio. Todo aquele que se oponha a esses dois princípios, será anátema para o judeu Jacob Lévy Moreno.

Feitos estes esclarecimentos, necessários por dois motivos — porque delimitam a definição de espontaneidade como não energia e para não fazer Moreno dizer o que ele realmente não disse, livrando-o de objeções que partem de uma falsa concepção do tema — se impõe um posicionamento interrogativo: se a espontaneidade não é uma energia, à semelhança da libido freudiana, o que será então? Moreno faz uma observação à margem desse conceito, salientando sua aparição no momento necessário e seu emprego nesse próprio ato, para não impedir que em outro momento, se produza um novo ato espontâneo. E ele se autoquestiona: por que toda energia deve produzir algo? e, principalmente: porque a energia psíquica tem que ser compreendida à maneira da energia física? Se são distintas, o fato de a energia física conservar-se não implica a conservação da energia psíquica nem sua transformação por um processo de sublimação.

Em novas abordagens Moreno explica a espontaneidade como um *catalisador* que age como *intermediário* e desencadeia a criatividade que, por sua vez, produz as conservas culturais. Consideramos positiva esta qualificação da função da espontaneidade, que levará Moreno à explicação definitiva do que ele entende por espontaneidade. Um catalisador atua acelerando as reações químicas, sem perder a integridade de sua constituição e separando-se do produto ou reação resultantes. É claro que, como toda comparação entre físico e psíquico, esta não pode ser total: o catalisador é uma substância enquanto a espontaneidade se dá no momento presente e depois desaparece. A comparação é válida apenas com relação a sua função *mediadora*. Moreno reforça a validez da imagem:

> A espontaneidade é o catalisador. A criatividade é o X elementar sem compreensão específica, o X que se reconhece por seus atos. Para entrar em ação, necessita de um catalisador — a espontaneidade — como a Bela Adormecida precisou do Príncipe Encantado para sair de seu sono.

A manifestação operacional da interação entre a espontaneidade e a criatividade é o processo de *warming up*, de liberação da espontaneidade. Pelo que sabemos, os únicos produtos destas interações são os modelos cristalizados da cultura[18].

Num processo inverso, concluiríamos: o que observamos é o novo produto acabado, resultante de uma capacidade criadora que impulsiona a evolução e constante transformação que se dá no mundo. Esta força criadora é ativada pela espontaneidade, que por sua vez se põem em movimento pelo pré-aquecimento ou *warming up*. Portanto, a espontaneidade não é mais que um simples *desencadeante*, um *intermediário* ou *catalisador*, que explica o produto acabado porém que não se transforma absolutamente nele.

A postura de Moreno ao desdobrar a energia, é conciliadora. Necessita supor uma energia que se gasta a cada ato criador e não pode ignorar a existência de conservas culturais, que justifica como excesso de espontaneidade. Todos esses termos, sem esgotar seu conteúdo, se mantêm no limiar de um equilíbrio harmônico, de expressar e não expressar o que filosoficamente contêm. Às vezes, quando as palavras não conseguem delimitar, a sinopse gráfica torna-se expressiva e sem risco. À guisa de síntese e de esforço para esclarecer o interjogo, Moreno apresenta, graficamente sua idéia dinâmica da espontaneidade em sua dimensão cosmológica.

ESPONTANEIDADE — CRIATIVIDADE — MODELO FIXO[19]

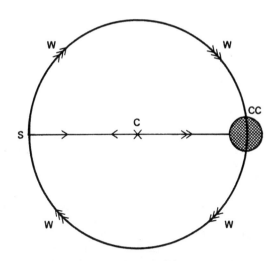

CAMPO DAS OPERAÇÕES CIRCULARES QUE SE
DESENVOLVEM ENTRE A ESPONTANEIDADE, A CRIATIVIDADE
E O MODELO CULTURAL (S — C — CC)

S: Espontaneidade; C: Criatividade; CC: modelo fixo (Cultural ou outro) por exemplo, de "tipo" biológico — quer dizer, um organismo animal —, ou "modelo" cultural: um livro, um filme ou uma máquina, por exemplo: máquina de calcular; W: *warming up* ou liberação, é a expressão "operacional" da criatividade. O círculo representa o campo de operações entre S,C e CC.

Operação I: A espontaneidade desperta a criatividade S → C.
Operação II: A criatividade responde à espontaneidade S ← C.
Operação III: Desta interação nasce o "modelo cultural" S →
→ C → CC.
Operação IV: Os modelos fixos (CC) são acumulados assim, indefinidamente, congelados como em uma geladeira; para reencontrar sua eficácia, necessitam revitalizar-se mediante o catalisador espontaneidade CC → → S → → → → CC.

S: não opera no vazio; se encaminha para a criatividade ou então para os modelos consagrados.

A dimensão cosmológica da espontaneidade é muito importante para Moreno embora ele não seja filósofo, nem seja filosófica a intenção principal de sua obra. A importância da noção filosófica está em função de sua aplicação a uma teoria antropológica. Ao defender o conceito metafísico de espontaneidade, Moreno buscava salvar a constante criatividade do mundo. Da mesma forma, ao conceder-lhe tanta importância na terapia, procura salvar o homem criador.

Todo terapeuta é induzido a esta idéia messiânica, pelos próprios pacientes que vão buscar, no médico, sua salvação. Daí as grandes correntes da psicologia profunda estarem tão ligadas ao problema religioso e ao messianismo. Em Moreno, transborda este sentido messiânico.

> Sempre tive a idéia de que o mundo em que nascemos, carregado de destinos, necessita uma *terapia mundial* (todos os meus livros giram em torno disso) e de que, com a *minha própria pessoa* hei de contribuir para criar esta terapia e divulgá-la[20].

As intenções messiânicas de Moreno são percebidas por Didier Anzieu. Depois de expor a contraposição entre Freud e Moreno, vista por Bachelard, que atribui suas divergências às suas diferentes origens sociais e experiências vividas na infância e nos anos de formação, Anzieu diz que Moreno, por haver tratado sempre com gente deserdada, criou uma consciência salvífica da humanidade: "Dali derivam, em Moreno, a apologia do Eu, a identificação com Deus, o otimismo com relação às possibilidades humanas, o messianismo utópico de uma república, de uma harmonia e de uma paz universais"[21].

Esta postura salvífica universal, básica para Moreno, é sob todos os pontos de vista utópica — e até paranóide —, mais influiu no conceito de espontaneidade e nas fortes conseqüências terapêuticas então decorrentes. Neste sentido Anzieu chega a uma engenhosa conclusão: "Às vezes alguém sente a tentação de dizer-se que, a este homem, faltou psicanalisar-se. Sem dúvida, a experiência psicanalítica o teria liberado da síndrome de Deus".[22]

Moreno não ficava alheio a estas críticas e, como bom megalômano do tipo messiânico, argumentava que o cristianismo, em seu começo, não prometia a influência que posteriormente teve; o mesmo aconteceria com suas teorias e técnicas:

> Naturalmente se pode ser cético e perguntar: Pode o mundo em crise esperar que a psicoterapia de grupo alcance o volume necessário para realizar semelhante tarefa? Ao que se poderia responder: poderia alguém imaginar, a cem anos atrás, que o comunismo alcançaria a influência que tem agora?[23]

É o argumento *ad hominem* do paranóico que nos deixa sem contestação explícita e com o nosso ceticismo de fundo.

De qualquer maneira, ao tratarmos do messianismo de Moreno, nosso propósito não é outro senão chegar a avaliar a noção e a importância da espontaneidade como postura terapêutica, embora esta convicção salvífica mereça uma abordagem mais completa. Para Moreno, o mundo está enfermo de criatividade. Os bacilos dos produtos definitivos o estão invadindo e terminarão por deixá-lo definitivamente afetado, senão definitivamente morto: "A coletividade deve ser liberada dos excessos patológicos de sua própria cultura, ou pelo menos, essas influências culturais devem ser controladas."[24]

O perigo está nos robôs culturais que aniquilam a criatividade do homem, e sabemos que esta criatividade é impulsionada pela espontaneidade; logicamente, toda a responsabilidade salvífica e toda a esperança da humanidade reside na espontaneidade criadora, em sua função salvífica universal:

> O homem possui um recurso inerente a seu próprio organismo e à organização da sociedade humana e do qual, até o presente, não fez senão uso precário: sua espontaneidade. Poderia ser que nela se encontrasse a solução do problema e, para levá-la a seu pleno desenvolvimento, é necessário utilizar todos os meios: tecnológicos, psicológicos e eugenísticos[25].

Reduziríamos em grande parte a função terapêutica da espontaneidade se concluíssemos com esta revolução salvífico-criadora da humanidade. Na base da esperança criadora está a concepção do *homem como gênio*, um dos pilares de fé e de operações do pensamento de J.L. Moreno. Muitos gênios em potencial não desenvolvem a energia criadora, durante todo o seu existir... Os gênios consagrados da humanidade são o testemunho dos gênios ocultos e irrealizados:

> A espontaneidade pode ser despertada no indivíduo dotado de poder criador e incitá-lo à ação. Nasceu uma multidão de Miguel Ângelo, porém só um pintou suas obras mestras; houve muitos Beethoven, porém só um compôs suas sinfonias; houve muitos Cristos, entretanto só um chegou a ser Jesus de Nazaré. O que tinham em comum era a criatividade das idéias novas; o que os distinguiu foi a espontaneidade que, nos casos felizes, transformou em ação as aptidões virtuais[26].

Costuma acontecer que certas capacidades e atitudes básicas latentes não se desenvolvem e só um pequeno número delas se atualiza, semelhante ao só mantermos em atividade uma pequena quantidade do sem número de neurônios que existem em nosso cérebro, impedindo assim a realização total de nossa personalidade. O que impede o desenvolvimento do gênio presente em todos nós? A resposta incide no substancial e único mal: as conservas culturais transmitidas pela educação e pelo ambiente. O homem se sente mais seguro utilizando-as que vivendo no desconhecido e à mercê da improvisação. Porém isto lhe custa sua realização pessoal. Busca uma segurança que o empobrece humanamente. E, quase axiomaticamente, Moreno con clui: se a conserva aborta o gênio, a espontaneidade o realiza.

Embora quiséssemos admitir a universalização do pressuposto de que o homem é um gênio em potencial, a experiência empírica e os estudos psicométricos das populações demonstram a existência de diversos graus de imbecilidade. Só uma espontaneidade milagrosa transformaria os imbecis em gênios. Porém, novamente tropeçamos nessa ambigüidade ou vacilação terminológica — freqüente em Moreno — que diz e não diz ou não quer dizer. Ante semelhante objeção, ele se escora e retrocede; pelo menos assim interpretamos suas não dogmáticas e não conclusivas palavras:

> O que a educação da espontaneidade faz por elas, uma vez que não altera sua inteligência formal, é pelo menos levá-las a atuar e parecer melhor orientadas para a vida, mais inspiradas, mais reais, mais sábias. E, embora menos instruídos, certamente mais inteligentes que alguns alunos da escola formal, que têm um quociente intelectual semelhante[27].

Pensávamos que o axioma universal do homem gênio eliminaria a possibilidade de débeis mentais. Porém, quando esperávamos uma defesa explicativa de sua tão reafirmada crença em demiurgos e gênios, encontramos uma paliativa e meramente didática justificação desses não partícipes da genialidade universal.

Esquecendo os frágeis extremismos freqüentes em Moreno e suavizando generalizações, aceitaremos sua missão salvífica dos mais ou menos gênios criadores. Sua terapia espontânea pretende que o homem indivíduo, e a humanidade sociedade, se enfrentem com a vida e a história de maneira original e pessoal, como se cada momento fosse inédito e pedisse uma resposta improvisada. Como se as soluções prontas e pré-fabricadas obstruíssem o progresso social e a realização dos indivíduos. Esta possibilidade de um comportamento espontâneo responde à *noção operacional* da espontaneidade, que considerávamos mais pragmática e mais fundamentada que sua noção cósmica ou filosófica. Sendo uma definição operacional deve cingir-se à observação de suas manifestações externas e ser diretamente inferida da conduta humana, como qualquer outra manifestação psíquica: "A espontaneidade, como a inteligência ou a memória, pertencem a uma ciência do comportamento e somente aí podem ser observadas e medidas diretamente."[28]

Em suas obras Moreno repete definições operativas da espontaneidade, porém nunca tão concisas e tão completas como esta: "Espontaneidade (do latim, *sua sponte*: desde dentro) é a resposta adequada a uma situação nova ou a nova resposta a uma situação antiga."[29]

Sendo concisa, nada pode ser eliminado; sendo completa, tudo inclui. E certamente, *adequação* e *novidade* são aspectos integrantes e não excludentes do ato espontâneo:

130

A novidade da conduta não é, de fato, uma prova de espontaneidade assim como a adequação da conduta não a testemunha. A novidade, no comportamento psicótico, por exemplo, pode atingir um grau total de incoerência, ficando o protagonista incapaz de resolver um problema concreto, como seja, cortar um pedaço de pão. Em tais casos falamos de espontaneidade patológica. Por outra parte a adequação da conduta pode a tal ponto carecer de elementos novos que o comportamento do paciente se torna rígido e automático, convertendo-se em conserva cultural[30].

É a conjunção do novo com o adequado, o que integra o conceito de espontaneidade. Talvez a luta contra a conserva nos haja induzido falsamente a pensar numa total originalidade, alheia a toda manifestação cultural. Este limite é tão falso como o da servil dependência da cultura. Seria, além de inadequado, absurdo e traumatizante, tentarmos o desenraizamento absoluto do ambiente sócio-cultural a que pertencemos. Nem Moreno, em sua tendência aos extremos, havia intuído um comportamento espontâneo totalmente erradicado e absolutamente novo. A luta contra as conservas chega ao ponto de defender a liberdade de pensar e de agir, mas nunca ao de anular a vinculação com a cultura.

Se o homem-gênio não aproveitasse as criações culturais como base de sua criação espontânea individual, nunca passaria do naniquismo, pois teria sempre que partir do zero e a vida é pouca para superar a média individual alcançada. Se, apoiando-se nos resultados dos outros, dá um passo a mais, esse passo é uma atuação espontânea criadora.

Moreno aproveitou o drama, inclusive a revolução dramática de Stanislavski, como base para o seu teatro espontâneo e depois, para o seu teatro terapêutico. O drama, sendo uma conserva cultural, não chegou a escravizar a novidade do seu psicodrama, que foi uma "resposta nova a uma situação antiga".

Insistimos que no interjogo adequação-criação fundamenta-se o conceito de espontaneidade e a eliminação das conservas. Uma sociedade criadora não é uma sociedade pré-civilizada ou troglodita, que foi criadora em seu momento e que não o seria hoje[31]. O importante não é a materialidade da situação primitiva, porém o confronto antigo ou atual com situações novas que requeiram soluções também novas. Não se trata pois de imitar mas de atualizar o modo, a resposta criadora, para sobreviver.

Extremismo igualmente vicioso e falso seria interpretar a espontaneidade como instinto sem freio, como atuação sem norma e sem lei ou como anarquismo psicológico. A espontaneidade assim concebida não é, em absoluto, moreniana, mas uma deformação cultural condenável e patológica. Contra esta definição instintiva que manifesta atuação incontrolada, Moreno recorre à definição nominal da espontaneidade, *sua sponte*, que supõe a presença do ato voluntário que domina o instintivo[32].

E neste sentido, ouçamos A.A. Schützenberger:

> Espontaneidade não é fazer qualquer coisa em qualquer momento, em qualquer lugar, de qualquer maneira e com qualquer pessoa, o que seria uma espontaneidade patológica. Em psicodrama, ser espontâneo é *fazer o oportuno no momento necessário*. *É a resposta boa a uma situação geralmente nova, e por isto mesmo difícil*. Deve ser uma resposta pessoal, integrada, e não uma repetição ou uma citação inerte, separada de sua origem e de seu contexto[33].

Pela mesma razão que Moreno nega a identificação do instinto com a espontaneidade, nega também sua identificação com o mero acaso:

> Porém a não repetição dos fatos em si, isto é, a contínua novidade dos acontecimentos, não é uma prova estrita de que a espontaneidade está operando. O caráter de permanente mudança dos acontecimentos pode ser o resultado do simples acaso[34].

Porque a espontaneidade é fundamentalmente *adequação* a uma ordem estabelecida, mas não por submissão automática imitativa, Moreno chega a afirmar, inclusive que a espontaneidade está ligada ao desempenho de papéis, que são normas transmitidas mas que exigem ser criativamente apropriados pelo indivíduo. A contradição surge novamente, ao tentarmos conjugar a fobia moreniana com relação às conservas culturais com a adequação como elemento integrante da espontaneidade e com o acercamento terapêutico do paciente à realidade (adequação social, enfim).

A dúvida gerada pela indefinição de atitude de Moreno não é nossa; Nehnevajsa chega a transformá-la em objeção à espontaneidade:

> Confio que Moreno aprofundará ainda mais este ponto e esclarecerá em que medida isto promove, de preferência, a espontaneidade e não a adaptação às normas; em que medida mais prepara o advento do mundo *tal como queremos que seja*, do que consolida o mundo tal como é. Se a adaptação é desejável, não o é a espontaneidade. E se o desejável é a espontaneidade (e creio que é este o caso), a liberdade do homem, a capacidade de imaginação e a criatividade terão preferência com relação à adaptação[35].

E não há dúvida de que Moreno não precisa deter-se neste problema, pois não existe contradição real entre norma, ordem social, adaptação e espontaneidade. A solução está na aceitação pessoal e original da ordem estabelecida. Se para Nehnevajsa não há porque se acomodar ao mundo tal como é, e a espontaneidade deve buscar transformá-lo, fazendo-o passar de como é a como desejaríamos que fosse, ele faz bem em ter essa personalíssima opinião, porém, não faz tão bem em projetá-la como crítica objetiva à espontaneidade segundo Moreno.

Na hora da verdade, Moreno é muito mais objetivo e realista que outras utopias perfeccionistas que circulam pelo mundo. Porém, não cai no conformismo: defende *a novidade, a originalidade* como essência do gênio criador. Criar é improvisar sobre o nada ou sobre situações já existentes. Num caso não há pressupostos básicos; no outro, é dada uma visão nova ao já criado. Com sua definição operacional de espontaneidade, Moreno deixa possibilidade para que a improvisação genial surja pelos dois caminhos: dando uma resposta nova a uma situação nova ou dando uma resposta nova à situação circundante em que vive.

Moreno tem consciência da aparente incongruência entre espontaneidade e adaptação:

> A espontaneidade e a conserva cultural são fenômenos tangíveis e observáveis na experiência humana. São conceitos correlacionados; um é função do outro. Não se pode atingir nem a espontaneidade absoluta nem a conserva absoluta[36].

A.A. Schützenberger também assim compreendeu a espontaneidade: "é a melhor adaptação a uma realidade que se aprende a perceber de maneira mais completa, diz Moreno. Essa definição abrange, de fato a da inteligência e a da adaptação"[37]. É a isto que em Moreno, chamamos de tendência ao equilíbrio, e que no momento nos conformamos assinalando-a como tendência terapêutica.

Pelo confronto com alguns conceitos paralelos, feito pelo próprio Moreno, talvez fique esclarecido o sentido operacional da espontaneidade. Paralela e próxima seria a noção de liberdade e, por isso mesmo próxima, a noção de não delimitação. Porém Moreno é bem explícito, afirmando que a espontaneidade não é a liberdade e que o fator *e* é condição prévia para que o homem possa ser livre. É fácil de entender que, se o homem em vez de agir guiado pela espontaneidade o fosse pelo instinto, pelo acaso ou pelo determinismo, não poderia jamais realizar um ato livre. E não poderia realizar esse ato livre nem segundo a definição tomista de liberdade, no sentido de eleição, de escolha, nem no sentido escotista, devendo então conciliar ato necessário e liberdade.

> A espontaneidade é uma disposição do sujeito a responder tal como é requerido. É uma condição — um condicionamento — do sujeito; uma preparação do sujeito para uma ação livre. Donde não se pode alcançar a liberdade mediante um ato de vontade. Ela surge gradualmente, como resultado da educação da espontaneidade. Por conseguinte parece certo que, por meio da educação da espontaneidade, o sujeito se torna relati-

vamente mais livre das conservas — passadas ou futuras — do que era antes; isto demonstra o valor biológico da espontaneidade, assim como seu valor social[38].

E nos ocorre a distinção feita por Erich Fromm entre liberdade *de* e liberdade *para*. O menos importante é a liberdade de travas, de normas, de costumes ou de hábitos individuais ou culturais. A liberdade que realmente importa desenvolver, segundo esse autor neopsicanalista, é a liberdade *para*, a liberdade construtiva que ajuda a reformar o mundo, cooperando socialmente com os outros seres humanos.

Quem pense que a espontaneidade, para Moreno, é equivalente ao que Fromm define como liberdade *de* (conservas culturais), esquece a circunstância ambiental que levou nosso autor ao encontro com a espontaneidade. O encontro moreniano é a sociatria ou salvação do mundo e o possibilitar, no homem, a atualização de sua criatividade. Estará esquecendo também a origem de toda a teoria terapêutica moreniana: o hassidismo, que defende a contínua evolução do mundo. Esquece ainda que a espontaneidade está inseparavelmente unida ao conceito de criatividade. Diríamos, está esquecendo a essência de Moreno.

Sua concepção da espontaneidade é basicamente positiva e não se limita ao libertar-se de conservas culturais, embora esta libertação seja previamente requerida para uma realização construtiva. Também a espontaneidade não é emoção, sentimento ou ação, embora que do contraste comparativo com estes conceitos, o conceito da espontaneidade resulte mais expressamente demarcado:

> Torna-se claro pois que o fator (espontaneidade) que permite ao sujeito aquecer-se para tais estados, não é, em si mesmo, um sentimento ou uma emoção, um pensamento ou um ato que se associa a uma cadeia de improvisações na medida em que transcorre o processo de aquecimento. A espontaneidade é uma disposição do sujeito a responder tal como é requerido. É uma condição — um condicionamento — do sujeito, uma preparação do sujeito para a ação livre[39].

A aproximação, em Moreno, é sempre privativa: não é emoção, nem ato, nem pensamento, nem memória, nem inteligência, nem gene, nem libido. É algo anterior a tudo isso e que predispõe. E Moreno nos dá uma definição parecida à da matéria-prima aristotélica, porém no campo psicológico. Assim como nenhuma forma pode existir se não informando uma matéria-prima, assim também nada de psíquico pode existir se previamente não existe a espontaneidade. Voltamos pois, às mesmas frases e idéias que expúnhamos ao tratarmos da noção de espontaneidade sob o ponto de vista filosófico; é condicionante, desencadeante ou catalisador.

134

Existe um conceito que em certo momento, Moreno chega a identificar com o da espontaneidade: é o conceito da improvisação. "Improvisação (*impromptu*) e espontaneidade são termos sinônimos e aqui se os utilizam intercambialmente."[40] "Aqui", é em sua obra *Das Stegreiftheater*; e não o repete mais, posteriormente, quando aperfeiçoa e matiza o conceito de espontaneidade. Também achamos que não se pode apurar esse intercâmbio proposto; o estado de improvisação é uma circunstância em que se dá a espontaneidade, mas não é a espontaneidade mesma. Nem sequer Ortega chega a identificar a circunstância com o eu; isto é uma imprecisão por parte de Moreno, pois a circunstância e a realidade não se equivalem. Aceitamos que a improvisação seja condição para a espontaneidade operacional — o poder não recorrer, nesse momento, a soluções "já estabelecidas" — porém não é a espontaneidade em si mesma.

Talvez, ao final desta exposição em que tentamos analisar a noção de espontaneidade, fique a impressão de que a espontaneidade se esfuma e, enfim, não é nada. Seria uma impressão falsa e voltamos à comparação com a noção de matéria-prima. O conceito moreniano de espontaneidade, embora delimitado por negações, tem uma consistência básica e nuclear. Talvez substancialmente, seja inexeqüível, porém, operacionalmente, justifica e gera o progresso no mundo e a atuação livre e criadora do homem. Certamente, com o conceito de espontaneidade Moreno trouxe ao campo da psicologia uma definitiva contribuição.

Formas de espontaneidade

Na manifestação da espontaneidade através da conduta humana cabe, e de fato se dá, uma variedade de atitudes ou formas. Pelo exposto na definição operacional já se podem inferir algumas delas. Pela quantificação individual do conceito, sabemos que existem diferentes *formas quantitativas* de espontaneidade. Moreno fala sobre "alta" e "baixa freqüência de *e*"[41].

Outras formas ou critérios diferenciadores da espontaneidade, seriam a normal e a patológica. A espontaneidade normal proporciona respostas adequadas em oposição à inadequação patológica que pode dar respostas inesperadas porém não acomodáveis à realidade[42].

Esta diferenciação entre patológico e adequado viria levantar um problema mais profundo, questionando a própria essência *positiva e criadora* da espontaneidade ao aceitar a destrutividade do patológico, também como espontaneidade. Assim compreendida, a vivência espontânea individual não é positiva nem criadora, podendo inclusive levar à destruição do mundo e do indivíduo, exatamente antagônica à criatividade moreniana. Num sistema social comum, estas manifestações patológicas são condenadas e punidas com a prisão e com o manicômio, medidas rígidas que impedem a esses indivíduos o livre exercício de sua espontaneidade.

Moreno, consciente de suas afirmações de que a espontaneidade é essencialmente positiva e boa e que no final conduzirá a adequação à realidade, não aceita inicialmente estas medidas e propõe, inclusive nestes casos, a terapia espontânea. No nível de grupo, cria a sociometria, para que, cada sujeito guiado por sua escolha espontânea, eleja o grupo de convivência, de trabalho etc. em que se sinta integrado, em que possa encontrar uma convivência construtiva e criadora e liberar-se das manifestações da espontaneidade patológica. No nível do indivíduo cria o psicodrama, onde a manifestação espontânea de seus conflitos possa levá-lo a uma conduta também adequada à realidade. E Moreno se nega firmemente a proibir as manifestações espontâneas. Para ele, se a espontaneidade é essencialmente construtiva, terminará dando seus frutos de adaptação e chegará a encontrar o equilíbrio que lhe é próprio:

> Diante desta dificuldade nos recusamos a impor regras imperativas, decidimos aferrar-nos, por todos os meios, ao princípio da espontaneidade e salvaguardá-la nas pessoas que participam dos treinamentos de grupo... nossa maior preocupação era salvaguardar o princípio de liberdade, tanto para o indivíduo como para a coletividade e preservá-lo de toda coação e de toda censura[43].

Outra vez o Moreno utópico? ou volta à aparente contradição por não se definir? Possivelmente seja uma reincidência em seu modo ambíguo de manifestar-se. Teoricamente suas afirmações são extremosas, porém em sua vida prática, no cárcere de Sing-Sing por exemplo, não sabemos que pretendesse soltar os presos. Pretendeu, com certeza, criar uma terapia da realidade. Branham, no Congresso de Filadélfia, referindo-se exatamente à experiência moreniana em Sing-Sing, diz:

> O plano elaborado pelo Dr. Moreno é, na minha opinião, a culminação destes diferentes esforços, posto que une o individual ao biológico, ao psiquiátrico e ao sociológico, e que surgiu da aspiração de transformar a prisão numa comunidade coerente, integrada e socializada[44].

Moreno é também muitas vezes acusado de que, ao deixar o indivíduo entregue à atuação espontânea patológica, provoca, por reforço, a aprendizagem, dessa conduta errônea. Aceita que essa atuação instintiva cria "conservas" em vez de espontaneidade e por isso em suas terapias, emprega, controles que fazem o cliente dar-se conta de que se está desajustando, com relação a uma postura equilibrada. Objetamos que este perigo da aprendizagem por reforço é corrente em todas as terapias: na psicanálise o paciente não reforça seu trauma infantil, ao recordá-lo? Só uma terapia de condicionamento, pelo sistema de prêmios e castigos, afasta tal reforço. Porém, como objeta Moreno, assim privamos o homem da liberdade e o convertemos em animal doméstico. Os riscos das psicoterapias não impedem resultados clínicos satisfatórios.

Schützenberger, sempre acompanhando seu mestre, resume outras formas de espontaneidade propostas por ele:

Moreno distingue *quatro classes de espontaneidade*. Primeiro, o *impulso*; depois a *aquisição cultural* (a espontaneidade cria novos organismos, novas formas de arte e novos tipos de ambiente). Em continuação, há um tipo de espontaneidade que é a *criação de livre expressão da espontaneidade*. Finalmente há um tipo de espontaneidade que é a expressão da *resposta adequada a novas situações*. Quer dizer, a possibilidade de adaptação e integração a uma situação nova[45].

Citação que é a repetição literal de algumas frases do *Psicodrama*:

Baseados no estudo experimental, podemos considerar quatro expressões características da espontaneidade, como formas relativamente independentes de um fator *e* geral. Analisamos estas formas da espontaneidade da seguinte maneira: a) a espontaneidade que se dirige a ativação das conservas culturais e estereótipos sociais; b) a que se dirige à criação de novos organismos, novas formas de arte e novas estruturas ambientais; c) a espontaneidade que se dirige à formação de livres expressões da personalidade e d) a que se dirige à formação de respostas adequadas a situações novas[46].

A exposição destas novas formas de espontaneidade segue uma ordem ascendente: desde a que Moreno considera como manifestação mínima de espontaneidade, até seu máximo grau. No grau ínfimo, situou a espontaneidade que se manifesta na apropriação pessoal de um papel ou em realizações tão vulgares como o andar, o falar, o comer etc. Externamente esses atos podem ser realizados da mesma maneira, por duas pessoas, a ponto de um observador externo do tipo Bales ou behaviorista chegar a qualificá-las com as mesmas características; sem dúvida, as situações vivenciais destas pessoas podem ser bem diferentes, conforme estas atividades sejam ou não realizadas espontaneamente. Diríamos que a espontaneidade lhes confere a qualidade de pessoais ou não pessoais. Por isso Moreno diz que essa forma de espon-

137

taneidade "tem aparentemente uma grande importância prática ao *fortificar e unificar* o eu, na medida em que o indivíduo é capaz de vincular ao eu unidades de experiência conservadas e fechadas".[47] Poderíamos buscar alguma semelhança entre estas formas de espontaneidade e a introjeção freudiana das normas sociais. De fato, Moreno diz que este tipo de espontaneidade se dá perfeitamente na infância, quando a criança vai descobrindo os papéis sociais.

A segunda forma, Moreno a denomina *criatividade*. O termo já expressa o seu conteúdo: dar a luz a alguma coisa que anteriormente não existia. É a capacidade do gênio inventor. Nela, distingue:

> a) a espontaneidade que se dirige ao dar a luz e à criação de um novo indivíduo; b) a que se dirige à criação de novas obras de arte, de novas invenções tecnológicas e sociais; c) a espontaneidade que se dirige à criação de novos contextos sociais[48].

A terceira forma, a *originalidade,* é definida pelas suas diferenças com relação às duas anteriores. Não se identifica com a expressão dramática porque acrescenta alguma coisa à "conserva" porém não chega a ser totalmente criativa, pois não produz uma essência nova, sendo apenas uma maneira original de tratar o mundo circundante:

> É o livre fluxo de expressão que, submetido à análise, não revela nenhuma contribuição suficientemente significativa para chamar-se criatividade, mas que ao mesmo tempo, em sua forma de produção, constitui uma ampliação ou variação ímpar da conserva cultural tomada como modelo. Isto é, freqüentemente ilustrado pelos desenhos espontâneos de crianças e pela poesia dos adolescentes, que acrescentam algo à forma original sem alterar sua essência[49].

Finalmente, a forma máxima de espontaneidade é *a resposta adequada* a novas situações. Moreno classifica as reações diante dessa nova situação, em três tipos: o primeiro, a não reação, é a atitude do animal que num momento de máximo perigo permanece paralisado. Outro tipo seria apropriar uma resposta dada em outra circunstância e acomodá-la à situação nova; Moreno propõe como modelo de tais respostas, o trabalho dos engenheiros. O terceiro tipo de reação, propriamente espontânea, é a resposta adequada: da avaliação da circunstância nova que se apresenta surge uma solução também nova e apropriada. Esta resposta requer "senso de oportunidade, imaginação para intuir o adequado e originalidade de iniciativa diante de emergências, atribuíveis à responsabilidade de uma função *e* especial. É uma *aptidão plástica de adaptação,* uma mobilidade e flexibilidade do eu que se tornam indispensáveis ao organismo que se desenvolve com rapidez num ambiente de mudanças rápidas"[50].

São muitos os autores neopsicanalistas, entre os quais Fromm e Horney, que se tem empenhado intensamente em considerar a substancial debilidade do mundo moderno a que o homem precisa constantemente acomodar-se, como causa das neuroses coletivas. E sem dúvida não encontraram meios satisfatórios para solucionar estes problemas. Moreno se lhes adiantou ao responder sua pergunta: Quem sobreviverá?

Assim antevemos a importância que terão os sistemas morenianos de ensino da espontaneidade.

Provas da existência da espontaneidade e sua verificação

A forma moreniana de argumentar sobre a existência da espontaneidade é esclarecedora. Sua argumentação é tríplice: filosófica, vivencial e experimental. A primeira se referiria à indução; é necessário encontrar um fator que explique o movimento de tudo quanto progride no mundo. Vivencial, seria a confissão dos que acreditam haver experimentado a "chispa" da espontaneidade. E finalmente estariam as provas que recorrem à experimentação científica, aos números e às estatísticas.

As provas de tipo filosófico respondem a um modo probatório de inferência, mais ou menos fixo: existe uma evolução no mundo e em alguns seres, concretamente nos viventes, para que precisamos buscar uma explicação causal. O elemento desencadeante desta evolução perfectiva é a espontaneidade.

Há uma gradação neste tipo filosófico de prova. Moreno começa pela afirmação geral, já exposta, relativa ao mundo, prossegue através dos viventes e termina no homem. Em todos esses graus da existência, segundo ele, encontramos manifestações criativas ou adaptativas que só podem ser explicadas se admitirmos a existência do fator espontaneidade. Deixando o cosmos em geral, sigamos com o vivente ou o biológico:

> Um fator que denominamos espontaneidade, assim como contribuiu para sua formação, pode contribuir também para sua reorganização e deve operar, até certo ponto, independentemente delas. Por conseguinte, deve-se considerar a espontaneidade como sendo o mais importante vitalizador da estrutura vivente[51].

Moreno transpõe a mesma forma de argumentação para a vida humana, a começar pela criança:

Tem que existir um fator com o qual a Natureza proveu generosamente o recém-nascido, e que o possibilita desembarcar são e estabelecer-se, pelo menos provisoriamente, num universo desconhecido... É um fator que lhe permite ir mais além de si próprio, entrar em novas situações como se conduzisse o organismo, estimulando e excitando todos seus órgãos, para modificar suas estruturas de modo que possa enfrentar novas responsabilidades. A este fator chamamos espontaneidade[52].

Depois da argumentação probativa da existência da espontaneidade no mundo, no campo biológico e na criança, Moreno a estende a toda manifestação psíquica:

A espontaneidade é o fator que faz todos os fenômenos psíquicos parecerem novos, frescos e flexíveis. É o fator que lhes outorga a qualidade de momentaneidade. As estruturas psíquicas estereotipadas estão construídas, em última instância, com unidades de *e*, substituindo-as e reduzindo-as. Porém não se pode impedir o ressurgimento de *e*. Flui de vez em quando. As mudanças de situação exigem a adaptação plástica do indivíduo. Os fatores *e* fomentam e inspiram esta reorientação[53].

Outras provas da espontaneidade funcional, buscadas no campo da experiência — empírica ou experimental — respondem a alguns pressupostos fixados por Moreno, referentes à possibilidade de se experimentar a realidade psíquica. Nosso autor propõe que o fator *e* seja estudado nas manifestações da conduta, assim como se estuda a inteligência ou a memória. Completando seu pensamento anterior, diz que um fenômeno interno só pode ser experimentado através de suas manifestações de conduta, em seus atos. Contra uma postura ortodoxamente behaviorista, Moreno considera que os atos externos pressupõem a existência de algo interno que os causa.

Quando se empreendem investigações sobre a liberação da espontaneidade de uma pessoa, é importante acompanhar o processo, de dentro para fora: antes de tudo existe o ator, depois o organismo e depois, finalmente, o ato. Não se pode produzir o ato sem que haja previamente o organismo e só se pode fazer atuar esse organismo, se se o torna ator[54].

Baseado nesses pressupostos, comprova a espontaneidade em suas diversas formas. Primeiro, a dramática: carecendo externamente de manifestações especiais, o único tipo de prova que se pode oferecer é a confissão da pessoa que experimenta esta forma de espontaneidade. É a vivência do momento espontâneo[55].

A espontaneidade criadora, responsável pelas obras geniais, prova-se, evidentemente, pela simples admissão de que essas obras inovadoras existem. Porém Moreno apela para a experiência do gênio enquanto gesta sua obra:

Esse estado é uma condição psicofisiológica característica, e pode ser descrita, por exemplo, como a condição em que se encontra um poeta que sente o impulso para escrever, ou um homem de negócios quando uma grande Idéia se apodera dele; é o *momento* do Amor, da Invenção, da Imaginação, da Adoração, da Criação[56].

A manifestação da espontaneidade *original,* em que o indivíduo acrescenta sua visão própria ou uma combinação original ao já existente — não o cria, mas também o deixa tal como estava —, se pode demonstrar pondo diversos atores diante de um mesmo papel, e oferecendo-lhes a possibilidade de representá-lo tal como está escrito, ou de modificá-lo à sua maneira. As versões responderão "aos graus de liberdade do executante, que podem ser atribuídos à operação de um fator *e*"[57].

Finalmente, o grau supremo de espontaneidade é a capacidade de dar respostas adequadas a circunstâncias ordinárias da vida, porém apresentadas de surpresa. Para provar a existência dessa espontaneidade em seus diferentes graus, em diferentes pessoas, Moreno criou o que se chama teste de espontaneidade; elaborou um método experimental, que satisfaz a todas as condições da experimentação de uma hipótese em laboratório.

Para medir o fator *e,* num indivíduo posto diante de circunstâncias ordinárias porém inesperadas, utiliza um tipo de teste, empregando outro tipo, mais ligado à sociometria, para medir o nível de adaptação dos indivíduos entre si.

No primeiro tipo de teste, a hipótese de trabalho se baseia na adaptação a circunstâncias novas. Se realmente (hipótese) a espontaneidade se deve manifestar assim, vamos escolher uma situação de surpresa e diante dela colocar diferentes sujeitos:

> O teste de espontaneidade coloca o indivíduo numa situação típica da vida corrente, capaz de suscitar reações emocionais fundamentais e precisas, chamadas "estados de *impromptu*", tais como o medo, a cólera etc. Registra-se a gama das expressões mímicas e verbais desencadeadas pelo teste: fornece indicações características sobre a estrutura da espontaneidade do sujeito em ação, sobre sua participação na situação vivida e sobre suas relações com a pessoa ou com as pessoas que, com ele, participam da situação[58].

Uma vez estabelecida a hipótese dever-se-ia isolar a variável, assegurando que será medida a espontaneidade e não outra faculdade psicológica ou um conjunto de faculdades. Moreno, consciente disto, dedica várias páginas à demonstração de que o teste mede a espontaneidade pura, não confundível com outra manifestação psíquica.

Uma vez colocada a hipótese e isolada a variável, vejamos o desenvolvimento da experiência chamada teste de espontaneidade[59].

141

Amostra: foram utilizados mais de trezentos sujeitos, com o quociente intelectual entre 75 e 130.

Situação experimental: o teatro, com todos os elementos requeridos pelas situações improvisadas para as representações: telefone, água, livros, rádio, mesa etc.

Instruções: deve-se preparar o sujeito, de uma maneira geral, para que "se predisponha" *(warming up)* a atuar como se o que lhe é indicado fora real. Uma das premissas do teste é que os sujeitos aceitem as instruções do diretor como um enunciado de fatos e como algo que acontece. Quer dizer que se o diretor diz: "Um ladrão entrou na casa", o ladrão *está* ali e o sujeito tem que responder, à situação, de maneira apropriada.

Pessoas que intervêm na experimentação: além dos sujeitos da experimentação e do diretor que lhes dá as indicações, é necessário um júri de três pessoas para anotar tudo o que acontece e é dito na cena (o que poderia ser evitado com o auxílio de uma fita sonora), outras pessoas devem intervir como "egos-auxiliares", na representação das situações improvisadas a que o sujeito deve responder adequadamente.

Material auxiliar requerido: além do material utilizado no cenário, é necessário papel e lápis para anotar o que acontece, um cronômetro para medir os tempos de atuação e, talvez, um diagrama do cenário para melhor assinalar os movimentos realizados pelo sujeito.

Instruções de surpresa: devem ser as mesmas e na mesma ordem para todos os sujeitos, a fim de que a situação experimental se mantenha sem variações.

Moreno reproduz lentamente várias situações de surpresa que evitamos transcrever aqui, e que guardam sempre uma ordem progressiva. Vão desde situações inóquas até situações limite, que devem ser progressivamente superadas. Desde "limpe o escritório, a escova está na cozinha", até "a sala de jantar está pegando fogo... próximo ao quarto das crianças... sua mãe está entrando num lugar de perigo... seu pai, doente do coração, pede auxílio... você está entrando numa nuvem de fumaça, deve saltar a janela ou enfrentar-se com muito perigo" etc. etc.

Devem ser anotadas todas as palavras e movimentos do sujeito que serão cotadas posteriormente, segundo *certos critérios de avaliação:* o *tempo* (semelhante ao tempo de reação do teste de Rorschach), máximo e mínimo, dentro do qual será dada a resposta à situação. Se o processo de aquecimento é muito lento, a ação resultante pode chegar tarde; se é muito rápido, cada ato pode não ser totalmente executado e o resultado será a incoerência. Outro critério de avaliação é o *espaço*. Anteriormente à prova, é feito um diagrama, em escala, das distâncias entre os diversos pontos de referência onde se vai movimentar o sujeito; também são estudados os caminhos mais curtos para cada resposta adequada. Segundo esse critério, é fixado para cada ato, uma amplitude de desvio permissível com relação às rotas mais curtas.

Finalmente, e o mais importante, é estabelecer-se um critério para julgar se a resposta dada pelo sujeito, prescindindo do espaço e do tempo, é ou não a mais adequada. Moreno explica a avaliação desse aspecto: Na situação submetida à prova, estavam em conflito três papéis: o de salvador, o de mãe-filha e o de proprietário. Três valores estavam em con-

142

flito: a vida "das crianças" o *status* (uma mãe que tem que salvar seus filhos e seus pais) e a propriedade (casa, dinheiro, livros). Salvar a própria vida e escapar pareceu o menos permissível; depois, salvar a propriedade; o nível mais elevado pareceu o de salvador (salvar a vida de alguém) e em seguida, o de pai ou mãe (salvar a vida devido ao parentesco). Dentro de um quadro de papéis permissíveis foram postas alternativas de respostas apropriadas para cada papel. Embora vários sujeitos se sentissem movidos pelo mesmo fim — salvar primeiro e sem demora as crianças — suas ações diferiram quanto a adequação. Um tirou-os de casa, levando-os para o vizinho, outro levou-os ao quarto mais próximo, porém dentro da zona de perigo; o terceiro saltou pela janela levando as duas crianças nos braços, correndo um risco desnecessário[60].

Terminado o primeiro tipo de teste de espontaneidade, Moreno não oferece números nem dados estatísticos, mas simplesmente esclarece que se estão elaborando e que prometem ser interessantes.

Deixemos de lado as várias críticas possíveis como, por exemplo, que a prova parte de um preconceito: a definição de que a espontaneidade se dá em situações de surpresa. Se o que se trata de verificar com o teste é se a espontaneidade será definida pela adequação de uma resposta a uma situação de surpresa, nos consideramos num círculo vicioso: o indivíduo colocado numa situação diferente, daria resposta de outro tipo. Finalmente se vem cair na crítica já feita à teoria fatorial da inteligência, no sentido de que "não podemos esperar que a análise fatorial faça surgir outras dimensões da personalidade ou da motivação além das introduzidas com o material com que se trabalha[61].

Deixando de lado estas críticas surgem os valores: a exposição do teste manifesta engenho e criatividade; ajuda a compreender a definição de espontaneidade enquanto adequação, e finalmente, como o próprio Moreno sugere, pode ser um método útil na seleção de pessoal[62]. De fato, técnicas semelhantes e fundamentadas em Moreno, estão sendo empregadas para este fim. É também utilizável como técnica projetiva de personalidade, pois, embora resulte excessivamente complicada como técnica de "ação total", é mais completa e objetiva, para diagnóstico e como terapia, que as provas de lápis e papel.

Existiria outro tipo de prova experimental da espontaneidade: a que resulta da representação psicodramática, quando na terapia de uma maneira forçada, procura-se expandir o estado momentâneo da espontaneidade, mais além da duração do momento. Percebe-se então um decaimento e o cliente volta aos seus conflitos da vida real. Este desalento seria uma demonstração experimental da existência da espontaneidade justo ao acabar-se o ato espontâneo. Em expressão orteguiana, diríamos que nestes casos, a espontaneidade "brilha pela sua ausência".

Outra prova da existência da espontaneidade, baseia-se nos seus excitantes físicos e mentais. Estes excitantes podem ir do corpo à mente ou vice-versa provocando a espontaneidade, a este processo Moreno chamou de *warming up*. E se a espontaneidade pode ser provocada é porque existe:

> Portanto, o processo de aquecimento é uma indicação concreta, tangível e mensurável de que estão operando fatores *e*. É a partir da análise e medição do processo de aquecimento que podemos determinar a presença e o raio de ação destes fatores. Se não existem sinais de aquecimento, concluímos que há uma ausência ou uma perda de espontaneidade[63].

Os sinais mensuráveis de aquecimento seriam a alteração do ritmo respiratório e cardíaco, sudação, movimentos freqüentemente incontrolados etc.

Evolução

Embora, em nenhum momento, no decorrer da sua vida, Moreno haja formulado uma exposição sistemática da evolução da espontaneidade são muitas as suas afirmações dispersas que nos podem dar uma idéia de seu pensamento a esse respeito. Essas afirmações que se referem principalmente à presença da espontaneidade na infância e à sua deterioração posterior, pois o homem, através da inteligência e da memória, vai criando conservas culturais que o impedirão de enfrentar-se com as diversas situações do cotidiano, de uma forma nova.

> A freqüência em que aparece o fator *e* está distribuída muito desigualmente ao longo de nossa vida, uma vez que a criança durante seus primeiros anos se vê frente a novas experiências e novas situações que a incitam continuamente a responder, num grau que não tem paralelo com outros períodos da vida. Nossa hipótese é que, quanto maior for o número de situações novas, maior será a probabilidade de que o indivíduo elabore um número comparativamente mais amplo de novas respostas[64].

O esquema evolutivo apontado por Moreno é válido para dar coerência às nossas idéias sobre esse tema: "A primeira manifestação básica da espontaneidade é o *aquecimento* da criança diante do novo ambiente."[65]

A partir do nascimento, tudo é novo para a criança que só pode sobreviver se utilizar a espontaneidade que a incita a continuar vivendo. O mundo lhe é totalmente desconhecido, cada resposta é desacostumada e cada uma de suas atuações, necessariamente espontânea e carregada de originalidade: "é bem sabido que a criança... possui um alto grau de espontaneidade"[66].

É claro que lhe falta o fator complementar da situação nova — a adequação —, em que a ajudam os "egos auxiliares": o médico e a parteira ao nascer, e a mãe, definitivamente, durante sua infância[67].

Moreno acha que esta ajuda destrói o precioso valor da espontaneidade. Estes "egos auxiliares", imbuídos do instinto de continuidade social ou até, do instinto de perpetuação biológica, impõem seus esquemas sociais à criança, que será guiada por normas e papéis já existentes e não pelos que ela própria teria criado.

> Assim, até certa idade, todos os conhecimentos das crianças são adquiridos de modo espontâneo. Subitamente porém, o adulto começa a interferir no mundo infantil através de "conteúdos" não relacionados com as necessidades da criança. A partir daí, a pequena vítima no aprender lições, poemas, fatos, canções etc. sofre a pressão de muitas sofismações adultas que permanecem como substâncias estranhas em seu organismo... Já tão cedo na vida do ser humano civilizado aparece a tendência a maltratar e desviar o crescimento natural. O erro se perpetua durante toda a vida; o indivíduo vive cada vez menos a partir de si próprio, torna-se cada vez menos consciente do eu enquanto centro ativo, ao mesmo tempo que mecanismos de toda espécie — filmes, rádio — e todas as culturas herdadas, lhe impõem suas normas e exigências. Falando de modo geral, o progenitor (e particularmente a mãe) perde a suprema oportunidade de estimular a função criadora[68].

Desenvolvidas a inteligência e a memória, o homem, por si, chegará a construir suas próprias conservas, que secam e enfraquecem a fonte da espontaneidade. Assim deve ter ocorrido na história da humanidade pois, hipoteticamente temos que supor um dado momento em que não existiam as conservas culturais. Omitimos aqui, por sua extensão, o quadro evolutivo da espontaneidade, desde o nascimento até a submissão aos estereótipos sociais[69].

Ensino e aprendizagem

A importância da espontaneidade na antropologia moreniana, ao lado da séria ameaça que a humanidade sofre pela tecnificação, justificam que nosso autor se proponha a possibilidade de uma *aprendizagem de espontaneidade*, para salvar o indivíduo e a sociedade inteira:

O exercício da espontaneidade é, portanto, uma importante disciplina que deveria ser promovida por todos os educadores e terapeutas em nossas instituições. Sua tarefa é despertar e aumentar a espontaneidade em seus discípulos e clientes[70].

Se não se estimula a espontaneidade, vamos diretamente à enfermidade psíquica e sociológica, porque a ansiedade provém e se acentua pela sua falta. Estas considerações justificam um S.O.S. categórico.

Sem dúvida o homem possui um recurso inerente ao seu próprio organismo e à organização da sociedade humana e do qual, até o presente, não tem feito senão uso precário: sua espontaneidade. Talvez aí esteja uma solução para o problema. E a fim de levá-la a seu pleno desenvolvimento, é necessário utilizar todos os meios: tecnológicos, psicológicos e eugenésicos[71].

Já conhecemos muitas causas que impedem o desenvolvimento da espontaneidade, porém Moreno, referindo-se a aprendizagem, diz que o homem tem medo da espontaneidade pelo risco e pelo constante esforço que ela lhe exige. E responsabiliza este medo como sendo a causa última de uma sociedade tecnificada, na qual todo problema está previsto, como está prevista também sua solução adequada:

> Porém, se a espontaneidade é tão importante para o mundo humano, por que se desenvolveu tão pouco? Ao que se pode responder: o homem *tem medo* da espontaneidade exatamente como o seu antepassado da selva tinha medo do fogo: teve medo até quando aprendeu a acendê-lo. Do mesmo modo o homem temerá a espontaneidade até que aprenda a exercitá-la e a utilizá-la[72].

É claro que toda essa esperança salvífica pressupõe a possibilidade de uma aprendizagem do espontâneo. Da contradição de termos, aprendizagem — espontânea, surge, necessariamente, a objeção: a aprendizagem supõe a acumulação de algo que será utilizado posteriormente: pode acumular-se o momento criador? Moreno o nega explicitamente: — "Não é possível aprovisionar-se de espontaneidade."[73]

Há uma aparente contradição entre o que entendemos por aprendizagem e o que entendemos por espontaneidade. Se se aprende a solucionar um problema da vida quotidiana de maneira adequada, já não se improvisa a resposta. A aprendizagem consiste precisamente em adquirir um hábito, para realizar um tipo de conduta e repeti-la. Improvisação e aprendizagem são *conceitos opostos.* Inclusive, Moreno o aceita: "A educação da espontaneidade parece conter uma contradição em seus termos: Como se pode ensinar a espontaneidade?"[74]

Esta objeção provém do imobilismo da noção de aprendizagem, que é preciso remover, unindo-a mais à própria vida que aos conteúdos, diz Moreno. E rechaça as teorias tradicionais da aprendizagem em sua crítica ao associacionismo e à *gestalt*, por entenderem a aprendizagem como *"conteúdo"* e não como disposição vital. A teoria moreniana da aprendizagem nega a repetição de conteúdos e pede a aprendizagem de ações, que se adquire pela experiência. Opondo a aprendizagem de *conteúdos* à de *ações*, Moreno acaba por dizer que, na córtex cerebral existem dois centros perceptores, distintos, para cada uma destas formas de aprendizagem:

> Nos tem sido de muita utilidade o critério de que a memória dos indivíduos é constituída por dois centros: um centro de *ação* e um centro de *conteúdo* que, no geral se mantêm como duas estruturas distintas, sem nenhuma relação[75].

Naturalmente ele se decide pela aprendizagem através da ação, com raízes na vida real. O que se aprende tem um sentido vital e se evocará sempre que a vida o exija:

> Se pode presumir que as experiências vividas associadas a impulsos que provocam intensos estados afetivos, estabelecem determinadas e especiais associações. Nos foi possível observar que os conteúdos dirigidos a mente em conexão com estados afetivos intensos, voltam mais facilmente quando o indivíduo se encontra em estado análogo, do que quando se encontra num estado neutro[76].

Este tipo de aprendizagem é o que Allport denomina aprendizagem biográfica[77]. E, se aprofundarmos um pouco, concluiremos que em nada diferem das teorias da aprendizagem por associação, como por exemplo, da clássica lei do efeito de Thorndike[78].

Que Moreno personalize a aprendizagem pela ação, com a participação da espontaneidade, é perfeitamente aceitável, porque estas aprendizagens biográficas freqüentemente estão unidas a um momento de surpresa e de intensa emoção. Também nos parece lógico que incentive o tipo de aprendizagem pela ação, que melhor se encaixa no contexto de sua teoria, de preferência à aprendizagem de conteúdos. Esta idéia de aprendizagem na vida real, já vem de seu tempo de trabalho com as crianças vienenses nos jardins de Augarte[79], anos em que rejeita a *escola ativa*, pois seu método de aprendizagem cria conservas culturais.

Aplicando sua teoria da aprendizagem pela ação ao campo da espontaneidade, Moreno salva o aparente antagonismo aprendizagem-espontânea. Aprende-se a atitude espontânea, a atitude de dar resposta adequada e pessoal a cada circunstância e de evitar respostas estereotipadas e perfeitas, do perfeccionismo desprezível da conserva:

Do ponto de vista da espontaneidade, o velho perfeccionismo precisa ser sacrificado e se deve deixar livre caminho ao ingênuo *imperfeccionismo da pessoa*; este estado de imperfeição é, no entanto, em sua simplicidade e nudez, uma vivência mais completa do momento assumido[80].

Também não se deve desenvolver hábitos de conduta determinados: "Assim o problema da aprendizagem não consiste em provocar nem em manter hábitos, porém em formar a espontaneidade, desenvolvendo, no homem, o hábito da espontaneidade."[81]

O mundo sofre uma contínua mudança que exige a adaptação do homem para evitar, como dissemos antes, as neuroses coletivas preconizadas por K. Horney. Em Moreno, a formulação positiva da aprendizagem, está quase resumida nestas palavras:

> Conseqüentemente deverá ser preparado, tendo em vista *qualquer situação* possível e não só algumas situações específicas. Mas esta mudança de perspectiva implica nada menos que uma transformação radical da filosofia e da técnica da aprendizagem. Deve-se então exercitar a espontaneidade... em vez de treiná-lo para reagir mediante atos precisos frente a tal ou qual situação[82].

Também Moreno não ignora o grande problema com que se defronta qualquer teoria da aprendizagem, ao passar de um processo ou de um conteúdo a outro: a generalização.

> A transferência de uma determinada aprendizagem para outra será tanto mais difícil de realizar, quanto menos se haja permitido o desenvolvimento da plasticidade entre os seus diversos setores. A primeira tarefa que se impõe a quem deseje educar sua espontaneidade, consiste em exercitar-se para uma transferência fácil e ao mesmo tempo, aprender a integrá-la adequadamente numa ação disciplinada[83].

Depois de demonstrar teoricamente a importância da aprendizagem da espontaneidade, Moreno oferece métodos didáticos concretos. Em geral esses métodos, como acontece freqüentemente em psicologia, são da mesma natureza dos utilizados na exploração. Nosso autor sugere confrontar os indivíduos com situações chocantes da vida quotidiana:

> A técnica da improvisação é o caminho real para a educação da espontaneidade, enquanto joga o paciente em papéis, situações e mundos em que ele nunca viveu antes e nos quais tem que produzir, instantaneamente, um novo papel para fazer frente ao novo enquadre. É o adestramento e o desenvolvimento de uma nova personalidade que pode ser muito diferente da que foi trazida ao tratamento[84].

E propõe o método, em detalhe: o sujeito é analisado, situando-se de onde vem o seu problema e, a partir daí, se o faz improvisar situações psíquicas ou circunstâncias externas, que procuram corrigi-lo. Não se trata de aprender um fato ou um ato concreto, porém uma atitude que o habilite a resolver adequadamente, as diversas situações que se podem apresentar na vida real, no desempenho de seu ofício[85]. Inclusive, com o treinamento da espontaneidade, Moreno pretende predizer o futuro comportamento da pessoa em determinada situação. Tal predição seria de fundamental alcance em sua aplicação na vida: seleção de pessoal, ajustamento de futuros casamentos etc.

Conservas culturais

O estudo da espontaneidade que merece ser desenvolvido até suas últimas implicações, ficaria incompleto se não encarássemos, explicitamente, dois temas que na obra de Jacob Lévy Moreno e em nossa exposição, surgem constantemente ao seu redor. Um deles lhe é antagônico: "a conserva cultural" ou "o conteúdo" ou "o já pronto" ou "o robô" ou "a zootecnia". O outro é seu aliado, seu despertador: o *warming up* moreniano, traduzido por "aquecimento" ou "pré-aquecimento".

A conserva cultural já foi cercada em seus diversos aspectos através do estudo do ato espontâneo. A "conserva" levantou o dilema da própria essência da espontaneidade como energia ou como catalisador. E sua existência se recolocou diante da *adequação* da resposta nova à forma cultural antiga. Terminamos concluindo que robô e espontaneidade são pólos de uma mesma doutrina dialógica. Nos vários momentos em que Moreno tenta definir o que entende por conserva cultural, recorre as palavras de Webster:

Conservar — diz Webster — significa manter num estado seguro ou são; preservar. Deriva do latim *conservare,* que significa guardar. Utilizamos o termo "conserva" como substantivo, seguido do adjetivo "cultural". A espontaneidade e a conserva cultural são fenômenos tangíveis, observáveis na experiência humana[86].

Moreno distingue claramente entre a conserva tecnificada e aquelas que não podem existir senão no psiquismo e na conduta humana. A máquina ou o livro, frente aos costumes, às normas ou ao papel[87]. Também as qualifica segundo o prejuízo que podem causar à espontaneidade, ao homem ou à humanidade. Algumas podem servir de estímulo ao homem, outras são claramente destrutivas; existem ainda as funcionalmente úteis, ou impróprias, conforme o uso que delas se faça:

> O primeiro tipo é o que podemos denominar robô doméstico: pertencem a esta categoria: o arado, a lapiseira, a máquina de escrever; outro tipo é o robô inimigo, ou seja: o canhão, o torpedo, a bomba atômica; existe ainda uma forma intermediária como a faca, o fogo, a máquina a vapor, o automóvel, o avião, que podem servir ao homem mas que também podem destruí-lo. Com efeito, visto que o robô não tem nada de humano, sua utilidade pode transformar-se em perigo: o automóvel pode transformar-se em tanque, a faca que serve para o trabalho pode servir também para matar, o fogo que aquece pode provocar um incêndio[88].

Para compreender a origem da "conserva" é necessário fazer um paralelo entre sua gênese e a da espontaneidade. Se a espontaneidade se justifica na evolução criativa permanente que se dá no mundo, estribada num deus permanentemente criador, a conserva deriva do seu oposto: do deus do sábado, do deus que deu sua obra por terminada, contemplou-a e descansou. O homem imitativamente cria obras que permanecem e lhe dão a sensação de perfeição. Criando essas conservas culturais, se realiza como demiurgo e despreza o desejo de criação constante, cultivando a vontade de poder:

> O homem criou um mundo de coisas — as conservas culturais —, fabricando para si próprio uma imagem de Deus. Quando o homem descobriu seu fracasso no esforço para a máxima criatividade, separou de sua *vontade de criar* a *vontade de poder*, utilizando-a como meio indireto para conseguir, apenas com ela, os objetivos de um deus. Com o empenho de uma águia ferida que não pode voar com suas próprias asas, o homem aferrou-se às oportunidades que lhe ofereceram as conservas culturais e as máquinas, com a deificação das muletas como resultado... porém como não possui a verdadeira universalidade de um deus, vê-se obrigado a substituir a onipresença no espaço pelo poder no espaço, derivado de máquinas, e a onipresença em todo momento do tempo, pelo poder no tempo, derivado das conservas culturais[89].

Mais uma vez, na história do pensamento, o homem pecou por "querer ser como Deus", e uma vez mais se fez sua caricatura.

Existem razões mais concretas que explicam a aparição das conservas. São razões de caráter psicológico. Algumas respondem à vontade de poder que libera o homem da insegurança que deve ter sentido em épocas pré-históricas, diante das leis da natureza. Quis prevenir o imprevisto e foi conservando aquelas respostas que lhe haviam dado resultado nessa luta e criando robôs que lhe permitiram dominá-la.

150

Além de superar o estado de insegurança e de medo, que certamente a espontaneidade gera, o homem, através das conservas, preenche uma aspiração de imortalidade, de perpetuidade. A imortalidade unamuniana das próprias obras. As conservas culturais, primordialmente os livros, disse Moreno em *Die Gottheit als Autor*, pretendem dar ao homem imortalidade e continuidade. "As conservas culturais cumpriram duas finalidades: ajudaram em situações ameaçadoras e asseguraram a continuidade da herança cultural."[90]

Moreno dá outras razões, igualmente fundamentadas na psicologia humana, para explicar o nascimento e perpetuação das conservas. A existência de duas faculdades que, em seu exercício, resolvem problemas e recordam soluções: a inteligência e a memória. Porém, de modo definitivo, intrapsiquicamente, sua razão última está na imperfeição do homem. Volta a colocar-se o antigo problema filosófico da atuação. O homem atua, respondiam os filósofos da "forma" (não tanto os platônicos do *bonum est difusivum sui*), porque é imperfeito e tenta buscar a perfeição por meio da ação.

Igual solução se insinua nesta pergunta moreniana: "O destino da matriz criadora espontânea, será sempre terminar como conserva cultural por causa da falibilidade da natureza humana?"[91] Em sua tentativa de explicar historicamente a aparição das conservas, Moreno imagina uma sociedade primitiva, em que nada estava acabado: "O homem anterior a todo produto conservável, o homem do primeiro universo não dispunha de... símbolos alfabéticos com que projetar, pela escrita, suas palavras e seus pensamentos"[92].

E da humanidade passa ao homem. A criança chega a adquirir as conservas culturais e seus significados por imposição dos adultos e por identificação com seus papéis. Dois fatos, na vida do homem, o induzem a fazê-lo: o ego-auxiliar, a mãe, não só enquanto lhe impõe suas normas, mas ainda porque estando fora dele e a seu serviço, o habitua a exercitar sua vontade de poder, que está justamente na base do nascimento das conservas; outro fato é a saturação dos brinquedos mecânicos:

> Neste jogo adquire o gosto pelo robô, a que pode destruir de acordo com seus caprichos, ou provocar e fazer atuar segundo sua decisão pessoal... Em outro trabalho mostrei de que maneira o contínuo interesse da criança em brincar com seus bonecos, a anima a tratar os animais e os seres humanos como robôs[93].

Razões filosóficas, psicológicas e didáticas, explicam o nascimento das conservas culturais. Existem outras que, intencionalmente, deixamos para o final: as razões conflitivas. Nos referimos às muitas vezes em que Moreno afirma serem as conservas originadas pela espontaneidade:

É evidente que a matriz e a etapa inicial de toda conserva cultural, quer se trate de uma forma de religião, uma obra de arte ou uma invenção tecnológica, é um processo criador espontâneo[94].

Problema mais intrigante que a delimitação das conservas é o de sua aceitação na psicologia de Jacob Lévy Moreno. O definidor da espontaneidade pretende que voltemos ao estado primitivo da sociedade, ou ao estado infantil do nosso desenvolvimento? A aporia surge freqüentemente na obra de Moreno. Por um lado afirma a oposição que as conservas culturais oferecem ao desenvolvimento da espontaneidade, e por outro, as considera inseparáveis. O tema é fartamente conhecido e tratado nesse estudo.

Porém, o *summum* da aceitação da conserva e, ao mesmo tempo, da incongruência moreniana, se expressa em sua orgulhosa afirmação de ser o primeiro a utilizar os progressos técnicos — como o cinema e a televisão — a serviço da psicoterapia e em seu vaticínio de maridagem feliz entre a espontaneidade e a técnica:

> Numa época tecnológica como a nossa, o futuro e o destino do princípio de espontaneidade, como norma principal de cultura e de vida, pode depender do êxito que se alcance no concernente à sua vinculação com as invenções tecnológicas[95].

O que é certo e justo reconhecer, é que Moreno, entusiasmado na defesa da espontaneidade criadora, carregou as tintas da oposição que lhe oferece o "já feito" e daí, ao falar da cultura, quase sempre o faz em sentido pejorativo. Mas, em momentos de reflexão equilibrada, precisa seu pensamento dando oportunidades tanto à conserva como à espontaneidade, sempre que a conserva não impeça a criatividade espontânea. Diríamos que, dominado pelo seu afã de originalidade, Moreno não dá importância ao que a humanidade já conseguiu e dirige o seu olhar para os possíveis caminhos ainda não percorridos. E nesta luta, pretende embarcar os indivíduos e a humanidade inteira, incitando-nos quase ao vandalismo:

> No começo deste processo industrial, o homem tratou de fazer-lhe frente, através de ações agressivas. Relembre-se a destruição da biblioteca de Alexandria e a condenação da rigidez da letra, por Jesus de Nazaré... Sem dúvida, se vai passando muito por alto sobre um aspecto do problema. Existe uma maneira simples e clara, pela qual o homem pode lutar, não por meio da destruição nem como parte da maquinaria social, mas como indivíduo e criador ou como uma associação de criadores... Se uma fração de milésimos da energia que a humanidade gastou na concepção e desenvolvimento de artifícios mecânicos fora utilizada para a promoção de nossa capacidade cultural durante o próprio momento de criação, a humanidade entraria numa nova época de cultura,

um tipo de cultura que não precisaria temer nenhum possível aumento de maquinária nem as raças robô do futuro. O homem teria escapado, sem nada abandonar do que haja produzido a civilização da máquina, ao jardim do Éden[96].

Vaticínios e profecias futuríveis do sempre existencialista heróico e utópico Jacob Lévy Moreno.

Warming up

O complemento prévio, não condicionante, da espontaneidade é o *warming up*. A ele muitas vezes nos referimos, ao longo do nosso estudo, ligado ao conceito de catalisador espontâneo, como pré-aquecimento que desencadeia a força criadora. Por aquecimento entendemos o exato conteúdo do termo em linguagem desportiva. Mas, se quisermos recorrer a exemplos tomados da psicologia experimental, nada melhor que os experimentos realizados por Zeigarnik sobre a retenção das tarefas terminadas ou das inconclusas. Ele chega a demonstrar que na vida, para realizar cada tarefa, desencadeamos uma certa quantidade de energia. Esse ato de desencadeamento seria o *warming* moreniano.

Na verdade, Moreno não acrescenta muito a esse processo de pré-aquecimento, apesar de o termo aparecer freqüentemente em suas obras em contextos de espontaneidade e de preparação do sujeito, no início de sessões psicoterapêuticas. Insiste mais sobre os sistemas que vão produzir este pré-aquecimento que em sua definição.

Para definir o *warming up*, com palavras de Moreno, vamos recorrer a três idéias: é um desencadeante dos *estados afetivos* que acompanham a espontaneidade[97]. É um *intermediário* entre a espontaneidade e a criatividade[98]. E, seguindo a idéia de operacionalidade, é a *manifestação* ou o sinal externo pelo qual sabemos se a espontaneidade começou a atuar. Quando abordamos as provas experimentais da espontaneidade, vimos que o propósito de Moreno era medir a adequação da resposta, mas nem sequer se questionava em que momento a espontaneidade havia começado a atuar. Agora, ao contrário, ao tratar do *warming up* e sua manifestação operacional, procura descobrir quando a espontaneidade já está a ponto de dar uma resposta adequada:

> O *processo de liberação é a manifestação operacional da espontaneidade*. Assim como a eletricidade se mede por seus efeitos, a espontaneidade se mede pela dinâmica do processo de liberação[99].

Como estas manifestações são externas, essencialmente *fisiológicas* e podem ser medidas, Moreno tentou fixar alguns *índices de liberação afetiva*. Trata-se de medir as reações fisiológicas: respiração, ritmo cardíaco, transpiração etc. que acompanham determinado estado psíquico (muitos testes projetivos de lápis e papel, como a grafologia ou o miocinético, têm aqui seu fundamento). Para desencadear o *warming* temos o corpo que atua sobre a mente e a mente que atua sobre o corpo. Aqui termina ou começa (depende do ponto de partida) todo o processo psicológico da espontaneidade.

> Pode ser produzido por: iniciadores físicos (um processo físico complexo em que contrações musculares desempenham o papel principal); iniciadores mentais (sentimentos e imagens freqüentemente sugeridos por outras pessoas) e iniciadores psicoquímicos (estimulação artificial mediante o álcool, por exemplo)[100].

Inclusive, Moreno também atribui valor aos iniciadores econômicos:

> A enorme produção dos grandes mestres do Renascimento não se deve tanto a uma produtividade maior que a de muitos artistas modernos, quanto ao fato de que, certos nobres daquele período lhes atribuíam uma determinada tarefa a ser cumprida em tempo estabelecido, isto é, faziam um contrato de trabalho[101].

Entre as técnicas psicoterapêuticas de Moreno e na exposição de suas estórias clínicas, encontra-se outro tipo de aquecimento que merece ser destacado: numa discussão de grupo se pode chegar a tal intensidade que, em dado momento, um dos participantes sinta necessidade de atuar ou representar seus sentimentos. Através da palavra, este participante sentiu-se aquecido para à ação espontânea: "os membros do grupo aproveitam toda oportunidade que se lhes apresenta para ir mais além da comunicação verbal e manifestar sua fome de ação"[102].

Embora os exemplos se pudessem acumular, terminamos mencionando o efeito pré-aquecedor do filme. O Moreno Institute de Beacon tem, à disposição dos psicodramatistas, uma série de filmes que apresentam casos práticos de psicodrama. Sua projeção, além da finalidade didática, serve como desencadeante da espontaneidade, isto é, como pré-aquecimento para sessões psicodramáticas.

Sendo o pré-aquecimento o fator que desencadeia a espontaneidade e sendo a espontaneidade o eixo das técnicas psicoterapêuticas morenianas, pode-se avaliar sua grande importância para o êxito da terapia:

Um dos grandes problemas da terapêutica psíquica é a de como fazer o paciente começar... Em todas as situações psicoterapêuticas praticadas até esta data, o paciente é tratado isoladamente e descreve o que sente com relação a seus problemas. Mas na terapia interpessoal, especialmente na forma de *psicodrama*, a tarefa é ainda mais complicada. Aqui se deve induzir o paciente a expressar o que sente no momento, não por meio de palavras mas por gestos e movimentos[103].

2. Criatividade

Um termo, às vezes qualificativo, outras vezes determinante, e muitas vezes opositivo, aparece ligado ao conceito de espontaneidade: *criatividade*. Moreno repete indiscriminadamente: "espontaneidade criadora", "criação espontânea" ou "espontaneidade-criatividade". Para sua mente não filosófica, o matiz funcional do termo é menos importante que o sentido único que lhe confere: ato espontâneo é ato criador, criatividade é momento de espontaneidade. Mas, por que nos empenhamos em ordenar a mente anárquica (por ser criadora) de Jacob Lévy Moreno? Ele expõe vivências e teorias ao mesmo tempo que as experimenta e no ritmo de sua espontaneidade criadora.

Em muitos momentos não nos foi possível fugir à conjugação dos dois conceitos e justificávamos os pressupostos básicos da espontaneidade como tentativa moreniana de salvar a evolução constante do mundo — inacabada criatividade divina — e a capacidade criadora do homem-gênio. Também com relação à conserva cultural, nos conscientizávamos de sua função de freio ou impedimento ao processo criador, acumulando, conservando e transformando espontaneidade criadora.

Numa análise mais detida da *criatividade*, um fato nos surpreende, não por ser inesperado, mas por ser confirmante: em Moreno, o conceito de criação prevalece nos primeiros escritos do místico e apóstolo hassidista e quando posteriormente reaparece, o faz no contexto de lembranças daqueles anos. Para nós ficou muito distante aquela crença quase panteísta na criatividade divina compartida e continuada pelo homem no mundo; porém, a crença mística vivenciada, sustenta esta manifestação ativa e positiva da espontaneidade.

Dizemos que em Moreno a criatividade reaparece unida às lembranças; para sermos mais exatos, observamos que em *Who shall survive* (1934), repete quase literalmente a introdução de *The words of the father* (1920) com relação ao conceito de criatividade. Depois desses primeiros anos ou dessas futuras recordações, com o passar do tempo, a

155

insistência de Moreno com relação à criatividade, cede. Mostramos, em determinado momento, que Moreno se comercializa quando, levando suas concepções místicas para a vida, se encontra com a terapia. Os números, a estatística, os gráficos do sociograma e a geografia sociátrica, afastam, razoavelmente, a mente do terapeuta, da criatividade do místico. Embora remota e latente, no Moreno maduro, permanece uma querença antiga.

Tão cientificamente marcado é o tom dessa fase terapêutica que em muitas horas, temos a impressão de que a espontaneidade se independentizou da criatividade passando a um estado de jurisdição própria e tendo, em si mesma, valor terapêutico. Rompeu-se externamente a interferência de atuação mas, por um subjacente passo de religiosidade, voltam às obras do nosso autor, palavras sobre a *filosofia do ato criador*, sobre a *revolução criadora* e a *doutrina da espontaneidade-criatividade* ou palavras de salvação.

A noção de criatividade não está definida em nenhuma das obras de Moreno. É preciso rastrear, mais uma vez em seus escritos de juventude e em torno da suspeita de panteísmo da criatividade hassidista. É preciso reler *As palavras do pai* para retomar a idéia de que o conceito moreniano de criação não vai além do relato bíblico do Gênesis nem em força nem em conteúdo. Possivelmente aí, nesses escritos primitivos, estejam as maiores precisões sobre a idéia de criação e criatividade do homem enquanto ajudante de Deus.

De suas outras obras nos fica a impressão de que fala de criatividade no sentido de progresso, evolução, crescimento, invenção, arte e artesania: tudo o que suponha inovação ou desenvolvimento. E, com referência ao homem, lhe confere um sentido de vitalismo, otimista e às vezes ingênuo. Assinalamos esse sopro de otimismo platônico ou franciscano que envolve suas palavras: tudo, em si, é bom; as forças naturais deixadas ao seu próprio impulso conduzem ao melhor, porque o bem é comunicativo e expansível. Às vezes parece que Moreno vai chegar a uma definição mais precisa, porém, depois de uma iniciação promissora, volta aos termos vagos, imprecisos, a-científicos e a-filosóficos[104].

Dizíamos que a espontaneidade e a criatividade aparecem permanentemente juntas na obra moreniana. Dada a vaga noção de criatividade que acabamos de expor — enquanto progresso e novidade — e recordando a noção operacional de espontaneidade — como resposta nova a situação antiga ou resposta adequada a situação nova —, temos que aceitar que se implicam mutuamente. Pois, se a espontaneidade fomenta o surgimento de algo novo, e o novo é criador, é lógico que para Moreno espontaneidade e criação sejam termos correlativos: recordemos o problema da espontaneidade como energia e a solução que lhe é dada e concluiremos que são necessariamente inseparáveis.

156

A inter-relação espontaneidade-criatividade, neste momento, já não exige explicação. Como detalhe final, podemos apontar sua *absoluta implicação*, com essas palavras de Moreno: "Sem criatividade a espontaneidade do universo tornar-se-ia vazia e estéril; sem espontaneidade a criatividade do universo se limitaria a um ideal sem eficácia e sem vida."[105]

E podemos apontar, também com suas palavras, a não identidade de conceitos tão afins: "Em conseqüência, a espontaneidade e criatividade aparecem como pertencentes a categorias diferentes: a criatividade pertence à categoria da substância — é a arqui-substância —, a espontaneidade à categoria dos catalisadores — é o arquicatalisador."[106]

Implicam-se sem confundir-se e esta implicação justifica a conduta humana. Estamos, assim, tocando a essência da antropologia psicológica de Jacob Lévy Moreno. A espontaneidade criadora explica o homem são e o homem doente e explica também as técnicas morenianas de cura: psicodrama, psicoterapia de grupos, sociometria... O núcleo não é a espontaneidade nem a criatividade; o núcleo tem suas raízes no paralelismo:

> A vinculação da espontaneidade com a criatividade significou um importante progresso, a forma mais elaborada de inteligência que conhecemos e o reconhecimento de que ambas são as forças primárias da conduta humana.[107]

Notas

1. *Psicodrama*, Paidós, Buenos Aires, 1972, 156.
2. *Psicoterapia de grupo y psicodrama*, F.C.E., México, 1966, 74-75.
3. *Ibid.*, 57.
4. *Fundamentos de la sociometría*, Paidós, Buenos Aires, 1972, 56.
5. *Psicoterapia de grupo y psicodrama*, 27.
6. *Fundamentos de la sociometría*, 175.
7. *Psicoterapia de grupo y psicodrama*, 110.
8. *Ibid.*, 57. "Moreno defende que o homem é, por natureza, espontâneo e criador, e que adoece quando não pode utilizar estes dons naturais": Asya e outros, *Manual de psicoterapia de grupo*, F.C.E., México, 1969.
9. *Psicodrama*, 136.
10. *Fundamentos de la sociometría*, 58.
11. *Ibid.*
12. *Psicodrama*, 159.
13. *Ibid.*, 133-134.
14. *Fundamentos de la sociometría*, 57; *Psicodrama*, 131-132.
15. Cf. *Psicodrama*, 131.
16. *Fundamentos de la sociometría*, 36; cf. *Ibid.*, 58-59.
17. *Ibid.*, 57.
18. *Ibid.*, 58. "Para mobilizá-las e dar-lhes forma, necessitam um transformador e catalisador, uma espécie de inteligência que opera aqui e agora, *hic et nunc*, à "espontaneidade": *Psicodrama*, XV.
19. *Fundamentos de la sociometría*, 59.
20. *Psicoterapia de grupo y psicodrama*, 10.
21. D. Anzieu, *El psicodrama analítico en el niño*, Paidós, Buenos Aires, 1971, 58.
22. *Ibid.*
23. *Psicoterapia de grupo y psicodrama*, 21.
24. *Fundamentos de la sociometría*, 227.
25. *Psicodrama*.
26. *Fundamentos de la sociometría*, 53-54.
27. *Psicodrama*, 186.
28. *Psicoterapia de grupo y psicodrama*, 56.
29. *Ibid.*, 57.
30. *Ibid.*, 57.
31. *Fundamentos de la sociometría*, 54.
32. "A raiz da palavra espontâneo e seus derivados, é o termo latino *sponte*, que significa 'por livre vontade'". *Psicomúsica e sociodrama*, Hormé, Buenos Aires, 1965, 220.
33. A. A. Schützenberger, *Introducción al psicodrama*, Aguilar, Madrid, 1970, 20.

34. *Psicodrama*, 134.
35. *Las bases de la psicoterapia*, Hormé, Buenos Aires, 1972, 286.
36. *Psicomúsica e sociodrama*, 221.
37. *O.c.*, 80.
38. *Psicodrama*, 161.
39. *Ibid.*, 174.
40. *Ibid.*, 66, 1.
41. Cf. *Psicodrama*, 134-135.
42. "As investigações experimentais sobre a espontaneidade nos permitiram reconhecer a unidade de um mesmo processo em suas diversas fases e seus diferentes graus, tanto no que concernem às deficiências e perdas de espontaneidade ou aos excessos patológicos — como as ab-reações impulsivas — como no que se refere às formas normais e disciplinadas da espontaneidade — a espontaneidade produtiva e criadora". *Fundamentos de la sociometría*, 366-367.
43. *Ibid.*, 43.
44. *Psicoterapia de grupo y psicodrama*, 161.
45. *O.c.*, 21.
46. *Psicodrama*, 136.
47. *Ibid.*, 137.
48. *Ibid.*, 138-139.
49. *Ibid.*, 139.
50. *Psicodrama*, 140-141.
51. *Ibid.*
52. *Ibid.*, 89.
53. *Ibid.*, 150.
54. *Fundamentos de la sociometría*, 66.
55. "Constituem uma forma de tempo que é vivido atualmente pelo indivíduo e não só percebido ou construído": *Psicomúsica y sociodrama*, 52, 3.
56. *Psicodrama*, 196.
57. Cf. *ibid.*, 218-219.
58. *Psicodrama*, 122.
59. Em continuação exporemos uma síntese do desenvolvimento do teste de espontaneidade tal como Moreno o descreve no *Psicodrama*, 141 s.
60. *Psicodrama*, 148.
61. J. Nuttin, *La estructura de la personalidad*, Kapelusz, Buenos Aires, 1968, 67.
62. *Psicodrama*, 141.
63. *Ibid.*, 95-96.
64. *Ibid.*, 135-136.
65. *Ibid.*, 92.
66. *Fundamentos de la sociometría*, 109.
67. "Queremos, desde agora, chamar a atenção sobre o conceito de "ego auxiliar", de tão grande importância no psicodrama. Na vida, o primeiro eu-auxiliar é a mãe: ela é quem substitui e faz às vezes da criança, em muitas funções vitais. É um eu fora do eu da criança. Achamos que se isso for verdade, devemos pensar que no psicodrama, de alguma maneira, se volta ao mundo da infância, o que acontecerá, especialmente, no caso dos

psicóticos. Porque, afinal, a concepção da psicose como fixação ou regressão a etapas infantis, não é muito diferente em Moreno e na psicanálise; embora, mais uma vez, tenhamos que relembrar as diferenças radicais. Os fatos são os mesmos, as explicações são distintas.

68. *Psicodrama*, 194-195.
69. Cf. *Psicodrama*, 123-124.
70. *Psicoterapia de grupo e psicodrama*, 57.
71. *Fundamentos de la sociometría*, 410-411. Este convite a levar mais em conta a espontaneidade, está presente em toda a obra moreniana, com uma insistência talvez aqui não suficientemente reproduzida: "Se nos decidirmos a substituir a nossa ordem social, em que a espontaneidade aparece como fenômeno abstrato e fortuito, por uma ordem fundada sobre a espontaneidade e o poder criador do homem, a espontaneidade de cada pessoa arrastará a de seus semelhantes e a acumulação destas espontaneidades individuais terá efeitos bem diferentes dos que conhecemos na atualidade... Esta espontaneidade do gênero humano, será de tal modo considerável que a força dos homens, o exercício de sua energia coletiva, ultrapassará tudo o que possamos imaginar em nossos sonhos de antecipação": *Ibid.*, 368.
72. *Ibid.*, 60. "Quando se a compara com outras muitas funções mentais como a inteligência e a memória, o sentido da espontaneidade demonstra estar muito menos desenvolvida. É possível que isto se deva a que na civilização de conservas que criamos, a espontaneidade é muito menos utilizada e exercitada do que, por exemplo, a inteligência e a memória": *Psicodrama*, 55.
73. *Fundamentos de la sociometría*, 37.
74. *Psicodrama*, 150, 8.
75. *Fundamentos de la sociometría*, 360.
76. *Ibid.*, 361.
77. G. Allport, *La personalidad, su configuración y desarrollo*, Herder, Barcelona, 1966, 136 s.
78. Cf. L. Thorpe-A. M. Schmuller, *Les théories contemporaines de l'apprentissage*, P.U.F., Paris, 1956, 44 s.
79. Cf. *Der Königsroman*, Kiepenheuer Verlag, Berlin, 1923, 105 s.
80. *Psicodrama*, 184.
81. *Fundamentos de la sociometría*, 358.
82. *Ibid.*, 363-364.
83. *Ibid.*, 364.
84. *Psicodrama*, 289-290.
85. *Fundamentos de la sociometría*, 358. Consideramos que, embora um pouco longa, esta citação de Moreno também pode explicar perfeitamente como se realiza a educação da espontaneidade: "Organiza-se uma série de situações, tal como poderiam ocorrer na vida da comunidade, na vida doméstica, na vida de família, de negócios etc. Segundo suas necessidades o estudante escolhe as situações, que também podem ser sugeridas pelo instrutor. As situações vitais construídas são a princípio o mais simples possível, e nelas o estudante representa uma função específica. Quando atuam bem nestas funções, são colocados ou si colocam eles próprios, gradualmente, em situações cada vez mais complexas Não se

dá um novo passo sem que o anterior esteja satisfatoriamente dominado. Diz-se aos alunos que se atirem nas situações, que as vivam e representem cada detalhe necessário, como se fossem de verdade. Enfatiza-se o grau de fidelidade à vida real de cada procedimento. Freqüentemente torna-se essencial a representação detalhada de coisas e relações que habitualmente são otimidas no teatro convencional. Nenhuma situação é repetida, variando-se em todas elas, seja o motivo, seja o material ou as pessoas que representam juntas ou qualquer outra fase essencial. Durante a exercitação, um estudante registra cuidadosamente, cada desempenho. Dá-se a cada estudante, uma cópia do registro... Depois de cada representação faz-se uma análise e abre-se uma discussão em que tomam parte estudantes e instrutor. As críticas vão desde considerações sobre a sinceridade das emoções demonstradas nas situações, até as afetações, o conhecimento do caráter material da situação, as relações com as outras pessoas que representam, as características do porte, a linguagem e a expressão facial. Os efeitos sociais e estéticos da atuação individual passam ao primeiro plano e são avaliados. Aparecem muitos traços que indicam dificuldades da personalidade: ansiedades, medo de representar, gagueira, atitudes fantásticas e irracionais etc. O estudante supera espontaneamente esses defeitos. No decorrer desses exercícios o sujeito passa por um processo de aquecimento que facilita sua produção, de modo a caracterizá-la por uma exuberante plenitude não alcançada ordinariamente. A forma e riqueza de sua produção o surpreende, assim como a atenção física e mental que experimenta'': *Psicodrama*, 187-188.

86. *Psicomúsica y sociodrama*, 221.
87. Cf. *Psicodrama*, 175; *Fundamentos de la sociometría*, 411, 417.
88. *Fundamentos de la sociometría*, 411-412. Seria interessante fazer uma comparação entre esta divisão e a que faz Lersch, da cultura humana. Cf. Ph. Lersch, *Psicología social*, Scientia, Barcelona, 1967, 6 s.
89. *Psicodrama*, 164.
90. *Ibid.*, 158.
91. *Psicodrama*, 159.
92. *Psicomúsica y sociodrama*, 43.
93. *Fundamentos de la sociometría*, 414.
94. *Psicodrama*, 158.
95. *Psicomúsica y sociodrama*, 222.
96. *Psicodrama*, 80-81.
97. Cf. *Psicomúsica y sociodrama*, 62.
98. Cf. *Fundamentos de la sociometría*, 58.
99. *Ibid.*, 228.
100. *Psicodrama*, 305.
101. *Psicomúsica y sociodrama*, 65.
102. *Psicoterapia de grupo y psicodrama*, 89.
103. *Psicodrama*, 245-246.
104. Cf. *Psicodrama*, 194-195.
105. *Fundamentos de la sociometría*, 227.
106. *Ibid.*, 54.
107. *Ibid.*, XV.

5
Átomo Social e Grupo

1. Dimensão relacional

Talvez pareça de grande alcance polarizar a teoria antropológica de Jacob Lévy Moreno em torno de dois eixos: a constituição individual da pessoa e o seu caráter social. Explicada a constituição individual, ao tratar da espontaneidade, restaria o estudo do homem como ser sociável. Porém o efeito lógico expositivo não se mantém: porque a espontaneidade, desde que orientada para o encontro, não é individual; nem existe, entre as obras de Moreno, nenhum tratado em que ele exponha sua teoria sobre a natureza social do homem. Como é possível que o criador da terapia interpessoal em oposição ao individualismo freudiano, o criador da psicoterapia de grupo, da sociometria e do sociodrama, nada haja formulado diretamente, sobre a teoria da natureza social humana?

A falta desta sistematização constitui uma contingência e um risco, porque a obra moreniana é demasiado extensa, desconexa e vivida aos golpes, o que nos obriga a uma constante dedução teórica de suas experiências, particularmente das sociométricas. Jennings, sua colaboradora nos estudos sociométricos, é mais explícita, pois inicia o seu estudo *Leadership and isolation* com algumas idéias sobre a natureza social do homem. Contudo, se Moreno não acreditasse na essencial sociabilidade humana, não teria chegado à criação da "microssociologia" nem seria o introdutor dos estudos de grupo. Concordamos com Portuondo quando diz que, "para Moreno, a personalidade deve ser concebida e estudada em seu próprio meio ambiente e através das relações interpessoais com os personagens que o compõem"[1]

Embora em suas obras, faltem capítulos dedicados ao estudo teórico do "animal político", nelas é possível encontrar afirmações sobre esta natureza social. O estudo do indivíduo em relação com os demais, ocupa a maioria das suas páginas, fundamentalmente das que se referem à primeira etapa do existir humano ou seja, à *matriz de identidade.* Quando a criança nem mesmo percebe a diferença entre si mesma e seu ego auxiliar materno, já está vivenciando, na relação com a mãe, a sociedade. Este fato tem conseqüências decisivas em seu processo de socialização ou de integração em sua cultura: "A matriz de identidade é a placenta social da criança, o *locus* no qual ela se enraiza."[2]

O nascer em situação grupal é de tamanha influência para a personalidade humana que, segundo Moreno, determina seu psiquismo: "Qualquer que seja, a *psiquis* foi, em sua origem, formada pelo grupo."[3]

Por isso, quando raramente fala sobre os componentes da personalidade humana, Moreno atribui fundamental importância à sua dimensão social. O social é constituinte da própria personalidade. Filosoficamente falando, ser sociável pertence à essência do homem: "A pessoa humana é o resultado de forças hereditárias (g), forças espontâneas (e), forças sociais (t) e forças ambientais (a)."[4]

Moreno vai mais longe do que outros filósofos sociais, afirmando a base constitucional fisiológica deste aspecto da personalidade. Em poucos momentos como neste, aparece a influência de sua formação médica predominantemente organicista. Aquele que requereu uma base fisiológica cerebral para a espontaneidade, requer também uma base fisiológica para a sociabilidade:

> Parece-nos legítimo formular a seguinte hipótese de trabalho: na base de todas as interações sociais e psicológicas entre os indivíduos deve ter existido, e até existem, pelo menos dois órgãos fisiológicos complementares que atuam de maneira recíproca. O princípio da bissexualidade é apenas um aspecto particular de um princípio mais compreensivo: a bissociabilidade. Podemos então supor que as atrações e as rejeições que oscilam de um indivíduo a outro — quaisquer que sejam seus efeitos: medo, cólera, simpatia — têm uma base sociofisiológica[5].

Se esta afirmação já nos parece ousada, Moreno é ainda mais extremista quando se refere às dificuldades ou resistências que os indivíduos às vezes opõem ao psicodrama, no que diz respeito a manifestar em público, os seus conflitos individuais; Moreno diz que isto não tem razão de ser, é falso, pois *esses sentimentos são comuns, e de propriedade pública*:

> As resistências contra o psicodrama apresentam conotações diferentes. Se originam em que problemas particulares sejam tratados em público: propriedades psicológicas privadas, experiências de caráter tão íntimo e sempre consideradas como o último fundamento da identidade individual, são entregues ao grupo. O indivíduo se vê obrigado a enfrentar a verdade de que estas experiências não são realmente "suas", mas propriedade psicológica pública[6].

Para integrar tão surpreendentes palavras no contexto ideológico moreniano, voltamos ao caráter fundamentalmente sociável da personalidade individual, ampliado ao extremo de considerar que os conflitos do homem se originam em sua relação com os demais; e nos reportamos também à realidade, infinitas vezes experimentada durante as representações psicodramáticas, em que um problema que nos parecia próprio e singular é compartilhado por muitos espectadores; essa comunidade de sentimentos acontece e se integra ainda na representação psicodramática de problemas sociais, que afetam a um grupo social (sociodrama) ou aos valores de uma cultura (axiograma); ou, simplesmente: porque toda obra, e também a criação original, devem sua existência à comunidade, enfim lhe pertencem. A sociedade estimula a ação humana; não podemos criar no vazio: criamos pensando na acolhida que os outros vão dar ao fruto de nossa criação.

Compartilhar sua obra de arte com milhões de indivíduos é o que justifica, para o artista, o tremendo esforço que lhe exige sua representação: o que ele mais teme, é executar no vazio, isolado, sem que se o aprecie e o queira. Isto lhe resulta terrível não só pelo seu eu pessoal, mas pela profunda dependência em que se encontra o seu eu criador, com relação aos que o escutam e estimulam a sua própria aptidão para atuar. O artista sabe que eles são capazes de reforçar seu eu criador e de fazê-lo elevar-se ao mais alto nível a que se pode chegar[7].

Outro argumento que nos parece muito claro, e confirmativo da importância do caráter social humano, o encontramos na identificação entre o eu psíquico e o "papel". O "papel" é, por definição, social; o eu procede ou se identifica com o papel, donde é lógico concluir que a dimensão social do indivíduo se confunde com seu próprio eu. O homem é, necessariamente, um ser social: "Os aspectos tangíveis do que se conhece como "eu" são os papéis nos quais este eu opera."[8]

E porque Moreno toma como base de sua terapia a natureza social do homem, todas as suas técnicas são essencialmente de interação e se fundamentam no conceito de *encontro,* já então reduzido a seu conteúdo exclusivamente inter-humano. Daí fazer do encontro o lema do conjunto de edifícios e de seus ensinamentos em Beacon. No programa dos cursos de Beacon House está impresso:

Symbol of the Encounter

A meeting is two: eye to eye, face to face.
and when you are near I will tear your eyes out
and place them instead of mine,
and you will tear my eyes out
and will place them instead of yours,
then I will look at you with your eyes
and you will look at me with mine[9].

165

Progressivamente se foi definindo a essência social do indivíduo, segundo Moreno, e de maneira tão clara como o faria qualquer tratado psicossociológico: o homem é sociável porque nasce em sociedade, porque necessita dos outros para sobreviver, porque em sua constituição está pré-formado fisiológica e aptitudinalmente para a convivência com os demais. Ele vai além das modernas doutrinas dos papéis, de Mead, ao dizer que, o que psicologicamente entendemos por "eu", está em função do "papel" e nos papéis se origina.

2. Átomo social

Para evitar toda uma construção sobre conceitos sem validade, tentamos prevenir falsas interpretações, delimitando claramente a noção elementar de *átomo social*: é um conceito contextual que nasce da aplicação do teste sociométrico.

Observando o quotidiano, em qualquer sociedade, em agrupamentos regidos por diferentes critérios (sociais, econômicos, religiosos, recreativos, culturais...) e de relações *afetivas* também diversas, existentes entre seus indivíduos: (indiferença, atração, rejeição...). Moreno sente a necessidade de estudar estes fenômenos e cria o teste sociométrico. Toma como base a interpretação individual que, a partir de um critério proposto, cada membro desses grupos dá as suas relações com os demais membros. Estas respostas são submetidas a uma análise científica, através da matriz sociométrica e do sociograma, chegando a uma dissecção total do grupo e de sua composição. Se, dessa matriz sociométrica, tomarmos as relações afetivas de um só indivíduo e estudarmos qual é a sua situação no grupo, estaremos chegando à noção moreniana de *átomo social*.

Moreno procura conhecer a vinculação do indivíduo concreto nessas relações que unem os membros de um grupo e que unem os grupos no interior de uma coletividade. Na realidade, o átomo social chega a determinar, com sua multiplicidade de critérios, todas as coordenadas da inserção do eu no grupo e da aceitação do eu pelo grupo.

Conhecido o marco referencial sociométrico em que surgiu o conceito moreniano de átomo social, conceito, hoje já sociológico, poderemos compreender sua definição, em seus justos limites. Já vimos, ao tratarmos da constante "elementaridade", que Moreno buscou esse conceito e seu conteúdo, em Demócrito. Assim como o filósofo grego em sua busca da composição da matéria e da explicação do movimento, chegou à simplificação total, nosso autor encontrou, na relação

166

afetiva do indivíduo, a mínima e indivisível partícula social que, diferentemente combinada e inter-relacionada com outros átomos, explica a sociedade:

> O átomo social é o núcleo de todos os indivíduos com quem uma pessoa está relacionada sentimentalmente, ou que lhe estão vinculados ao mesmo tempo. É o menor núcleo de uma pauta interpessoal de teor emotivo, no universo social. O átomo social chega tão longe quanto a própria tele possa alcançar outras pessoas. Daí também chamar-se o alcance tele de um indivíduo e ter uma importante função operacional na formação de uma sociedade[10].

Moreno determina graficamente o átomo social, no interior da matriz sociométrica, por um sistema de coordenadas e quadrantes.

$$\text{W.L.} \longrightarrow \overset{\text{L}}{\underset{}{\frac{2-1}{3-0}}} \Big| \frac{3-1}{4-0}$$

No quadrante superior esquerdo coloca as eleições que o sujeito (W.L.) faz (2) e as que recebe (1) dentro de seu próprio grupo. No inferior esquerdo se anotam, pelo mesmo sistema, as rejeições: as que faz (3) e as que recebe (nulas neste exemplo), também intragrupo.

À direita da coordenada se anotam as relações intergrupo, ou seja, de nosso indivíduo com os indivíduos de outros grupos. No quadrante superior direito, as eleições que faz (3) e recebe (1), e no inferior direito, as rejeições (4 — 0).

O critério escolhido (L) se faz também constar no gráfico. Neste caso, o critério foi de vida em comum.

Outro tipo de representação gráfica do átomo social seria pelo sistema do sociograma. Coloca-se, num círculo, os nomes dos componentes de um grupo social e, fora do círculo, os nomes dos componentes de outros grupos. Através de traços diferindo em cor ou intensidade, assinalam-se as escolhas e as rejeições. Este tipo de gráfico corresponde ao sociograma tradicional, é simples de confeccionar e de interpretar.

Constituído o átomo social, é preciso caracterizá-lo, matizando-o através de qualidades ou aspectos que o afetam mais diretamente. Precisamos estudar a *intensidade* com que o indivíduo é aceito ou rejeitado. Se um membro de um grupo recebe cinco escolhas em primeiro lugar e outro também recebe cinco, porém em terceiro lugar, a intensidade da eleição do primeiro é superior à do segundo. Na matriz sociométrica as eleições recebem diferentes ponderações, que podem ser assinaladas pela sua colocação segundo a ordem em que foram atribuídas.

Outra qualidade do átomo social é a *expansividade*, que diz respeito ao número de indivíduos com quem a pessoa se relaciona: quanto maior for o número de pessoas que entram na sociomatriz de um indivíduo, maior será sua expansividade social. Moreno vai mais além: a expansividade não se limita unicamente às pessoas que se relacionam direta e imediatamente com o indivíduo cujo átomo social estamos estudando, mas abrange também a expansividade que, por seu turno, emana dessas pessoas. Gera-se uma cadeia de relações interindividuais que não têm a mesma origem nem o mesmo término. Moreno explica:

> Por outro lado, se os indivíduos que formam o átomo social de um sujeito, têm uma forte expansividade afetiva, este sujeito central do átomo social estará em relação com gente que, por sua vez, tem contato com muitas outras pessoas[11].

Depois de analisar muitos testes sociométricos, Moreno chegou a determinar uma terceira qualidade do átomo: o *equilíbrio*. Em última instância, as eleições e rejeições que um indivíduo faz e recebe quase sempre tendem a ser semelhantes e os estados afetivos que ele experimenta se equilibram através daqueles de que é objeto por parte de seus companheiros.

Outra característica que não se tem levado em consideração e que tem suscitado críticas referentes à noção do átomo social é a sua *dinamicidade*. Segundo Moreno, o átomo social, situando-se entre as constantes variações que sofrem os grupos e a sociedade, não é estático. Embora se o compare com o átomo de Demócrito, isso não implica identidade entre os dois. O átomo social moreniano não é imutável nem eterno, e por ser um entrelaçamento de atrações e rejeições, é essencialmente mutável e dinâmico. E mais: do nível de estabilidade do átomo social se pode inferir a mobilidade ou imobilidade de um grupo. Se, passado algum tempo da aplicação do teste sociométrico, voltarmos a aplicá-lo num mesmo grupo e as redes afetivas que unem o indivíduo aos seus companheiros se mantiverem idênticas, conclui-se que este grupo já encontrou sua estabilidade; se pelo contrário estas redes emotivas sofreram mudanças, isto demonstra que também o grupo apresenta uma certa mobilidade[12].

Até agora se pode concluir que o átomo social, simplesmente sociométrico e refletido numa sociomatriz ou num sociograma, é algo frio, meramente matemático, não se diferenciando dos *resultados* que nos podem oferecer, por exemplo, um teste de inteligência de tipo Binet ou a tabela de observação de Bales, à que se opõe o nosso autor. Até aqui sentimos falta de seu existencialismo, de seu vitalismo e da rica graduação de motivações subjacentes a toda relação humana. Acontece que o estudo moreniano do átomo social não se esgota em números e em gráficos. Complementando-o, Moreno oferece o teste sociométrico de espontaneidade, em que as pessoas que tomaram parte na sociometria, concretizam, frente a frente, o critério das suas escolhas, podendo-se então observar, no calor vital de suas reações, sua atitude nas rejeições e atrações:

> Ao utilizar o teste de espontaneidade, nos esforçamos por determinar os diferentes sentimentos que se encontram na origem das atrações e das rejeições, e por descobrir aqueles que orientam estas correntes e os que são apenas secundários[13].

Moreno propõe também o estudo das *motivações* que determinam as escolhas, através de entrevistas individuais com os participantes do teste. A partir da matriz sociométrica pergunta-se porque se elegeu ou se rejeitou, e assim procura-se encontrar a vida que pulsa sob os números e sob as linhas de cores diferentes: "As motivações que recolhemos constituíam as reflexões surgidas no espírito de nossos sujeitos no justo momento de seus desejos."[14]

Moreno insiste em que os agrupamentos sociométricos e por conseguinte, o átomo social, dependem do critério de eleição empregado, ou seja, da "consigna" ou determinação dada aos sujeitos que vão submeter-se ao teste, e segundo a qual realizam suas eleições (por exemplo: escolhas visando convivência, trabalho em equipe, ocupação do tempo livre etc...). É evidente que as pessoas escolhidas para um trabalho em comum não o seriam, obrigatoriamente, para ir a um baile ou para conviver sob o mesmo teto. Portanto, achamos justa a tentativa de divisão dos átomos sociais a partir de critérios, como o faz Moreno: "O teste sociométrico permite determinar as pessoas com quem um sujeito deseja associar-se e quantas pessoas desejam associar-se a ele, a partir de um determinado critério."[15]

Outra divisão proposta por Moreno, leva em consideração o ponto de vista a partir do qual se estudam as escolhas ou rejeições que integram um átomo social. Podemos ir do indivíduo para a coletividade: centrando-nos sobre o indivíduo, temos o *átomo psicológico*; inversamente, partindo do grupo que elege aquele que tomamos como centro do estudo microscópico, o átomo social é denominado *coletivo*. Deve-se considerar que esta distinção não é arbitrária: visto do ângulo social, o "átomo" se vai tecendo, numa complexa rede de relações que não apareceriam se estudado unicamente sob o ângulo "psicológico".

Finalmente Moreno distingue entre átomo sociométrico e átomo cultural. O primeiro já o conhecemos; é a resultante do teste sociométrico aplicado a grupos; o segundo se refere à posição sócio-cultural que uma pessoa ocupa, não por ser tal pessoa, mas pelo seu *status* ou pelo papel que desempenha. Numa determinada cultura se pode estudar qualquer papel ou qualquer *status*, através das inter-relações profissionais e afetivas que os implicam. Para explicá-lo, Moreno recorre à sua velha mania comparativa[16].

Consideramos uma grande contribuição de Moreno à ciência sociológica, o ter definido e isolado o átomo social. Talvez, por isso mesmo não lhe faltem críticas. Chaix-Ruy, parafraseando o sociólogo francês Gurvitch — que também se dedicou a esses temas e que chegou a publicar trabalhos em colaboração com o próprio Moreno — critica-o abertamente. Reduzamos a seus pontos básicos, a extensa e múltipla crítica que Ruy lhe dirige: — é difícil que o átomo social seja a menor partícula do social —. Esta afirmação, a nosso ver é categórica e incompleta, desde que não propõe outra partícula mais simples como aval de sua objeção. Estender exaustivamente a comparação do átomo de Demócrito com o de Moreno, nos parece também inadequado. Se a ciência desmontou o processo de busca do original do filósofo grego, isso não afeta o outro elemento da comparação, o átomo social. Também o átomo de Demócrito não é equiparável ao da física quântica e por isso mesmo não sofre as suas deduções.

Se o indivíduo e suas inter-relações não fora a menor partícula do social, qual seria ela? por acaso o sentimento? Mas o sentimento, embora integre a relação social, não pertence à psicologia social, agora em questão, porém, à psicologia individual. E nesse caso, Moreno teria uma noção mais precisa e estritamente sociológica, que explica toda relação entre os homens, seja relação normal ou patológica: *o fator tele*.

A segunda objeção de Chaix-Ruy à noção de átomo social, é a de ser um conceito estático, quando o "mim" é fluente[17].

A propósito, já vimos que a noção de átomo social não é estática, porém dinâmica, a ponto de a dinâmica do grupo basear-se na dinâmica do átomo.

A objeção seguinte é tomada por Chaix-Ruy diretamente de Gurvitch, e questiona se o átomo social é um indivíduo ou a condução ou manejo de interações. A objeção está fora do campo psicológico em que Moreno se movimenta, exigindo-lhe uma definição filosófica do homem e, nesse caso, fora do campo sociométrico. Vale salientar que Gurvitch ou Chaix-Ruy, seu porta-voz, novamente impõem seus próprios critérios à teoria moreniana. Creio estar suficientemente claro o que Moreno entende por "indivíduo que se relaciona afetivamente com os demais"; os dois conceitos, *indivíduo e relação* ou interação, integram sua noção de átomo social.

Embora, como já vimos, seja muito relativo afirmar que a dimensão relacional ou interpessoal do indivíduo seja exterior à sua própria constituição como pessoa (pelo menos psicologicamente falando), daríamos a mesma resposta anterior (contracrítica, no caso) à objeção de Chaix-Ruy, que agora considera o átomo social um conceito exterior.

170

Argumenta ainda o crítico francês: cada um de nós é um e muitos ao mesmo tempo. Nossa estranheza aumenta ao comprovar que um autor que pretende expor a teoria de Moreno, chegue a semelhante afirmação. Sabemos, em psicologia social, que estes diferentes "egos" que existem em cada um de nós, têm seu fundamento nos diferentes papéis que desempenhamos. O tema dos papéis, como tivemos ocasião de dizer, é tema central nas teorias morenianas, que contrariamente ou pelo menos à margem da noção filosófica, defendem que o nosso "ego" psicológico deve ser definido pelo papel que assumimos. Moreno afirma, inclusive, que uma das etiologias da enfermidade psíquica inclui os papéis que adotamos.

Outra crítica freqüente, também apresentada por Chaix-Ruy, é que a sociometria está baseada na *afetividade*: "Nos faz falta estimar uma das críticas habitualmente dirigida à sociometria: o haver dado muito grande importância à vida afetiva em detrimento da atividade intelectual e volitiva."[18]

Das citações de Moreno, podemos realmente deduzir que a afetividade tem um valor explicativo fundamental nas relações humanas. E nos é difícil acreditar que uma relação simplesmente de trabalho, por exemplo, seja de caráter fundamentalmente afetivo. Se assim fora não compreenderíamos a existência de diferentes critérios para determinar a situação sociométrica de um indivíduo. Se a sociometria se baseasse quase exclusivamente na afetividade, se bastaria com um único critério de eleições. E no entanto o próprio Moreno, pouco conseqüente neste caso, propõe uma diversidade de critérios. Logo, existe uma pequena contradição entre o que ele afirma e o que cientificamente realiza. Diríamos que o erro teórico está salvo pela sua prática científica. Além de que, psicologicamente falando, nos custaria muito estabelecer limites entre a afetividade e as outras funções da psique. A afetividade não constitui o calor ou o tônus da realidade psíquica? não estimula a própria inteligência e a memória e a atenção? É possível haver contato inter-humano sem afetividade? No entanto o valor da crítica se mantém: a afetividade por si só não explica, na totalidade, as diferentes relações que na teoria e na prática as pessoas possam ter entre si e através das quais se constitui o átomo social.

3. Grupo

Ao falarmos da expansividade afetiva do átomo social, pudemos ver como cada indivíduo se relaciona com os demais através de redes que se vão tornando cada vez mais complexas. Da simplicidade de um primeiro vínculo interpessoal passamos a uma insuspeitável tessitura, formando-se uma rede de relações sociais dificilmente destrinchável. A complexidade expansiva do próprio átomo social engendra o grupo, ou pelo menos, requer um habitat mais amplo que acolha novas relações. Moreno, submetido ainda à comparação com o filósofo grego, encadeia de forma absoluta, este processo intrapsíquico pelo qual um átomo social dá origem a um grupo:

> A matriz sociométrica se compõe de diversas constelações: a tele, o átomo, o superátomo ou molécula (isto é, vários átomos ligados conjuntamente), o "socióide", que se pode definir como um aglomerado de átomos ligados a outros aglomerados por meio de cadeias ou de redes interpessoais... As redes psicossociais constituem outras constelações que se podem descobrir numa matriz sociométrica. Existem, além do mais, amplas categorias sociodinâmicas que são freqüentemente mobilizadas na ação política e revolucionária; resultam da interpenetração dos numerosos socióides e representam a contrapartida sociométrica das "classes sociais", burguesia e proletariado; podem ser definidas como estruturas sociométricas de classes sociais e designadas sob o nome de "classóides"[19].

Com estas palavras que nos fazem ir além do átomo social e penetrar nas coletividades, passamos ao estudo da noção de grupo e suas implicações. Moreno é responsável direto por este avanço, ao concluir que "todo grupo humano consiste numa rede complicada de átomos sociais"[20]. Quando ele apareceu no cenário dos estudos sociométricos, já existiam muitas teorias sobre a sociedade, nascidas a partir da revolução francesa e da revolução industrial. Diante dessas posturas eminentemente teóricas, Moreno adota uma atitude realista e se põe a experimentar. Também no estudo dos grupos, decide-se pela realidade em si.

No estudo dos grupos Moreno tinha uma dupla intenção: intenção sociológica, que o defronta com o estudo do surgimento dos grupos, das relações indivíduo-grupo e grupo-indivíduo, de suas características, de suas divisões, das leis da interação, porém sem perder de vista nem o indivíduo nem o grupo[21]. Como terapeuta e como psicólogo social não se interessa unicamente pelo indivíduo nem exclusivamente pelo grupo; em seu estudo pretende enfocar tanto o indivíduo como o grupo, embora em suas contribuições à sociologia prevaleça seu interesse pelo indivíduo em sociedade, definindo-se assim como genuinamente psicossociólogo[22].

Além desta intencionalidade psicossociológica, Moreno tem uma segunda preocupação: a *terapêutica*. Desde suas experiências juvenis com crianças, com prostitutas e principalmente com refugiados, e talvez desde seus estudos psiquiátricos em Viena e seus trabalhos no cárcere de Sing-Sing e no "reformatório" de Hudson, interessa-se fundamentalmente pela abordagem terapêutica dos grupos.

Analisando a evolução de sua obra chega-se à conclusão de que esta foi sua intenção primordial. Em nossa opinião, Moreno pretendia fazer uma terapia de grupos e para isto projetou o teste sociométrico, que lhe permitiu estudar os grupos enfermos e... lhe ofereceu alguns resultados psicossociológicos. A partir daí, seu empreendimento foi duplo: terapêutico e psicossociológico. "A psicoterapia de grupo começou como ciência do grupo *terapêutico* e não do grupo 'em si'. A grande contribuição da psicoterapia de grupo à ciência de grupo, consiste justamente em ocupar-se de forma realista da patologia do grupo."[23]

Embora em nenhum momento Jacob Lévy Moreno se pergunte de forma sistemática sobre a origem do grupo — e nem ao menos explicite sua inquietude filosófica de por que os homens se reúnem em grupo —, diante do objetivo do nosso trabalho devemos recolher e dar corpo orgânico às muitas afirmações que, sobre a origem do grupo, se encontram dispersas na sua obra.

Dado que o homem vive em grupos, Moreno afirma empiricamente que os grupos se formam pela proximidade física e pela semelhança de qualidades fisiológicas, evolutivas, raciais etc. As razões que os psicólogos sociais apresentam para explicar o desenvolvimento e a mudança das atitudes das pessoas, umas para com as outras, a partir da proximidade física, e que na América do Norte têm sido utilizada para conseguir uma aproximação entre negros e brancos, Moreno as considera como explicação de porquê se formam determinados grupos e não outros. Levando o raciocínio ao extremo, não se podem agrupar duas pessoas que se desconhecem; poderão formar parte de uma sociedade anônima, de um partido político etc., porém não de um verdadeiro grupo, como ele o entende.

Para Moreno o aglutinante ou o elemento que dá consistência ao grupo, tem suas raízes nos objetivos e normas comuns: "Cada grupo social, possui, como coisa própria, certos valores, certos fins, certos modelos ou certas normas em função das quais parece constituir-se:"[24] Sociometricamente, lhes dá o nome de *critérios* e define sua operatividade como sem tréguas[25]. E ao estudar a evolução dos grupos, considera que não se chega à socialização enquanto as crianças que os compõem não podem ter objetivos comuns permanentes:

> *Estádio anterior à socialização...* as associações e as "bandas" formadas no curso deste período de pré-socialização só duram um instante; são demasiado inconstantes e indiferenciadas para imaginar uma função comum e empreender uma ação em comum[26].

Desde que a sociologia francesa, no século passado, se perguntou se o grupo tem entidade própria e se é algo substancial, ninguém que trate do indivíduo no grupo ou da sociedade em geral, pode furtar-se ao assunto. Moreno fez eco a esta questão, em suas afirmações gerais sobre a sociedade e os grupos, e em seus estudos socioterapêuticos. Confessamos que em vários momentos da leitura de sua obra, pensamos que se tratasse de uma teoria semelhante à de Durkheim, em que a sociedade ou o grupo enfermo fossem algo substancial e independente dos indivíduos que o compõem. Outras vezes nos desconcertamos ao lermos que a concepção do social independente do indivíduo, é "metáfora e falácia". Só quando entramos diretamente no assunto, nos demos conta de que Moreno adota uma postura equilibrada: nem o indivíduo nem o grupo, mas conjuntamente, o indivíduo e o grupo. E para ele essa conjunção é tão consciente, que dificilmente se lhe escapa uma expressão marcadamente sociologista ou psicologicista. Daí estarmos plenamente convencidos de que sua postura é a do *psicólogo social*, que procura salvar o indivíduo no grupo. Em suas obras há forte tendência a acentuar o aspecto social frente ao individual, especialmente em psicoterapia. Seu teste sociométrico lhe permitiu analisar cientificamente as estruturas do grupo. Experimental e terapeuticamente percebeu que o indivíduo não é o mesmo, sozinho ou em grupo, que algo muda na conduta da pessoa humana, quando em sociedade; chega a considerar o grupo como *sujeito*, mas dá-se conta de que essa afirmação pode ser inexata, e se evade dizendo que isto é apenas uma metáfora, que não se trata senão de um problema de percepção subjetiva, solução a que têm chegado outros autores que abordaram esse discutido tema.

Esta proposta conciliadora e psicossocial se cumpre através da *interação terapêutica*: "Chamei de princípio da *interação terapêutica* a esta interação em que a autonomia dos indivíduos participantes não se perde, como na massa, e em que se aproveitam suas capacidades terapêuticas"[27]. O grupo, sujeito enfermo, é uma *interação* de indivíduos; o que adoece não é o ser grupal: é a *relação* ou a coerência entre seus componentes. Não se trata pois, de um sujeito enfermo tal qual um organismo humano, animal ou vegetal enfermos. Moreno não prescinde nem desloca jamais a individualidade pessoal; seria uma contradição diante da exaltação do gênio, que vimos como fundamento da espontaneidade.

O relacional, se não confere caráter substancial ao grupo, seguramente lhe confere uma *realidade de futuro*, porque são laços susceptíveis de medida através do teste sociométrico ou através da experiência clínica psicoterapêutica. A organização social estrutura psicologicamente o grupo que tem propriedades ou características definidas, deduzidas por Moreno a partir do estudo de populações, com o teste sociométrico, conforme ele próprio confessa. Destas experiências conclui que o grupo tem uma dupla dimensão: horizontal e vertical.

A *horizontalidade*, afeta aos contatos entre membros iguais de um grupo, à trama ordinária de inter-relações. A *verticalidade* sem dúvida, afeta a estrutura e distribuição dos papéis. Quer dizer que todo grupo tende a fomentar uma relação amistosa de constante igualdade entre seus membros e, além disso — sobretudo se o grupo permanece por algum tempo —, tende por si mesmo a organizar-se e distribuir postos, designando para cada membro uma tarefa. Nesta organização vertical surgem líderes e subordinados.

A horizontalidade e a verticalidade não são relações apenas intragrupais, mas também intergrupais: os grupos se comunicam de igual para igual e também se subordinam uns aos outros. A organização vertical é a explicação das relações complexas que se dão numa sociedade evoluída:

> As duas formas de estrutura — horizontal e vertical — tornam a se encontrar nos grupos sociais. Nenhum... grupo permanece isolado dos outros grupos; se vivem em proximidade, cedo ou tarde, farão intercâmbio de emoções ou outros valores sociais e ocasionarão estruturas horizontais nas quais aparecerão suas diferenças coletivas e sua interdependência[28].

O que Moreno atribui a estas características dos grupos, é o que psicossociologicamente se estuda como organização ou estruturação dos mesmos. Esta propriedade não é específica dos grupos sociais, mas extensivamente, lei geral do universo, onde os seres inferiores estão a serviço dos superiores, especialmente do homem, numa subordinação criacional e harmônica[29]. Conseqüentemente, Moreno aceita a diferença entre os homens dentro de um mesmo grupo ou da sociedade, e manifesta que o anarquismo a qualquer preço é insustentável; tal como o observa a sociometria, pelas próprias leis do grupo, num grupo permanente há de surgir a situação de verticalidade.

No grupo, primeiro se manifesta a horizontalidade e depois a verticalidade, numa ordem que não é arbitrária mas genética ou de desenvolvimento. No estudo evolutivo dos grupos, realizado através da aplicação do teste sociométrico, descobriu-se que, partindo de uma situação pré-social, as crianças passam por uma primeira etapa de contatos meramente horizontais e chegam posteriormente a uma etapa em que se organizam verticalmente[30].

Uma segunda característica observável nos grupos é a *homogeneidade* versus *heterogeneidade*. Moreno descobriu que os grupos tendem a se nutrir de membros que têm as mesmas características e a se opor a grupos heterogêneos. Ou seja: um grupo toma consciência de que é, quando se defronta com outro grupo de características diferentes, sejam estas características ideológicas, raciais etc. Às vezes a homogeneidade grupal não é conscientizada pelos seus membros, porém continua sendo um fator importante a ser considerado no estudo dos grupos. Também aqui Moreno foi pioneiro, na psicologia social moderna, que considera o fator homogeneidade, e principalmente o de oposição a outros grupos, como elemento fundamental aglutinante dos mesmos. Chegou a esta conclusão em Hudson, quando viu a acolhida que recebiam os novos membros destinados a um acampamento já constituído:

> Uma população branca que inclui indivíduos de diversos grupos nacionais, heterogêneos em muitos aspectos, de repente toma consciência de que constitui um grupo distinto, a partir do momento em que alguns indivíduos de cor se agregam à coletividade[31].

A homogeneidade dá maior segurança aos indivíduos de um grupo, favorecendo também a expansividade afetiva e a auto-afirmação dos membros que o integram.

Intimamente unida, se não identificada com a homogeneidade — heterogeneidade está a *saturação*. Uma definição explícita reforça que não se trata de algo susceptível de medição matemática:

> Entendemos aqui por ponto de saturação, a proporção do grupo minoritário que pode ser absorvida pelo majoritário sem que surjam tensões geradoras de hostilidade entre os dois grupos. Adverte-se porém que não se trata de um simples problema de aritmética e que a mera análise demográfica não tem suficiente alcance para apontar sua solução[32].

Moreno acaba de afirmar que, se os índices sociométricos de saturação de um grupo forem ultrapassados, este tende a se desintegrar. Mas, quando o grupo ainda não alcançou o nível de saturação, os elementos estranhos lhe servem de estímulo e conduzem à integração e afirmação do grupo majoritário. Isto é: enquanto o grupo minoritário não for tão numeroso a ponto de formar um bloco à parte, criando tensões e ansiedade — o que segundo vimos ao falarmos da homogeneidade, chegaria a extingui-lo, formando dois grupos distintos —, estes elementos heterogêneos trarão vitalidade nova ao grupo já existente. Comumente podemos observar que, se num grupo de homens colocamos um elemento feminino, ou vice-versa, o grupo majoritário se sente estimulado. Se num colégio de estudantes de determinada nacionalidade são postos outros, de nacionalidades diferentes, os primeiros — a maioria —, sentir-se-ão estimulados em seu trabalho e em suas relações mútuas:

> Quando num determinado grupo se procura introduzir novos indivíduos que dele diferem por sua raça ou por qualquer outra característica, chega o momento em que o grupo fica saturado de elementos heterogêneos. Enquanto não se alcança o ponto de saturação, estes elementos podem ser recebidos com simpatia; porém, excedido este ponto, os

indivíduos e os grupos manifestam ansiedade, medo, ciúmes etc. com relação aos intrusos e, paulatinamente, se constitui uma constelação de condições favoráveis à emergência de correntes afetivas[33].

Já anunciávamos a variedade de elementos da homogeneidade-heterogeneidade que podem fazer parte da saturação. Daí ser possível um grupo majoritário estar saturado de um determinado elemento e não de outros e, neste caso, poder admitir indivíduos heterogêneos, portadores de fatores de que ainda não esteja saturado.

Moreno chegou a estas conclusões porque lhe interessava organizar a comunidade de Hudson e um de seus problemas era o encaminhamento dos alunos recém-chegados. Consideramos essas conclusões interessantes sob o ponto de vista prático, sempre que for preciso integrar elementos novos em grupos já formados: antes de tudo, deve-se procurar destiná-los a grupos com suas mesmas características e que não estejam por elas saturados; também não se deve esquecer que um elemento novo e estranho, adequadamente encaminhado, pode revitalizar um grupo já existente, estimulando o seu rendimento.

Gostaríamos de assinalar, embora de passagem, outra propriedade dos grupos: sua *tendência ao conservadorismo*. Se um grupo se constitui essencialmente quando, passado um tempo de convivência, se organiza na direção vertical, e com esta organização cria escalas de valores, distribuição de atribuições, normas de conduta etc., uma vez constituído, esse grupo tende ao *conservadorismo* e se opõe a toda iniciativa de mudança.

Mais uma vez nos deparamos com o tema da *divisão dos grupos* e temos que ressalvar que Moreno não pretendeu fazer uma teoria geral nem sobre grupos, nem sobre a sociedade. O que diz em suas obras é resultado de suas aplicações do teste sociométrico e, principalmente, de sua intenção terapêutica. Donde, é possível que a divisão por ele apresentada seja incompleta[34].

E temos que prevenir outra dificuldade: Moreno não classifica previamente os grupos em sociométricos e terapêuticos, pois a sociometria está em função da terapia. Os dois pontos de vista se entrelaçam constantemente, quando se pretende fazer uma divisão. *Do ponto de vista sociométrico,* os grupos se classificam a partir de sua estrutura *formal, sociométrica* ou *social. Grupos formais* são os agrupamentos visíveis e respaldados pela lei (família, escola, fábrica). O *grupo sociométrico* é o que surge das relações afetivas de atração, rejeição ou indiferença, entre os seus componentes. Estas relações em geral permanecem inconscientes e são descobertas através do teste sociométrico. Inclusive, estes agrupamentos variam intensamente a partir do próprio critério empregado na execução do referido teste. Se quiséssemos traduzir os grupos formal e sociométrico em terminologia social ''oficial'', eles corresponderiam aos grupos formais e informais. Finalmente, Moreno denomina o grupo de *social*, embora achando que na realidade não existe nítida distinção entre a organização social e a organização sociométrica do grupo ou da sociedade. O que existe na realidade é a convivência do oficial e do sociométrico dando lugar ao que ele chama "social". "É a síntese da estrutura oficial do grupo original e de sua estrutura sociométrica, o que produz sua realidade social."[35]

Ainda sob o ponto de vista sociométrico, existem *grupos homogêneos e grupos heterogêneos*; esta divisão tem suas implicações terapêuticas, pois não é a mesma coisa tratar de um grupo com o mesmo tipo de enfermidade psíquica e tratar grupos heterogêneos em suas patologias. Não é a mesma coisa tratar de indivíduos com a mesma idade e sexo e tratar de indivíduos de sexo ou idade diferentes[36].

Partindo da análise sociométrica da comunidade de Hudson, Moreno conclui que há dois tipos possíveis de organização de grupos: segundo o nível de idade dos seus membros e segundo o interesse que se despertam entre si, o que se determina pelo número de escolhas feitas ou recebidas. Quanto maior for o número de escolhas, maior será o grau de interesse entre seus membros. Este duplo critério de organização o leva a distinguir entre grupos *introvertidos e extrovertidos*:

> Se a unanimidade ou a grande maioria de um grupo de acampamento está *satisfeito* com sua vida em comum, esta *organização se denomina introvertida*; porém se todos os seus membros ou sua grande maioria deseja viver com indivíduos exteriores ao grupo, esta *estrutura se denomina extrovertida*[37].

E analisa as relações intergrupo com novos critérios de organização que, conseqüentemente, produzem diversidades:

> Se um grupo, em sua maioria... apresenta uma atitude hostil para com um ou vários grupos externos, a estrutura se denomina *exteriormente agressiva*. Pelo contrário, se esta tendência hostil predomina no interior do grupo, a estrutura é dita *interiormente agressiva*. Segundo se considere tal função ou tal critério de grupo, resultará em cada caso uma organização diferente, mesmo em se tratando dos mesmos indivíduos. Pode ocorrer que o grupo de trabalho seja harmonioso e que o grupo de coabitação não o seja, embora as mesmas jovens pertençam a ambos os grupos[38].

A partir de pressupostos mais relacionados com a terapia, Moreno faz divisões que a princípio não pareceriam terapêuticas, mas que ele expõe em função da terapia. Divide os grupos em *normais e patológicos* e dá as características próprias de um e de outro: "1) os grupos normais têm um número relativamente alto de pares; 2) a formação de pares está estritamente ligada a boa adaptação emocional e à personalidade harmoniosa dos participantes"[39].

Outra característica que diferencia os grupos patológicos dos normais é a freqüência de ambivalências: "nos grupos patológicos vemos, com freqüência, uma grande quantidade de escolhas ambivalentes, isto é, simultaneamente se projetam sobre o mesmo indivíduo, amor e ódio, atração e rejeição"[40].

Como já explicamos, falando sobre a espontaneidade, outra das características do grupo patológico é a presença da transferência em contraposição ao fator tele.

Em função do tratamento psicoterapêutico Moreno divide os grupos em *naturais* e *sintéticos*. Entende por grupo natural, aquele que está previamente formado e organizado ao se começar a terapia, e por sintético, o que se forma explicitamente em função dela. O protótipo dos primeiros é a família e dos segundos, a clínica.

Outros tipos de divisões terapêuticas levam em conta o tempo de duração da terapia e a maior ou menor abertura do grupo para aceitar novos membros. Moreno é explícito:

> *Duração total do tratamento:* a) existem grupos que alcançam seu objetivo terapêutico em dez ou doze sessões; b) também existem grupos que duram um ou dois anos, com uma sessão semanal. Os problemas tratados transcendem então amplamente o círculo restrito do grupo; c) grupos constantes, são grupos que adotam o caráter de famílias sintéticas e vitalícias. Os pacientes que pertencem a estas famílias terapêuticas consideram o grupo imprescindível para seu bem-estar social.
>
> *Grupos fechados, grupos abertos:* a) grupos fechados são aqueles que não consentem a admissão de novos membros durante o período de tratamento e são apropriados à terapia intensiva; b) grupos abertos são os que de tempos em tempos dão acesso a novos membros, quando a coesão do grupo o permite ou quando velhos membros se retiram[41].

Evolução do grupo. Lei sociogenética

Neste momento, concedendo maioridade ao conceito moreniano de grupo, passamos ao estudo evolutivo de qualquer um desses grupos, ou seja, d'"o grupo" enquanto regido por leis sociogenéticas. Depois de expor diversas teorias que existem sobre a evolução da sociedade (Spengler, Marx etc.), Moreno se propõe a fazer um estudo longitudinal ou evolutivo dos diferentes estágios do agrupamento entre os seres humanos. Considera esta atitude científica, prescindindo de teorias abstratas. Como método utiliza, sempre que possível, o teste sociométrico. Quando os sujeitos ainda não são capazes de responder ao teste, limita-se à observação. Primeiro estuda a etapa que vai do nascimento aos *três primeiros anos*. E assim nos define a situação experimental:

> Para abordar este problema inédito, colocamos um grupo de nove bebês, próximos uns dos outros, no mesmo quarto desde o dia do nascimento. Estes bebês foram observados durante um período de dezoito meses. Tratava-se, essencialmente, de localizar o nível de desenvolvimento conseguido pelas crianças enquanto *sociedade*, e não de saber que nível conseguiu este ou aquele bebê[42].

E Moreno resume as conclusões a que chegou com este tipo de observação de crianças nesse período:

> As principais etapas do desenvolvimento podem ser assim resumidas: 1) estádio de *isolamento orgânico*, a partir do nascimento: um conjunto de indivíduos isolados, cada um completamente absorvido em si mesmo; 2) estádio de diferenciação *horizontal*: a partir das semanas 20 a 28, os bebês começam a reagir uns com relação aos outros, e os fatores de proximidade e distância física atuam respectivamente sobre a aproximação e o isolamento psicológico; cada bebê começa por travar conhecimento com seus vizinhos imediatos; 3) estádio de diferenciação *vertical*: a partir das semanas 40 a 42. Uma criança qualquer atrai de modo especial a atenção dos outros, deslocando a distribuição das emoções no interior do grupo, cuja estrutura horizontalmente diferenciada, torna-se vertical; o grupo que até então apresentava um nível uniforme, passa a ter sujeitos mais e menos destacados; assim, no grupo, se constitui um ápice e uma base. Nenhum destes estádios de diferenciação funciona isoladamente em seus próprios níveis: cada estádio sobrevive à aparição do seguinte[43].

A partir destas idades, Moreno começa a aplicar o teste sociométrico, sendo que as crianças já cooperam na investigação. Aplica o teste segundo os graus escolares e apresenta seus resultados. A técnica sociométrica é aplicada de forma normal, utilizando os seguintes critérios: "Coabitação, trabalho em equipe na escola, vizinhança imediata em classe."[44]

Moreno estuda estes resultados, considerando quatro características: *organização geral dos grupos*, na qual procura analisar como vão-se formando os pares, as cadeias, as redes de comunicação; *organização interna* própria e independente dos maiores; ao mesmo tempo estuda as relações intersexuais, inter-raciais e finalmente, as *internacionais*, isto é, as escolhas ou rejeições entre sujeitos de nacionalidades diferentes. Assim Moreno entra no jogo da psicologia social norte-americana, que tantos esforços dedicou ao estudo e solução destes problemas. Lembramos, por exemplo, as escalas de Bogardus e as de Thurstone.

Vamos expor, em linhas gerais, a evolução social, segundo Moreno a expõe em seus escritos e levando-se em conta não só os resultados numéricos que aparecem na matriz sociométrica, mas também as motivações expressas nas entrevistas individuais que completam o teste. Havíamos parado na etapa infantil da evolução. Em seguida Moreno apresenta os resultados obtidos no *jardim de infância* (4-6 anos): nesta etapa já existem verdadeiras escolhas entre os membros que compõem os grupos escolares, porém suas motivações ainda não são expressas com clareza. Manifestam-se de forma emotiva e muito espontânea, sem as restrições mentais que aparecerão mais tarde. Embora haja escolhas, ainda prevalece uma estrutura sociométrica mais horizontal que vertical. Só existe um líder, do tipo primitivo, ocasionando uma organização rudimentar.

No *primeiro grau* de escolaridade (6-7 anos) permanecem as mesmas características; apenas as motivações são mais variadas, não se reduzindo tanto ao tipo estético e emocional. No *segundo grau* (7-8 anos) aparecem os triângulos, índice de maior complexidade de organização. Neste momento as crianças já podem ter certa independência com relação aos adultos e começam a desempenhar seu duplo papel: o familiar e o que realizam no grupo, que então começa a se organizar. Outro sinal desta organização social é o aparecimento das rejeições. Durante o *terceiro grau* (8-9 anos), companheiros já são escolhidos visando objetivos comuns, e assim o sentimento de grupo chega a um momento crítico. Nesta idade, o sentido de grupo é tão forte, que as crianças rejeitadas têm que suportar uma verdadeira angústia de solidão e isolamento. Moreno acha que poderiam já viver e organizar-se em sociedade, independentemente dos adultos[45]. No *quarto grau* (9-10 anos) aparecem com muito mais clareza os objetivos comuns que o grupo deve alcançar. As relações do grupo tornam-se mais estáveis no tempo, porém ainda não existem as redes de comunicação e propaganda que circulam entre os membros dos grupos e entre os grupos. No período que compreende o *quinto grau* (10-11 anos) aumenta a consciência das atrações e das rejeições, que não mais se fundam exclusivamente na proximidade física, mas em que entram em jogo as semelhanças físicas e intelectuais. O líder adquire maior categoria e é considerado como herói. Durante o *sexto grau* (11-12 anos) nada há de especial a ser assinalado a não ser que os motivos das rejeições ou escolhas são mais seguros e fundados em qualidades mais objetivas. No *sétimo grau* (12-13 anos) a objetividade e a segurança das escolhas e rejeições continuam aumentando. As motivações destas escolhas são quase tão elaboradas como as dos adultos. Finalmente, *oitavo grau* (13-14 anos): Moreno insiste, unicamente, na maior segurança e amadurecimento dos motivos das escolhas e rejeições. Se o período anterior era "quase" semelhante ao dos adultos, agora suprime-se o "quase" para conceder-lhes madurez semelhante.

Assim o processo orgânico desta evolução se manifesta num primeiro período ascendente, que aos 8 anos chega ao seu momento crítico. A partir daí, dá-se uma fase de maduração dessa nova entidade social então alcançada, maduração que se manifesta principalmente no enunciado das motivações e na delimitação dos fins a serem atingidos pelo grupo. Essa maduração termina mais ou menos aos quatorze anos, quando já se pode falar de uma socialização plenamente madura ou adulta:

> As conseqüências da maduração da sociabilidade individual sobre a estrutura e diferenciação dos grupos e das influências que, uma vez estabelecida, esta organização social exerce sobre os indivíduos, nos levou a distinguir os seguintes estádios: antes dos 7 aos 9 anos... estádio anterior à socialização; 7-9 a 13-14 anos... estádio da primeira socialização; a partir de 13-14 anos... estádio da segunda socialização[46].

Ao final desta evolução social da formação dos grupos, surge uma dúvida: se o que Moreno mediu é um fator da personalidade, independente, ou em nada se distingue da maduração das outras faculdades individuais já conhecidas, como sejam, a inteligência ou o aspecto afetivo. A *causa* da socialização descrita por Moreno não será a maduração da inteligência, que faz compreender melhor as motivações próprias e alheias? E mais séria se torna a dúvida diante da afirmação de que os retardados mentais formam grupos semelhantes aos grupos formados por crianças na idade escolar. Possivelmente nos estamos adentrando no clássico problema da herança e do ambiente, porque, se por um momento pensamos nas "crianças-lobo", chegamos à conclusão oposta: que a inteligência depende da socialização.

No contexto da doutrina moreniana traremos, imediatamente, o "fator tele", como explicação da socialização, e este fator, essencialmente inter-relacional, não se identifica com a inteligência. Aceitar que não haja, na personalidade, nenhum fator que se desenvolva independentemente, mas que todos eles estão intimamente interligados, sendo difícil delimitar os campos e as contribuições de cada um dos fatores que a integram, nos parece a conclusão mais adequada.

Com esse estudo sobre a formação progressiva dos grupos se estabelece uma escala que nos permite afirmar, dentro de uma mesma cultura, se a evolução alcançada por um determinado grupo é normal, superior ou atrasada: "Da mesma forma que um indivíduo pode ser 'socialmente atrasado' também um grupo pode ser socialmente atrasado; sua natureza pode corresponder a um nível de desenvolvimento inferior ao que geralmente é atingido por grupos da mesma idade."[47]

182

Além da evolução geral dos grupos, Moreno também estuda sua evolução sociométrica relativa ao sexo, raça e nacionalidade. As relações intersexo, em linhas gerais, passam por uma etapa heterossexual que surge no jardim da infância e no primeiro grau de escolaridade, entrando depois numa vertente de distanciamento que alcança o seu ápice entre os nove e os doze anos, para ir novamente, *in crescendo*, até os quatorze. Neste último ano, a relação sociométrica, isto é, os números que aparecem na sociometria, referentes as escolhas intersexuais, são semelhantes aos obtidos no primeiro e segundo graus de escolaridade, embora diferentes em seu significado, como bem se pode compreender[48].

As evoluções relativas à *raça* e à *nacionalidade* seguem caminhos paralelos, donde serem estudadas simultaneamente. Do ponto de vista sociométrico não aparecem diferenças raciais e de nacionalidade até o quarto grau (9-10 anos); a partir desta idade, as distâncias vão-se acentuando progressivamente, numa evolução simples. Os adultos iniciam as crianças nas hostilidades inter-raciais. A situação ideal será alcançada quando os grupos raciais tiverem suas redes de comunicação e propaganda, o que exige maior maturidade sociométrica:

> Os adultos podem proporcionar às crianças a chama que acenderá sua imaginação, porém, para que o fogo arda de maneira permanente e para que se desenvolva um sentimento coletivo, a chama deve-se propagar de uma criança a outra através de toda uma rede[49].

Como resultado destes estudos evolutivos, Moreno considera ter descoberto a lei que rege a evolução de toda humanidade em suas formas de associação, desde as estruturas mais simples até as mais complexas, hoje existentes. Esta lei é denominada lei *sociogenética.*

Em seu desenvolvimento o organismo reproduz as fases da evolução pelas quais passou a espécie, ou seja, reproduz o *filum.* Da mesma forma — diz Moreno — a evolução progressiva que observamos nas crianças, em sua socialização grupal, se deu na sociedade em geral:

> Nossa análise cronológica do desenvolvimento das organizações sociais espontâneas, nas crianças e nos adolescentes, parece indicar a presença de uma lei fundamental "sociogenética", que se pode considerar o complemento da lei biogenética. Assim como os animais superiores evoluíram a partir de formas de vida mais rudimentares, também parece que as formas mais elaboradas de organização social, derivam das mais simples. Se as crianças tivessem a liberdade de utilizar seus agrupamentos espontâneos como associações permanentes e constituir sociedades infantis, apareceriam semelhanças de estrutura e de conduta, com as sociedades humanas primitivas[50].

A complexidade evolutiva a que têm chegado as várias sociedades, em suas diferenças não impedem que em todas elas se tenha cumprido esta lei. E que provas nos oferece Moreno? Não faz uma comparação entre os estudos antropológicos de sociedades primitivas que, segundo nosso ponto de vista, seria a prova verdadeiramente válida. Seus argumentos permanecem meras suposições: refere a evolução cada vez mais complexa que os grupos de crianças apresentam e argumenta com os grupos formados por retardados mentais. Parece que, como se supunha, estes formam, necessariamente, grupos menos organizados como seriam as sociedades primitivas. Numa sociedade primitiva, diz Moreno, são as mesmas pessoas que cumprem as várias funções: de viver juntas, trabalhar juntas... etc., e são elas mesmas que desempenham a função docente. Aplicado o teste sociométrico em retardados mentais, eles escolhem os mesmos companheiros para conviver, para trabalhar, para se divertir: logo, existe um paralelismo entre as sociedades primitivas e as formas de associação dos retardados. Assim se demonstraria a lei sociogenética.

Interação grupo-indivíduo

Outro problema sugerido pelo estudo sócio-psicológico é a *interação grupo-indivíduo, indivíduo-grupo.*

De certo tempo para cá se está abandonando a postura individualista e se insiste na formação da personalidade através do grupo, inclusive na modificação da conduta e na terapia de grupo. E aí, grande foi a contribuição de Moreno — diria Erich Fromm — o sinal dos tempos em oposição ao século XIX, é comunitário ou socializador.

Moreno considera a interação indivíduo-grupo admitindo uma influência bipartida. Afirma que o grupo a que pertence uma criança, exerce maior influência na sua personalidade do que os adultos: "As influências dos adultos sobre as crianças, em comparação com as que as crianças se exercem reciprocamente, tendem a declinar em forma proporcional."[51]

Concretizando, acrescenta que o homem no grupo manifesta características individuais que nunca teria desenvolvido como pessoa isolada: "Se se reúnem para formar um grupo, aparecem diferenças individuais até então não manifestadas."[52] O grupo incide fundamentalmente na conduta e no caráter dos indivíduos[53]. Também influi no desenvolvimento, ou melhor, na manifestação das qualidades afetivas e intelectuais da pessoa, fato comprovado por Moreno através dos grupos de adolescentes. Inclusive, segundo as forças que predominam no grupo — atração ou repulsão — o indivíduo, membro do referido grupo, poderá ou não realizar suas aspirações[54].

Nestes momentos temos a sensação de que as palavras concretas de Moreno, retiradas do seu contexto, perdem a força probativa que possuem, quando inseridas em sua obra vista como um todo. As forças modeladoras do grupo, no que se referem à pessoa concreta, se debilitam ao procurarmos sistematizá-las. Não obstante, achamos que o argumento mais claro que se pode trazer para provar que realmente o grupo modela a personalidade de seus membros, é a obra terapêutica de Jacob Lévy Moreno. Se em definitivo, todo trabalho terapêutico tende a remodelar a personalidade dos pacientes, a psicoterapia de grupo e o psicodrama se definem por sua constituição *relacional*. Na psicoterapia cada um dos participantes é agente terapêutico dos demais e o psicodrama se origina no *encontro* e conta com a participação do "ego-auxiliar" e do público.

Moreno atribui a ação do grupo sobre o indivíduo a que este, pela sua integração no grupo, adquire um sentimento de segurança que não poderia alcançar e sem o que iria cair nesse profundo sentimento de solidão que os isolados sociométricos começam a experimentar a partir dos nove ou dez anos. A importância do grupo na conduta do indivíduo se manifesta de maneira indireta, quando este resiste a responder o teste sociométrico. Talvez em nível não muito consciente, perceba as pressões que o grupo está exercendo ou pode exercer sobre ele, e as que também ele exerceu sobre o grupo: por isto se nega, em princípio, a expor abertamente o que pensa dos outros membros e o que pretende no grupo.

O grupo forma as personalidades através de tendências unificadoras que transmitem — como se diz hoje em psicologia dos grupos — um "estilo próprio" aos seus membros, desprestigiando por mecanismos ocultos, a quem quiser infringir suas normas. O grupo unifica, positivamente, propondo um estilo comum aos membros que o integram; negativamente, conta com um forte instrumento de propaganda, capaz de destruir a personalidade, motivo pelo qual Moreno muito o respeita. A este mecanismo, ele dá o nome de "redes de comunicação" intragrupo. Em última instância, são estas "redes" que dão uniformidade e é através delas que as influências chegam até à personalidade e à conduta dos membros que as sentem:

> Assinalamos que a estrutura da coletividade de Hudson influenciava sobre a conduta das jovens que haviam contribuído para sua formação... Deste modo, a atitude de cada membro de um pavilhão com relação a cada membro de outro pavilhão contribui para a constituição da atitude global deste grupo, e é através dessas correntes entrecruzadas, que se estabelece, em definitivo, a reputação do respectivo pavilhão[55].

Porém a interação faz um caminho inverso: do indivíduo para o grupo. Cada membro que chega num grupo e que nele permanece por um certo tempo, deixa sua marca. O grupo não é como uma máquina cujas peças podem ser respostas. A desaparição de um membro produz uma sensação de desassossego e faz passar por uma etapa de conflitos dificilmente superáveis: "A personalidade de cada indivíduo que integra um grupo pode deixar suas impressões, que subsistem por muito tempo, depois de sua partida."[56]

Falamos da tendência grupal ao conservadorismo, característica que surge da participação e do esforço de cada um dos membros, e se ressente quando um deles desaparece.

A influência do indivíduo sobre o grupo torna-se especialmente visível quando se vai um dos seus membros. Também quando um novo membro substitui o anterior, vai de encontro à tendência conservadora que se formou através da participação de quantos o integraram, até a data em que este novo membro aparece: "A reação do grupo frente a uma nova companheira é igualmente determinada por outro fator: trata-se da influência *conservadora* que a organização do grupo exerce sobre a conduta de seus membros."[57]

A influência do indivíduo sobre o grupo também se prova acrescentando-se um elemento heterogêneo a um grupo já constituído. Este elemento estranho influi no rendimento do grupo: "Num grupo, uma minoria de característica raciais e de nacionalidade freqüentemente cria emulação e estimula os progressos do grupo."[58]

O *indivíduo no grupo*. Lei sociodinâmica

Nosso estudo do grupo carece ainda de uma abordagem baseada no interjogo das duas entidades: o indivíduo e o grupo. Seria uma intradinâmica, harmonizando o papel do indivíduo — certos indivíduos — na constituição do grupo.

Primeiro Moreno trata da situação do indivíduo que *chega* a um grupo. Como sabemos, este indivíduo vai de encontro à tendência conservadora do grupo, o que dificulta sua adaptação. E a totalidade do grupo também experimenta um movimento de rejeição ou receio com relação a ele, e frente à idéia de que atente contra sua estrutura, que exigiu muito esforço. Se além do mais, levarmos em conta a lei do equilíbrio, que estudávamos ao tratar do átomo social, constataremos que uma nova pessoa, necessariamente, tende a romper esse equilíbrio, pois irá estabelecer novas linhas de relações emocionais, o que supõe um desajuste das linhas já existentes. Outro elemento de avaliação que possuímos, é a saturação. Segundo o grupo esteja ou não saturado do elemento novo que caracteriza o recém-chegado, o receberá pior ou melhor. Por sua vez o recém-chegado entra em estado de ansiedade diante da hipotética aceitação por parte do grupo a que é destinado. Moreno chega a dizer mais: a primeira acolhida, a primeira impressão transmitida pelas redes de comunicação social, determinam o destino social da pessoa:

> Os grupos e as situações nos quais se introduz um recém-chegado, fazem parte de seu destino social. As conseqüências destas situações são fatais, tanto para as pessoas já situadas como para as recém-chegadas[59].

Moreno tem certeza de que o primeiro contato com o grupo é de fundamental importância, para a personalidade do recém-chegado e para evitar resultados desastrosos, criou os testes de *destinação*: o teste parental e o teste familiar, com os quais também pretende superar uma das deficiências de nossa sociedade: que o recém-nascido se encontre numa família que não escolheu:

> O momento mais determinante da vida de um homem é o do seu nascimento. Terminado o processo biológico da reprodução, começa o processo de desenvolvimento, a vida neste mundo. Conseqüência fatal da reprodução, seus procriadores se transformam também em seus pais e tutores, e constituem a primeira estrutura social em que vai crescer. *Os pais são dados, em lugar de serem escolhidos...* no entanto é também essencial saber com quem deveremos conviver, a quem tomaremos como modelo para saber como viver, e quem deve sobreviver[60].

O teste parental consiste em que os recém-chegados a um grupo elejam seus governantes, os encarregados do grupo, e estes elejam os recém-chegados. Se há correspondências nas escolhas se evitam os perigos que pode acarretar uma entrada irracional no grupo. O teste familiar é parecido com o anterior e se elegem também os "irmãos", além dos "pais". Um representante eleito pelo grupo, se entrevista com cada um dos novos indivíduos que deverão integrar-se na comunidade. Depois da entrevista, antigos e novos, secretamente, fazem suas eleições e expõem os seus motivos. Assim tem-se um critério objetivo e que evita o trauma do primeiro encontro do indivíduo com o grupo e vice-versa.

Outra maneira de evitar esse trauma, consistiria, como já foi exposto, no estudo dos índices de saturação do grupo, especialmente quando o novo membro não tem as características comuns ao grupo a que foi destinado. Finalmente Moreno adverte sobre a importância do momento em que se encontra o grupo ao qual se encaminha alguém. Se o grupo está em período ascendente, período em que está evoluindo de uma estrutura inferior para uma superior, o novo membro será bem aceito e pode integrar-se facilmente. Se, ao contrário, um grupo está numa etapa de declínio, não convém que um novo indivíduo lhe seja destinado.

No grupo, outro indivíduo-ator é o *rejeitado*, que acaba sendo isolado pelo seu próprio grupo. Vejamos as causas que o levam a esse isolamento sociométrico. Sem dúvida, a falta de contato caloroso na família durante a infância, ou por desajustamento do grupo familiar, — em que não existe verdadeira integração e coesão entre os membros que o compõem — ou por descuido com a educação pessoal dos filhos, mesmo existindo integração entre os pais. Um exemplo típico desta situação é a substituição da mãe pela mamadeira "mecânica", um robô, acostumando a criança, como às ratas, nas caixas de Skinner, a encontrar o alimento por si mesmas[61].

Também caem no isolamento as crianças que durante os períodos em que já se constituem em verdadeiros grupos, não se integraram, porque viveram num *status* intermediário: em parte pertenciam a grupos de sua idade, em parte estavam ligados a grupos de maiores. É como se o não se haver integrado evolutivamente nos grupos que lhe correspondiam, lhes impedisse, depois, de incorporar-se a qualquer dos grupos que compõem a sociedade em que vive. Estas crianças crescem numa espécie de ambivalência social: "Parece que esta posição sociométrica assinala o começo de numerosos casos de isolamento, que mais tarde se cristalizam no isolamento do esquizofrênico — estranho aos grupos — ou numa atitude agressiva."[62]

Também surge o isolamento sociométrico se o estágio social do indivíduo é superior ao do grupo a que pertence. Neste caso, como indicam modernas investigações sobre o líder, o sujeito não pode integrar-se em um "nós", e por isso permanece isolado ou rejeitado sociometricamente. Geralmente o indivíduo "se encontra num nível de desenvolvimento social e emocional mais elevado que os outros membros do grupo"[63].

Finalmente, as causas pelas quais um indivíduo é rejeitado dentro de um grupo podem consistir em motivos pessoais: "Os indivíduos perturbados emocionalmente, são rejeitados."[64] Moreno tem-se preocupado com o futuro social destes sujeitos. Para eles, as perspectivas não são animadoras. Chega à afirmação extrema de que este isolamento da sociedade será permanente e inclusive lhes prognostica o fracasso profissional e vital: "Os indivíduos isolados não têm êxito nas eleições para preenchimento de postos e são vítimas de acidentes de trabalho com mais freqüência que os indivíduos preferidos e que trabalham em uma equipe muito unida."[65]

O isolamento sob um critério único, não é significativo; em sociometria, como nas outras técnicas de diagnóstico, se exige muita prudência nas conclusões. Não se pode aplicar um teste sociométrico sem as devidas considerações, como um passatempo, e logo chegar a um diagnóstico. Também não se pode considerar as pessoas isoladas como enfermas crônicas; todas as técnicas sociométricas morenianas têm como finalidade evitá-lo, o que se manifesta pela "aproximação terapêutica".

Outros indivíduos que desempenham um papel fundamental no grupo a que pertencem, são os *líderes*. Em psicologia social muito se tem escrito sobre o assunto, porém Moreno assinalou, antecipadamente, várias dessas descobertas, hoje consideradas quase definitivas. Uma das características que definem a progressiva maduração social de uma coletividade, é o passar da estrutura horizontal à vertical. Pode-se dizer que, sociometricamente, o grupo está num estádio superior de evolução, a partir do momento em que um ou dois indivíduos se impõem como líderes. Para a constituição de um grupo é tão essencial ter um objetivo comum, como o é que existam líderes no seu interior. Tanto é assim que, em determinado momento, Moreno chega a dividir os grupos, segundo os líderes, antecipando-se aos estudos de K. Lewin: "Existem líderes populares, poderosos e isolados e, correlativamente, existem grupos centrados no líder, outros centrados no próprio grupo e grupos sem líder."[66]

Ao tratar do líder, Moreno se preocupa muito com as suas características, entre as quais a sua *riqueza caracterológica*: "Existe uma estreita relação entre popularidade social, adaptação social e qualidades caracterológicas positivas dos participantes."[67]

O líder deve pertencer ao mesmo nível sociogenético dos membros do grupo. Hoje se diz que é necessário que o líder seja um "de nós".

Adiantando-se também às investigações atuais, Moreno assinala que o surgimento dos líderes depende do próprio grupo e de suas necessidades. Por conseguinte, não se trata de nascer com as características de líder; estas qualidades surgem segundo as necessidades do que o grupo se propôs e de seu estádio de evolução. Também na medida de suas necessidades, o grupo elimina os líderes que atentariam contra seu equilíbrio, uma vez saturado o nível de indivíduos-chave necessários. Pode parecer contraditório que cada comunidade produza seus líderes e que ao mesmo tempo, existam líderes fora de exercício. Porém a contradição se desvanece se considerarmos que numa comunidade heterogênea, cada um dos estratos sociais que a integram, tem seus líderes. O estrato dominante torna efetiva a sua liderança, e os outros líderes continuam líderes sem exercício. Pelo fato de surgir do grupo e ser um deles e além disso, ser um elemento essencial, é necessário e indispensável que o líder encarne os ideais do grupo: "deve apaixonar-se pela causa e esta causa, ante seus olhos, deve estar encarnada em seu chefe ou chefes"[68].

Moreno prossegue caracterizando a figura de seus líderes, considerando que, em relação a seus subordinados, deve ser como um "ego-auxiliar": "Outra forma de ego-auxiliar surge no caso da relação entre o líder e o grupo. O verdadeiro líder age como um ego-auxiliar. Um bom exemplo é o líder religioso."[69]

Por rigor sociométrico, não devemos correr o risco de equiparar o conceito de liderança com a popularidade ou o maior número de eleições. Na sociometria, freqüentemente os dois andam juntos, porém não necessariamente. O líder é o que domina maior número de redes de comunicação, e às vezes, até indiretamente. É o caso de um grupo em que as eleições recaem, aparentemente, em três pessoas e estas elegem, em primeiro lugar, uma outra; com apenas três eleições; esta outra pessoa é o líder do grupo. Traçando-se o sociograma e seguindo as redes de comunicação, se chega ao líder. A liderança que se mantém a certa distância visível do grupo, e que porém maneja seus fios, é o *Aristotele*. Moreno, megalomaniacamente obcecado com os "gênios", acredita que o triunfo acompanha estes indivíduos dominantes do grupo, embora fora dele:

> Observou-se ainda nos sociogramas que aqueles participantes que produziam, em sua formação grupal, um maior grau de coesão que o de outros membros, revelavam também em situações de sua vida, um maior índice de interação do que aqueles que no sociograma, mantinham menor grau de coesão[70].

Estudando a proporção entre os mais eleitos e os isolados, Moreno deduziu a lei *sociodinâmica,* que estabelece: 1) que o número de eleições emocionais está desigualmente dividido entre os membros do grupo. Poucos recebem muitas eleições, e muitos são pouco eleitos; o número dos isolados é superior ao das "estrelas"; 2) que a distribuição das eleições não varia embora aumente a possibilidade de eleger. Esta lei é universal e se cumpre em toda relação inter-humana[71].

Com esta lei temos enunciado o que Moreno considera a sua segunda grande contribuição aos estudos sociométricos. A primeira foi a lei sociogenética; a segunda, a sociodinâmica; a terceira, implicitamente enunciada ao falar da formação dos grupos, Moreno a denomina *lei da gravitação social:*

> O grupo 1 e o grupo 2 se movem um em direção ao outro, entre os lugares X e Y em direção diretamente proporcional à soma das forças de atração emitidas ou recebidas, e em relação inversamente proporcional à soma das forças de repulsão emitidas ou recebidas, supondo-se que as possibilidades de comunicação entre X e Y permaneçam constantes. Quando por exemplo, um indivíduo pertence a um grupo no qual as forças de repulsão superam, de longe, as de atração, ver-se-á automaticamente impedido de realizar suas aspirações[72].

Notas

1. J.A. Portuondo, *El test sociométrico*, Biblioteca Nueva, Madrid, 1971, 13.
2. *Psicodrama*, Paidós, Buenos Aires, 1972, 105.
3. *Ibid.*, 79.
4. *Ibid.*, 128.
5. *Fundamentos de la sociometría*, Paidós, Buenos Aires, 1972, 210-211.
6. *Psicodrama*, 33.
7. *Psicomúsica y sociodrama*, Hormé, Buenos Aires. 1965, 72-73. "O paciente experimenta uma extrema apreensão, com relação aos sentimentos que seus companheiros possam ter por sua pessoa e por seu papel": *Ibid.*, 31.
8. *Psicodrama*, 222.
9. Moreno Institute Inc., *Teaching and training in psychodrama, role playing, group dinamics, group methods, sociometry*, 1974-1975. Fizemos a tradução quando tratamos do hassidismo.
10. *Psicodrama*, 254.
11. *Fundamentos de la sociometría*, 207.
12. *Contributions of sociometry to research methodology in sociology*: American Sociological Review XII (1947), 291.
13. *Fundamentos de la sociometría*, 206.
14. *Ibid.*, 221.
15. *Ibid.*, 206.
16. *Psicomúscia y sociodrama*, 30-31. O termo figurado da comparação é a orquestra musical: "Cada instrumento ocupa nela um lugar inamovível e definido. Não existe por si mesmo, senão numa relação definida pelo lugar que ocupam os outros instrumentos... Assim, pois, uma sinfonia orquestral é um átomo cultural, numa analogia estética do átomo social e da estrutura social."
17. *Psicologia social y psicometría*, Troquel, Buenos Aires, 1966, 5s.
18. *Ibid.*, 184.
19. *Fundamentos de la sociometría*, 73-74.
20. *Sociométrie et marxisme*, traduzido em J. Chaix-Ruy, *O.c.*, 68.
21. Tão pouco trata de maneira lógica a doutrina sobre os grupos, razão pela qual os conceitos aparecem implicados. Ao final do capítulo esperamos ter dado uma visão completa de sua teoria sobre os grupos.
22. *Psicoterapia de grupo y psicodrama*, F.C.E., México, 1966, 157: "O processo psicológico total se divide em numerosos processos individuais, cada um dando sua contribuição ao conjunto... Por isto nossa primeira tarefa foi a de analisar todas as inter-relações dos indivíduos em uma dada coletividade."
23. *Psicoterapia de grupo y psicodrama*, 13.

24. *Fundamentos de la sociometría*, 87-88.
25. *Ibid.*, 87. "Se consideramos uma coletividade... de imediato nos advertimos de formações sociais que se impõem sob uma primeira inspeção: famílias, grupos de trabalho, grupos raciais, grupos religiosos etc. Estes agrupamentos não se formaram ao acaso, mas em torno de um critério específico, vida em comum, trabalho em comum etc.": *Ibid.*, 204.
26. *Ibid.*, 146.
27. *Psicoterapia de grupo y psicodrama*, 27.
28. *Fundamentos de la sociometría*, 352.
29. Cf. *Ibid.*, 351.
30. *Ibid.*, 142.
31. *Ibid.*, 275.
32. *Ibid.*, 279.
33. *Ibid.*, 278-279.
34. Para uma classificação completa dos grupos cf. Ph. Lersch, *O.c.*, 23s.
35. *Psicoterapia de grupo y psicodrama*, 85.
36. Para Moreno, "os grupos *homogêneos* em geral facilitam o procedimento terapêutico... os grupos heterogêneos, no entanto, gozam da preferência na praxis geral". *Ibid.*
37. *Fundamentos de la sociometría*, 180.
38. *Ibid.*, 181-182.
39. *Psicoterapia de grupo y psicodrama*, 50.
40. *Ibid.*, 55.
41. *Ibid.*, 98-99.
42. *Fundamentos de la sociometría*, 110.
43. *Ibid.*,
44. *Ibid.*, 141.
45. *Ibid.*, 147. "O teste sociométrico nos permitiu determinar a idade em que as crianças começam a formar suas próprias sociedades e também a que nível de idade estas associações adquirem bastante força efetiva como seja para determinar — cada vez mais — a conduta das crianças e rejeitar — pouco a pouco — as influências dos grupos mistos adultos-crianças. Parece que a idade crítica das relações entre adultos e crianças começa no decorrer do oitavo ano; até esta época as relações de *criança com criança*, no interior dos grupos de crianças, se organizam e se liberam cada vez mais da influência dos adultos"; *Ibid.*, 259.
46. *Ibid.*, 146.
47. *Ibid.*, 258.
48. Cf. *Ibid.*, 111-112.
49. *Ibid.*, 129.
50. *Ibid.*, 152.
51. *Ibid.*, 142.
52. *Ibid.*, 180.
53. "Correntes (psicológicas, afetivas) cuja soma total afeta e informa o caráter e a conduta de cada pessoa e de cada grupo da coletividade": *Ibid.*, 261.
54. *Psicoterapia de grupo y psicodrama*, 53. O mesmo afirma do interesse que os membros de um grupo têm por este grupo a que pertencem: "O interesse que os membros de um grupo familiar ou de qualquer outro grupo de coabitação dirigem para esses ditos grupos não pode cair abaixo de

certo nível, sem que simultaneamente, deixe de aparecer como força moral capaz de dar forma às personalidades que fazem parte deste grupo: *Fundamentos de la sociometría*, 184.

55. *Fundamentos de la sociometría*, 285. Voltaremos à explicação das redes sociométricas. A elas temos feito alusões por serem o meio principal pelo qual o grupo influi sobre o indivíduo.
56. *Ibid.*, 266.
57. *Ibid.*, 265.
58. *Ibid.*, 257.
59. *Ibid.*, 322.
60. *Ibid.*, 307. É possível que estas afirmações nos sejam contraditórias, em relação ao pensamento totalmente otimista que expusemos ao tratar da espontaneidade. É preciso ter em vista que se trata de dois pontos de vista diferentes: enquanto espontaneidade, o momento do nascimento e a infância são positivos, pois supõem o esforço de *se ajustar* a uma situação totalmente *nova*. Enquanto fenômeno social são negativos, pois supõem que se nasce numa família que, enquanto grupo, tende ao *conservadorismo* e assim se opõe à manifestação desta espontaneidade totalmente virgem que traz o recém-nascido.
 Também é conveniente não formar uma falsa impressão do que Moreno pensa da família. Como todo psicólogo, considera que seja o fundamento essencial da formação da personalidade. Nesta função social, pode ser boa ou má: "Vocês sabem que uma família na qual reina a discórdia, constitui uma grave desvantagem para a criança e que, pelo contrário, uma família harmoniosa lhe significa o maior benefício": *Ibid.*, 311.
 Para evitar este possível preconceito, Moreno acha que se deve distinguir na família, duas funções possivelmente separáveis entre si: a relação *sexual* (homem e mulher ou procriação), e o grupo formado pelo pai, mãe e crianças, isto é, o aspecto grupal ou comunitário: "Estes conflitos nos inclinam a crer que os dois aspectos do grupo familiar têm origens diferentes e são susceptíveis de dissociação. O segundo dos agrupamentos (pais e filhos) resulta, sem dúvida, da diferenciação ulterior de uma configuração totêmica, e se pode supor que a fusão dos dois aspectos da família foi facilitada pelo reconhecimento da consangüinidade do pai e da criança". *Ibid.*, 260.
 Que Moreno não menospreza a função familiar na formação dos indivíduos, vê-se claramente quando nos grupos de destinação de que estamos tratando aqui, tenta imitar a situação familiar; o que acontece é que trata de estimá-la sob o ponto de vista social e não apenas individual. "O modelo familiar encontra ampla aplicação porque nele a infância e seus principais papéis, pai, mãe e irmãos, podem repetir-se sob novas condições. A estrutura dinâmica da família não tem sido avaliada até agora senão sob o ponto de vista do indivíduo, como é habitual na psicanálise": *Psicoterapia de grupo y psicodrama*, 84.
61. "O isolamento orgânico do embrião continua durante um breve período depois do nascimento, até que o surgimento da tele inicie as primeiras estruturas interpessoais. Porém algumas crianças perpetuam a pauta do isolamento orgânico mediante o isolamento social... a questão é se o ego-auxiliar, na forma da mãe, não tem, desde tempo imemorial, uma função

mais profunda a cumprir, que a de ser a fonte de alimento da criança'':
Psicodrama, 113.
62. *Fundamentos de la sociometría*, 259.
63. *Psicoterapia de grupo y psicodrama*, 53.
64. *Ibid.*, 50.
65. *Ibid.*, 53.
66. *Ibid.*, 26.
67. *Ibid.*, 50.
68. *Ibid.*, 385.
69. *Psicodrama*, 324.
70. *Las bases de la psicoterapia*, Hormé, Buenos Aires, 1972, 27.
71. Cf. *Contributions of sociometry to research methodology in sociology*, 290.
72. *Psicoterapia de grupo y psicodrama*, 63.

6
O Fator Tele

1. Conceito, limites e conteúdo

Estudamos o indivíduo como *relação*, manifestação que aflora a nível dos indivíduos, no átomo social e a nível social, na vida em grupo e que unifica e constitui a entidade grupal. Chegamos a definir átomo e grupo como "relação entre" ou seja, "inter-relação". Gurvitch chegava a se perguntar, se o átomo social seria algo mais que um feixe de relações. O tema *inter-relação* ou *interação* nos leva ao segundo elemento que polariza toda a obra de Jacob Lévy Moreno: o estudo da inter-relação e a terapia inter-relacional. Seu primeiro ponto de apoio era a possibilidade de fazer de cada homem um ser criador. Para explicar a criatividade constante do homem, Moreno cunhou o termo espontaneidade. Para explicar a relação *entre* os homens, Moreno cunhou o termo *fator tele* que, a nosso modo de ver, é o segundo grande eixo da sua teoria.

Nosso autor chegou ao conceito de *tele* por um duplo caminho: pela sua experiência de vida, e pela imposição de seu trabalho com os grupos. A origem vivencial ou biográfica do tele se esconde em acontecimentos da vida de seu criador: talvez naqueles seus primeiros trabalhos — digamos terapêuticos — com grupos e não com indivíduos. Com freqüência voltamos às experiências desses primeiros anos, prenhes de sentido. Da mesma época é o seu interesse pelo "encontro". Moreno lembra que o que possibilita o encontro é o fator tele e às vezes chega a identificar tele e encontro, fundindo causa e efeito, unificando-os no "movimento do eu ao tu e do tu ao eu". Também biograficamente se pode encontrar a origem do conceito tele no próprio teatro da espontaneidade. Moreno percebeu que a atuação espontânea dos protagonistas produzia um efeito curativo ou catártico que surgia da *interação* dos atores, o que o levou a hipótese de um fator terapêutico *interpessoal*. E o teatro da espontaneidade o conduziu à observação de outro fenômeno: os atores não se empatizavam indistintamente, mas

195

existia entre eles correntes de simpatia ou rechaço que facilitavam a atuação conjunta. Este fenômeno, mais uma vez o fez voltar à hipótese da existência de um fator que explicasse esta relação positiva ou negativa *entre* os protagonistas de seu teatro da espontaneidade. Esta hipótese, é a hipótese *tele.*

O outro caminho de encontro com o fator tele foi a experiência direta em seu trabalho terapêutico e sociométrico. Moreno afirma que o tele é um fator sem o qual não se pode compreender a sociometria e, reciprocamente, a experiência terapêutica é decisiva e multiforme para determinar e explicar o conceito do fator tele; sempre que tentou experimentar ou exercer uma influência terapêutica, surgiu o fenômeno da interação como algo distinto dos indivíduos.

Inicialmente, para explicar este fenômeno, recorreu às noções existentes no campo da sociologia, da psicoterapia ou da psicologia, porém não encontrou um conceito que lhe parecesse válido, pois até os mais próximos — empatia e transferência —, moviam-se em coordenadas unidirecionais:

> Sendo o termo tele, cunhado por mim, se me permitirá advertir que a tele é algo que emergiu da análise terapêutica de relações interpessoais concretas. Mais tarde os modelos estatísticos foram aplicados ao fenômeno tele... Os termos alemães *Einfühlung* (empatia) e *Übertragung* (transferência) que expressam relações unidirecionais, não apresentavam, quando foram cunhados, o novo tipo de fenômenos que a investigação das relações interpessoais descobriu. *Zweifühlung* (tele) foi estabelecido em oposição a *Einfühlung*[1].

Torna-se clara a postura moreniana diante de um conceito que consideramos fundamental em sua teoria, desde que, para ele é básica a relação interpessoal ou o encontro é fundamental.

Segundo Moreno, o termo tele provém, etimologicamente, do vocábulo grego que significa longe ou à distância, não derivando de *telos,* finalidade ou intencionalidade. Para dar uma *definição real* do que Moreno entende por tele, nos devemos defrontar primeiramente com a noção mais genérica, ou talvez mais elementar: "A menor unidade de sentimento, transmitida de um indivíduo a outro."[2] E encontramos uma tentativa de definição ainda mais elementar e genérica que não se refere unicamente a pessoas, mas inclui também as coisas, como se fora algo integrado no cosmos: "A tele foi definida como uma relação elementar que pode existir tanto entre indivíduos, como entre indivíduos e objetos."[3] Porém, é a força inter-relacional que define real e estritamente o fator-tele:

> Tele é a percepção interna e mútua dos indivíduos, é o cimento que mantém os grupos unidos. É *Zweifühlung,* em contraste com o *Einfüh-*

lung... Tele é uma estrutura primária; a transferência, uma estrutura secundária. Depois de se desvanecer a transferência, certas condições tele continuam operando. A tele estimula as relações permanentes e as associações estáveis. Supõe-se que no desenvolvimento genético da criança a tele surge antes da transferência[4].

Moreno insiste no cotejo tele-transferência, o que torna possível definir a relação télica e fixar suas características fundamentais, a partir do paralelismo ou da oposição entre os dois conceitos. Sintetizando, poderíamos concluir: a) a transferência se refere ao passado e projeta no presente imagens que se formaram na infância. O fator tele se origina no presente, no aqui e agora, no momento em que duas pessoas se encontram; b) a transferência é um sentimento de uma só direção; a tele é um sentimento de via dupla; c) a transferência, por ser um conceito psiquiátrico, só é válido para o psicopatológico, enquanto que a tele é um conceito útil ao psicólogo, ao psiquiatra e ao sociólogo; d) a transferência é um conceito essencialmente subjetivo enquanto a tele é um conceito objetivo; e) a transferência é causa de enfermidade, tanto no indivíduo como no grupo, porém o fator tele é um elemento são e terapêutico; f) a transferência é um fenômeno secundário, que aparece posteriormente na vida, enquanto a tele é um fenômeno primário que atua quase a partir do próprio nascimento. Moreno afirma que a criança não pode ter transferências mas sem dúvida alguma é capaz de relação télica[5]; g) a transferência, aplicada aos grupos, é um fator desintegrante; a relação-tele é um fator de nexo ou de união; h) finalmente, à medida que o tratamento psicoterapêutico avança, a transferência deve desaparecer, enquanto que o fator-tele deve-se fazer cada vez mais onipresente e persistente.

Evolução e manifestações

Esta inter-relação afetiva que proporciona coesão ao grupo e auto-afirmação ao indivíduo, segue um *processo evolutivo* ou de aperfeiçoamento progressivo. A coesão interna de um grupo cresce no mesmo ritmo cronológico em que esse grupo evolui e amadurece. Com o passar das etapas infantis e com o entretecer das redes afetivas, as comunidades grupais robustecem sua aderência íntima.

O princípio de evolução da tele-estrutura é básico e irreversível. Moreno aponta alguns extremos deste processo fundamental, que tentaremos esquematizar em seguida. Do ponto de vista individual e contrariamente ao que Moreno afirma com relação à espontaneidade, a criança não nasce com a tele-estrutura: esta se vai formando à medida que os objetos exteriores, coisas ou pessoas, vão entrando em contato com ela através dos iniciadores físicos ou sentidos. O lactente vai tomando consciência da proximidade e da distância, quando faz distinção entre si próprio e os demais:

> O fator tele é, sem dúvida, em sua primeira forma, indiferenciado: uma tele de matriz de identidade. A tele para objetos gradativamente se separa da tele para pessoas. A tele positiva se separa da tele negativa, e a tele para objetos reais, se separa da tele para objetos imaginários[6].

Segundo a lei sociogenética, por um processo paralelo ao individual, existe uma evolução do fator tele ao longo da história da humanidade e da progressiva complexidade de suas relações:

> Por analogia, diremos que a configuração social, num primeiro estágio devia estar ligada por laços de interação muito íntimos e em que as reações coletivas deveriam dominar inicialmente e a emancipação do indivíduo com relação ao grupo, realizou-se paulatinamente, no curso da evolução[7].

Na própria análise das matrizes sociométricas e dos sociogramas, se reflete uma tele *positiva* (atração) e uma tele *negativa* (rejeição), e quando não existe comunicação nem positiva nem negativa, chamamos de *indiferente*. Moreno aprova esta divisão ou classificação da tele-estrutura[8].

Baseando-nos na imediatez, classificaríamos a relação-tele em *próxima* ou *distante*. *Próxima* quando a relação se estabelece diretamente entre as pessoas que se amam ou se odeiam. No átomo social seriam representadas por linhas diretas, sem intermediários. *Distante,* é a relação que se exerce através de uma terceira pessoa que une afetivamente dois indivíduos (amigos de amigos). Referente ao efeito do fator-tele à distância, existe um caso, já tipificado, ao qual aludíamos, ao falarmos do líder do grupo: o Aristotele.

Outro critério de classificação da tele, partindo do ponto de vista sociométrico, nos levaria a uma *gradação*, do simples acaso à tele perfeitamente estruturada: "Isto me levou a subdividir a região intermediária entre o nível da tele e do puro acaso, em três zonas distintas: a da "infra-tele" (a mais distante do provável), a da empatia e a da transferência[9].

Finalmente, é interessante assinalar que a tele pode referir-se à própria pessoa, o que não é possível enquanto a criança vive a fase da matriz de identidade. Porém, à medida que vai crescendo, ela faz uma separação perceptual entre si própria e as pessoas que a rodeiam, para terminar distinguindo entre fantasia e realidade. Na medida em que vai fazendo estes distanciamentos pode chegar a uma imagem de si mesma e, simultaneamente, perceber a imagem que os outros fazem dela. Entre estas duas percepções se pode estabelecer uma relação-tele a que Moreno denomina *auto-tele*: "Entre o eu e o outro eu, posto fora, se desenvolve um curioso parentesco-afetivo que se poderia chamar auto-relação ou auto-tele."[10]

Não é necessário recorrer a estados patológicos para experimentar a auto-tele; em nosso momento cultural vamos encontrá-lo no campo literário, através de Proust, em que o desdobramento do protagonista em um tu, produz uma nova forma de narrar: o monólogo interior.

Provas

Precisamos provar, confirmar ou falar da validade científica deste conceito ou realidade que mescla afetivamente os indivíduos, criando vínculos de convivência social. O fator tele embora de indiscutível força aglutinadora enquanto termo, pode ser posto em discussão.

Moreno prova inicialmente a existência do fator tele, pela própria realidade quantificável dos dados sociométricos: — sua diferenciação do puro acaso. O sistema utilizado é a fórmula binominal e, embora não se conforme em fazer cálculos abstratos, na prática os realiza. De um lado, aplicou o teste sociométrico a 26 pessoas que se encontravam pela primeira vez; de outro, no experimento ao acaso, colocou num recipiente os nomes de 26 pessoas fictícias, escritos em papeletas. As possibilidades de escolha concedidas em ambos os casos, eram três. Na sociometria real, cada sujeito real elegeu três dos seus companheiros de grupo. A eleição ao acaso realizou-se mediante sorteio. Obtidos os resultados das duas eleições fez-se uma comparação matemática, chegando-se às seguintes conclusões: a) os extremos da curva formada pelas escolhas são mais pronunciadas no sociograma real que no sociograma ao acaso. Isto é, no real há maior número de populares (sujeitos repetidamente escolhidos) como também de isolados (pouco ou não escolhidos). Os várias vezes escolhidos estão em melhor situação, tanto em número, quanto em volume. Enquanto na experiência ao acaso, raras vezes alguém foi escolhido mais de 6 vezes, no teste real alguns indivíduos o foram entre 7 a 10 vezes; b) no centro da curva, os indivíduos do experimento real, estão em condições inferiores; no experimento ao acaso há maior número de eleições médias; c) o número de eleições mútuas é maior na sociometria real que no experimento ao acaso; d) as estruturas complexas — triângulos, quadrângulos e outras formas fechadas — não existem no sociograma aleatório, enquanto aparecem no sociograma real.

Deste experimento, Moreno conclui a prova científica de um fator que explica estas diferenças e a que chamou tele-relação. A prova sociométrica será sempre considerada como o argumento *princeps* na demonstração científica da existência da tele como um conceito verificável.

Outro tipo de argumento é a perfeita compenetração que existe entre o ego-auxiliar psicodramático e o paciente:

> Minha impressão é que o duplo, quando talentoso, está equipado com uma "superabundância de percepções", sem que necessariamente se trate de percepções extra-sensoriais. As teletramas interpessoais, tais e como têm sido elaboradas pelos sociometristas, podem ser os fios condutores dessas percepções.[11]

2. As *redes sociais*

Embora até o momento tenhamos incidido no aspecto individual do fator tele, fizemos várias alusões a outro âmbito mais extenso de atuação da tele-estrutura, no grupo, que ultrapassando os limites pessoais, cria canais de comunicação pelos quais se transmitem as opiniões, normas e rumores que circulam num grupo ou numa sociedade. Parece que estas *redes sociais* subjazem inclusive à relação humana interpessoal e aparecem até na esfera infra-humana das sociedades animais. Para detectá-las na sociedade humana, temos que partir do átomo social.

> Enquanto certas partes destes átomos sociais parecem limitar-se aos indivíduos que participam deles, outras partes se relacionam com partes de outros átomos sociais e, estes últimos, por sua vez, com outros: formam assim cadeias complexas de inter-relações que, em sociometria descritiva, são chamadas redes sociométricas[12].

De fato, Moreno acha que o modo empírico de delimitar estas redes sociométricas, seja partir de um átomo social e seguir sistematicamente as correntes de suas eleições, que o vão unindo a outros átomos sociais. O sociograma revela estas redes sociométricas.

De posse destes elementos empíricos, Moreno, científico e criador, passa a comprovar sua hipótese. Tendo diante de si os sociogramas da coletividade de Hudson, analisa as concatenações dos átomos sociais e descobre as redes principais e as secundárias. Se sua hipótese fosse

200

válida, poderia lançar um boato a partir de um átomo social considerado chave numa rede principal. O assunto deveria propagar-se, mais rapidamente através desta rede principal em que estava situado o referido átomo e só posteriormente invadiria as redes laterais. De fato, assim aconteceu, e ficou demonstrado cientificamente a existência dessas redes sociométricas:

> Sabíamos que os rumores se propagam em forma contínua, de boca em boca, e em todos os sentidos. *O objetivo que nos propúnhamos demonstrar era que esses rumores seguiam o caminho das redes cujos mapas havíamos estabelecido.* O experimentador entra no grupo I e se entrevista com o indivíduo M que, segundo o mapa, pertence à rede A. M era um indivíduo chave, ligado a 22 outros, dos quais alguns pertenciam ao seu grupo (grupo I) e os restantes faziam parte dos grupos II, III, IV e V. *O sujeito M, foi escolhido por ser considerado a pessoa mais apta para desencadear um rumor relacionado com um importante personagem da administração...* Em conseqüência parecia que o rumor teria todas as possibilidades de propagar-se fácil e rapidamente na rede de M (rede A), e que necessitaria mais tempo para infiltrar-se em outras redes. Achamos que só por último alcançaria a rede E, que não tinha nenhum ponto em comum com a rede A. Tivemos a satisfação de que nossas previsões se realizassem com muita exatidão. Através de sondagens sistemáticas fomos nos informando de que, efetivamente, o rumor havia seguido os caminhos previstos[13].

A principal missão que Moreno atribui às redes, é a de propagar opiniões, no grupo, "formar a tradição e a opinião pública". Os meios oficiais de propaganda a que chamamos de comunicação social, não são mais que amplificadores destas redes sociais que chegam, inclusive, a determinar a reputação pública de um indivíduo:

> Estas redes são focos de origem da opinião pública; essas malhas transferem sugestões e através de seus canais, os homens podem influir-se e educar-se mutuamente. Numa parte da sociedade um indivíduo pode ser tido como sincero e, em outra, como desonesto. Seja qual for a situação de fato, a fama de um indivíduo está determinada por duas redes em que dominam opiniões distintas[14].

A auto-defesa diante dessas propagações não é possível quando não se tem consciência delas. Cada indivíduo é parte integrante destas redes e às vezes transmite seus conteúdos a partir de vagas suspeitas de que algo possa existir. Ao compará-las com a pele do indivíduo, Moreno concede às redes sociais toda a força de proteção e inseparabilidade que elas contêm: "Um indivíduo não pode desprender-se destas redes assim como não se pode mover no exterior de sua pele. As redes existem anteriormente a ele e aos grupos oficiais de que faz parte."[15]

Embora levando em conta estas afirmações gerais sobre as redes de comunicação sociométrica, Moreno observou que sua extensão depende da matéria que é transmitida:

> Quase sempre as novidades, os rumores, os fatos de interesse geral que não ameaçam ferir o propagador, atravessam sem resistência as redes que descrevemos. Porém certas atividades secretas, relacionadas com atividades sexuais, sociais ou políticas não as penetram por mais regulares e estáveis que possam ser... Os esforços realizados para que um segredo não ultrapasse os limites de um determinado grupo de indivíduos escolhidos, tendem a fracassar, na maioria dos casos. O segredo é conhecido, cedo ou tarde, pela totalidade da rede[16].

Apesar de insistir em seus aspectos negativos, Moreno também considera as redes necessárias à estabilidade do grupo e da sociedade, pois através delas se propagam as normas e costumes sociais que dão consistência e segurança aos indivíduos que a integram: "À medida que uma sociedade alcança a sua maturidade, todo o seu sistema de redes cada vez mais se converte numa superorganização de controle."[17]

As redes são, sem dúvida, um dos elementos essenciais à constituição do grupo e por isso, quanto mais antigos forem estes, mais estarão desenvolvidas e mais influirão no indivíduo, ao nível inconsciente. Moreno faz uma tentativa de classificação destas redes relacionais, considerando "as seguintes correntes psicológicas: 1) segundo suas causas: a) correntes sexuais, b) raciais, c) sociais, d) industriais e e) culturais; 2) segundo o princípio de sua formação: a) correntes positivas e negativas, b) correntes espontâneas e contracorrentes, c) correntes primárias e secundárias, d) correntes iniciais e terminais, e) correntes principais e correntes laterais"[18].

Estudadas e dominadas, as redes se podem converter em elemento de afirmação grupal, inclusive em elemento de pressão individual, porém nunca se poderá medir o alcance de sua ação incontrolada na transmissão de opiniões. O indivíduo é fator e vítima destes laços que, infalivelmente, teme. Seriam inesgotáveis e interessantes as versões que esse temor social apresenta nos refrões castelhanos.

3. O inconsciente comum

Se considerávamos as redes de comunicação social como extensão da relação-tele em seu aspecto mais comum e socializante, a especial intensidade da tele em grupos naturais, requer um novo e apurado conceito moreniano: *o inconsciente comum*. Moreno havia observado que nesse tipo de grupos, a tele adquiria uma categoria especial, nem meramente individual, nem abertamente grupal. É a categoria alcançada nos grupos de íntima e prolongada convivência e supõe uma compenetração tal que a comunicação exclui a palavra e se firma na proximidade, chegando quase ao entendimento telepático.

Moreno define com precisão o inconsciente comum talvez por tratar-se de mais um dos elementos que o separam da psicanálise. O inconsciente comum é algo diferente do inconsciente em Freud e Adler, e do inconsciente coletivo junguiano: "Os estados co-conscientes e co-inconscientes são, por definição, aqueles que os participantes experimentaram e produziram conjuntamente e que por conseguinte, só podem ser reproduzidos ou representados conjuntamente."[19] É uma espécie de simbiose que se produz entre as pessoas que convivem permanentemente, chegando a criar uma idêntica postura frente aos valores e a vida:

> Os grupos naturais se comportam de maneira diferente dos grupos formados por estranhos. Mães e cônjuges, membros de uma família, dois amantes, amigos e companheiros de negócios de muitos anos, e todos os grupos que, igualmente a estes, estejam intimamente relacionados, têm uma forma comum de entender-se tacitamente... É como se no correr dos anos houvessem desenvolvido, finamente entrelaçada, uma longa cadeia de estados de certo modo inconscientes[20].

Moreno leva as conseqüências desta comunidade de vida, à sua terapia interpessoal. É lógico que, se o que adoece é a relação comum, a biografia comum, não se pode solucionar o problema separadamente, e a terapia deverá incluir as pessoas que integram a relação: "A terapia interpessoal representa uma categoria especial de terapia. Bem poderíamos classificá-la separadamente da psicoterapia individual e da psicoterapia de grupo."[21]

Repetidamente Moreno chama de *inconscientes* a essas biografias comuns, porém precisamos caracterizar bem o termo para não objetar-lhe novamente contradição. Em princípio existe alternância entre os termos co-conscientes e co-inconscientes, quando referentes à relação biográfica.

O que o leva a considerar esta vida em comum como inconsciente é o fato concreto de que, freqüentemente, não se expressam ou não se concienciam comunitariamente as reações pessoais frente aos acontecimentos. Embora a vivência seja comum, em geral, apenas se suspeita o que o outro sente ou pensa com relação aos fatos. Moreno a denomina inconsciente, porque a vida comum não é vivenciada em "comum": "Vivem simultaneamente em dois mundos distintos que só ocasionalmente entram em contato e, mesmo assim, de modo insuficiente. A psique não é transparente."[22]

Este inconsciente comum difere radicalmente de outras noções afins; sem entrar em maiores detalhes digamos que nada tem a ver com nenhum inconsciente individual freudiano ou adleriano, porque não é de uma só pessoa, mas pelo menos de duas; e porque aparentemente não participa dos sistemas repressivos que fundamentam o inconsciente de qualquer escola psicanalítica.

Moreno se empenha em estabelecer a diferença entre sua noção de inconsciente comum e o inconsciente coletivo junguiano, talvez porque os próprios termos induzam a uma similaridade de pensamento, quando na realidade seus conteúdos são muito diferentes. A distinção fundamental está em que o inconsciente coletivo junguiano não é biográfico e permanecerá depois do desaparecimento de cada indivíduo concreto, enquanto o inconsciente comum moreniano é biográfico e assim como o inconsciente individual, vai ao túmulo com a morte das pessoas que o criaram.

O inconsciente comum reclama a confirmação científica da prova experimental que, naturalmente, Moreno a extrai do psicodrama e da psicometria, técnicas especificamente suas. Uma das técnicas psicodramáticas é a inversão de papéis em que uma pessoa — um ator — assume o papel da outra. Quando as pessoas que intercambiam esses papéis estão unidas por um inconsciente comum, o intercâmbio se realiza de maneira mais perfeita. A segunda prova é sociométrica. Examinando as matrizes sociométricas, Moreno percebeu que as estruturas dos grupos de convivência mais íntima apresentam maior coesão, isto é, o número de escolhas recíprocas é maior que nos grupos de convivência mais distante.

Não seria justo silenciar a noção mais ampla do inconsciente comum moreniano: *o inconsciente comum social*. Para Moreno o inconsciente comum social é formado pela convivência permanente dos indivíduos num grupo, o que explica que as eleições dentro de um grupo, se diferenciem das eleições ao mero acaso. Se uma das provas da existência do inconsciente comum é a maior intimidade da estrutura sociométrica, o fato de que geralmente as escolhas entre companheiros sejam significativamente diferentes das que se poderiam esperar do mero acaso, demonstraria a existência desse inconsciente de grupo a que Moreno denomina *"matriz de grupo"*. Aproximando-se ainda mais do conceito junguiano de inconsciente coletivo, chega a admitir um inconsciente *comum social*, que até pensamos, tenha seu fundamento na cultura ou subcultura a que pertence o grupo:

> Matriz sociométrica: se não se toma a palavra "inconsciente", num sentido mágico, poderia dizer-se que a sociometria desenterra o "inconsciente social" através de experimentos e medições; porém não se trata

204

necessariamente de um indivíduo ou coletividade "reprimidos", mas de subestruturas dinâmicas variáveis da sociedade humana[23].

Seguindo as expressões morenianas, e numa tentativa de expor exaustivamente o que ele entende por inconsciente comum, podemos dizer que este se desenvolve em círculos concêntricos: o conceito mais restrito seria o das pessoas que convivem permanentemente juntas, física e emotivamente (a família); em segundo lugar teríamos o grupo com sua matriz sociométrica e, num círculo mais aberto, teríamos o conceito de inconsciente comum social, mais impreciso e menos coerente.

Notas

1. *Las bases de la psicoterapia*, Hormé, Buenos Aires, 1972, 76-77.
2. *Fundamentos de la sociometría*, Paidós, Buenos Aires, 1972, 211.
3. *Psicoterapia de grupo y psicodrama*, F.C.E., México, 1966, 49. "A base de uma classificação sociométrica não é uma *psique* ligada a um organismo individual, mas um organismo individual que se move no espaço, em relação com coisas ou outros objetos que se movem ao seu redor. A tele, por reduzida e rudimentar que seja, é a expressão do grau de atração existente entre eles": *Fundamentos de la sociometría*, 122.
4. *Psicodrama*, Paidós, Buenos Aires, 1972, XIV. *Zweifühlung* (sentimento mútuo, de ida e volta, entre dois), tele-relação. Einfühlung (sentimento de direção única) empatia.
5. "Espontaneidade e tele são mais elementares do que a libido e funcionam em situações pré-libidinosas": *Psicoterapia de grupo y psicodrama*, 95.
6. *Psicodrama*, 110.
7. *Fundamentos de la sociometría*, 212.
8. Cf. *Psicodrama*, 327. Destas palavras se pode deduzir que a tele terapêutica se identifica com a tele positiva, porque a atração mútua produz um equilíbrio interpessoal que dá segurança à convivência.
9. *Fundamentos de la sociometría*, 29.
10. *Psicoterapia de grupo y psicodrama*, 347 "Acontece entre estas perturbações, que, o sujeito se sente comprometido com acontecimentos ilusórios, referentes a personagens imaginários. É o que se chamou "autotele": *Fundamentos de la sociometría*, 216.
11. *Psicoterapia de grupo y psicodrama*, 376.
12. *Fundamentos de la sociometría*, 62.
13. *Ibid.*, 295-296.
14. *Psicoterapia de grupo y psicodrama*, 54.
15. *Fundamentos de la sociometría*, comentários à lâmina L.
16. *Ibid.*, 296-297.
17. *Ibid.*, 298.
18. *Ibid.*, 290.
19. *Psicodrama*, IX.
20. *Psicoterapia de grupo y psicodrama*, 74-75.
21. *Las bases de la psicoterapia*, 85.
22. *Psicoterapia de grupo y psicodrama*, 75.
23. *Ibid.*, 94.

7
O Papel

Talvez seja uma atitude ambiciosa, lançarmos um olhar retrospectivo, antes de darmos um novo passo no estudo das idéias antropológicas morenianas. Mas nem por isso vamos renunciar a essa visão global que se faz necessária para fundamentar um conceito antropológico: *o papel*. Dois núcleos essenciais se perfilam desde o início. Um, de caráter predominantemente filosófico-religioso, são os distantes anos de Viena, inebriados pela vivência do atributo divino da *criação*, e, cujo continuador *princeps*, numa visão cosmológica semipanteísta, é o homem. E anos também fanáticos na luta contra "o estabelecido". Naquele delírio místico, Moreno deixa entrever, em *The theatre of the spontaneity*, as arrebatadas decisões que tentaram sua juventude:

> A mim, como a muitos jovens de minha geração, preocupavam as idéias de Deus, do próprio eu e da liberdade. Só que a minha maneira de aproximação dessas idéias era muito particular: um novo método de teatro, o Teatro da Espontaneidade e a catarse. Por que escolhi o caminho do teatro em vez de iniciar uma seita religiosa, fundar um mosteiro ou elaborar uma doutrina teológica?[1]

Sua antropologia — quase teológica — gira em torno de três grandes problemas: Deus, *self* e liberdade e, destruída esta relação, ter-se-á destruído o homem. A ponte de ligação entre este primeiro núcleo e sua existência social terapêutica é o teatro da espontaneidade, a que Moreno chega procurando salvação humana e em que termina encontrando valor científico. Assim, a evolução de sua atitude como filósofo, diretor de teatro, e terapeuta o conduz a uma concepção do eu e do homem, cujo centro é a espontaneidade.

Isso foi o que expusemos no primeiro plano de nossa sistematização antropológica. O homem é um ser que, seguindo o impulso da espontaneidade, chegará a desenvolver a "chispa divina criadora" que traz em si mesmo. *O homem é um gênio em potência, que lutando*

209

contra as conservas culturais, através da espontaneidade criadora ativa, chegará a assemelhar-se a Deus e a encontrar sua liberdade. Se não desenvolve essa espontaneidade, o homem adoece. Esta é pois, a primigênia concepção do homem, segundo Moreno. Se terminasse aqui a evolução do seu pensamento, te-lo-íamos encontrado congruentemente acabado. Moreno teria passado à história da psicologia como o iniciador de uma terapia existencial. No entanto ele suspeitou que aqui não acabara a rica perspectiva da pessoa humana. Advertiu que o existir do homem não é viver em *solidão*, mas em coletividade. A existência do indivíduo se realiza pelo desempenho de um papel na sociedade a esta se insere numa cultura:

> Este enfoque se funda no princípio de que o *homem tem um papel a desempenhar*, cada indivíduo se caracteriza por uma certa variedade de papéis que regem seu comportamento e que cada cultura se caracteriza por uma série de papéis que, com maior ou menor êxito, impõe a todos os membros da sociedade[2].

Fundamentalmente, existem fatos biográficos e caracterológicos que levam Moreno a dar-se conta dessa dimensão social do homem. Queremos destacar sua própria concepção do teatro experimental, em que toma consciência da *interação* entre os protagonistas e de que a interação se dá mais no grupo, ou também — e para nós é mais importante — no intercâmbio que existe entre atores e público: "No teatro da espontaneidade o elenco é toda a audiência e não só os atores profissionais. A nova situação deveria encontrar uma expressão adequada na estrutura arquitetônica do auditório."[3]

Outra grande experiência vital que o leva a ampliar sua concepção antropológica, chegando a participar de um grupo e de uma cultura, viveu-a — por necessidade econômica? — em seus primeiros trabalhos oficiais nos Estados Unidos (Sing-Sing e Hudson). A partir deste momento Moreno dedica-se preferentemente ao estudo do indivíduo em grupo.

Da leitura de algumas de suas obras se poderá ter a impressão de que, essas duas concepções do homem, são díspares entre si: torna-se difícil chegar a uma síntese entre elas, porque, à primeira vista, não aflora a possível conexão entre a concepção do homem gênio, que se desenvolveu a partir da espontaneidade, e a concepção do homem membro de um grupo, sendo um átomo social que se constitui a partir das tele-relações positivas ou negativas com seus companheiros. No entanto, uma leitura atenta de sua obra completa nos dá o ponto de união entre as duas concepções; este nexo, o encontramos no que, para nós, é o terceiro grande conceito moreniano: *o "role" ou o papel*.

Mergulharemos nesta síntese unificadora em que, o papel, conceito social, conecta com a espontaneidade, de conteúdo individual.

210

Em suas origens o papel e a espontaneidade eram realidades convergentes, pois Moreno trouxe o termo "role" do papel que o ator psicodramático desempenhava no cenário. E supérfluo é insistir sobre a espontaneidade do teatro experimental:

O desempenho de papéis foi a técnica fundamental no teatro espontâneo vienense. Dada a predominância da espontaneidade e da criatividade no desempenho de papéis, este foi chamado "desempenho de papéis *espontâneo-criativo*"[4].

1. Origem da noção de papel

Atualmente o termo papel adquiriu conotações eminentemente sociológicas, antropológicas e psicológicas. Sem dúvida, o conceito vem do teatro, em que passou do rolo em que estavam escritos os dramas, aos personagens que os representavam.

Do papel no sentido originariamente teatral evoluímos para outra acepção: a posição que a pessoa assume dentro da sociedade; ou melhor, como quer Linton, o papel é o aspecto dinâmico do *status*. Assim passou a ser um conceito utilizado pelos sociólogos e antropólogos e que também está invadindo o campo da psiquiatria.

Moreno se atribui a paternidade desta derivação do conceito, talvez pela coincidência de existir, como vimos, na evolução de seus escritos, uma trajetória: do teatro à sociologia e à psiquiatria. Esclareçamos que os estudos de Linton, em que aparecem esses conceitos, *The cultural background of personality*, foram publicados em 1945, quando Moreno já havia elaborado a totalidade de suas teorias. E com relação a Mead, comumente aceito como o introdutor do conceito de papel no domínio da antropologia cultural, diz Moreno:

É historicamente interessante que, para minha teoria dos papéis, e eu tenha partido do teatro e começado minhas investigações, ao que parece, antes de Georges Mead (1911-1924). Não resta dúvida de que Mead e eu trabalhamos independentemente um do outro. Ele era professor de filosofia em Chicago, nos Estados Unidos, enquanto eu estudava medicina em Viena. Em sua evolução, nossas idéias caminharam em direções diametralmente opostas. O método de trabalho de Mead foi cada vez mais o da observação, e o meu, o do experimento[5].

Ninguém desconhece os caprichos da história, e o certo é que Moreno foi um dos pioneiros em muitos campos das ciências humanas, sem que os seus méritos fossem reconhecidos. Sem descer a maiores

211

detalhes, se nos ocorre pensarmos na terapia existencial, na dinâmica dos grupos, nos estudos de microssociologia, neste aspecto do conceito do papel que estamos comentando, na terapia centrada no cliente (que emprega, inclusive, a palavra espelho, própria da terapia inter-relacional), na própria logoterapia que tanto tem a ver com a dimensão religiosa do homem, nas teorias frommianas de "liberdade-de e liberdade-para". E quando fazemos menção a essas teorias e técnicas terapêuticas, são certamente outros e não o nome de Moreno, que lhes associamos. Oxalá chegue o momento em que, assim como sucedeu a tantos autores, se revalorize a sua figura. Seguindo a ordem evolutiva, do teatro à vida real, não é difícil assinalar os vários significados que teve, para Moreno, o termo papel:

> O papel pode ser definido como uma pessoa imaginária criada por um dramaturgo: um Hamlet, um Otelo, um Fausto; esse papel imaginário pode não ter existido, como é o caso de Pinóquio ou de Bambi. Pode ser um modelo de existência, como Fausto; ou uma imitação da existência como Otelo. Também se pode definir o papel como uma parte ou um personagem que um ator torna presente: por exemplo, uma pessoa imaginária como Hamlet, trazido à realidade por um ator. Também se pode definir o papel como um caráter ou função assumidos na realidade social: policial, juiz, médico, congressista. Pode-se definir o papel como as formas reais e tangíveis que a pessoa adota. Pessoa, eu, personalidade, caráter etc., são efeitos acumulados, hipóteses eurísticas, postulados metapsicológicos, "logóides". O papel é uma cristalização final de todas as situações em uma zona *especial* de operações pelas quais o indivíduo passou (por exemplo, as de comilão, pai, piloto de avião)[6].

2. O papel, "eu tangível"

Delimitando progressivamente o conteúdo do conceito de papel, chegamos à evidência de que o homem não pode viver só e, vivendo com os demais, tem que se adaptar a certas normas de convivência. Estas normas impõem uma maneira de agir a que chamamos conduta e o modo concreto de aceitá-las é adotando um papel. Às vezes o indivíduo pode escolher o seu papel, outras vezes tem que aceitar o que lhe é imposto; num e noutro caso, porém, a sociedade lhe exige uma conduta de acordo com esses papéis. Daí, externamente, o indivíduo poder ser definido, como um intérprete de papéis.

Já se torna admissível e até aceitável a definição psicológica de papel como o aspecto tangível do que denominamos eu. Quer dizer, se quisermos definir o eu de um modo experimental, devemos recorrer aos papéis que ele desempenha: "Os aspectos tangíveis do que se conhece como 'eu' são os papéis em que atua."[7]

A clareza dessas palavras é contundente e, por isso mesmo, susceptível de confrontos, principalmente sob o ponto de vista filosófico, e até sob o ponto de vista da mentalidade pré-filosófica. Nestes campos existe a convicção de que tudo quanto acontece, afeta ou acontece a alguém, a um sujeito, a um eu concreto: eu ajo, eu me relaciono, eu sofro, e também, eu desempenho um papel, diríamos. Portanto, o papel pressupõe um "eu", e não inversamente.

Moreno não identifica seu eu psicológico com o eu filosófico ou com a pessoa definida racionalmente, mas fala do eu que *experimentamos*, fala da consciência que temos de nós mesmos. E de início, afirma, que só temos essa consciência desempenhando um papel; que, se o homem não tivesse nenhuma atuação, jamais chegaria a ter consciência de si mesmo. E como a atuação está sempre em relação com pessoas ou coisas, o eu experimental é essencialmente um "eu" de papéis. Se repassarmos as noções expostas sobre o papel e suas relações com o eu, observaremos que em todas elas aparecem a mesma expressão: o papel é o *aspecto tangível do que chamamos eu*. Moreno não diz que o papel *constitua* o eu ou a pessoa. Daí, afirmar, que sua noção do papel é perfeitamente compatível com o que os filósofos entendem por eu, pois as posturas de que partem as duas ciências são distintas, até e não opostas mesmo complementares:

> É possível conciliar as opiniões dos especialistas em ciências do comportamento com as dos filósofos... É preciso que se desenvolvam os vínculos operacionais e de contato entre os papéis sociais, psicológicos e fisiológicos para que possamos identificar e experimentar, depois de sua unificação, o que denominamos "nosso eu". Assim podemos conciliar a hipótese de um eu latente, metapsicológico, com a de um eu emergente e operacional. A teoria dos papéis permite tornar tangível e operacional o misterioso conceito do eu[8].

Insistindo na mesma idéia, Moreno afirma que este eu psicológico é posterior ao desempenho do papel; e mais que isto, o eu psicológico e conciencial ou experimental surge a partir do desempenho de papéis. O argumento é o mesmo que acabamos de apresentar: assim como o homem não pode experimentar-se como eu, senão através da conduta, biograficamente, uma criança nunca poderá ter consciência do seu eu, se não começar a desempenhar papéis. O primeiro que existe é o papel e dele surge o eu.

É óbvio que um só papel não constitui o aspecto experiencial do eu. Na vida, todo homem desempenha muitos papéis — tanto se o consideramos sob o ponto de vista diacrônico ou evolutivo, como sob o ponto de vista sincrônico, ou num momento de seu existir — e todos juntos lhe dão a imagem do seu eu:

> Dado que no momento de nascer, a matriz de identidade é o universo inteiro da criança, para ela não há diferenciação entre o interno e o externo, entre objetos e pessoas, entre psique e ambiente: a existência é única e total. Talvez seja útil considerar que os papéis psicossomáticos, ao serem desempenhados, ajudam a criança a experimentar o que chamamos "corpo"; que os papéis psicodramáticos a ajudam a experimentar o que denominamos "psique"; e que os papéis sociais contribuem para fazer surgir o que chamamos "sociedade". Corpo, *psique* e sociedade são, portanto, as partes intermediárias do eu total[9].

3. O papel, manifestação de uma cultura

O papel é um conceito nitidamente sociológico quando estudado em si mesmo, e nitidamente psicossociológico quando se estuda a influência da sociedade na conduta do indivíduo. Nos estudos de sociologia, uma determinada sociedade se define pelos *status* e papéis que nela existem. "Segundo os objetivos da psicologia social, a forma como está organizada uma sociedade é melhor descrita, em termos das posições que ela apresenta, para serem ocupadas pelas pessoas."[10] O que se tornou quase um axioma nos estudos sociológicos, Moreno o havia profetizado há muitos anos, em seus primeiros estudos sociométricos: "Os papéis e as relações entre os diversos papéis, constituem a melhor revelação de uma determinada cultura."[11]

Existe, pois, uma interação entre o papel considerado sob o ponto de vista individual e sob o ponto de vista cultural. Se quisermos estudar o que é um indivíduo, a partir de sua "tangibilidade", devemos recorrer ao papel que ele desempenha dentro de uma cultura; e este estudo, sem pretendê-lo explicitamente, expressa, ao mesmo tempo, o grau de desenvolvimento alcançado por esta cultura. Medir papéis é medir a idade cultural de uma pessoa:

> A influência de uma determinada cultura, que se reflete na personalidade de quantos dela participam, traduz-se na diversidade de papéis que cada um pode assumir. Do mesmo modo que o teste de inteligência mede a idade mental de uma pessoa, o teste de papéis pode medir sua idade *cultural*. A relação entre idade cultural e idade cronológica pode ser denominada "quociente cultural"[12].

Para classificar cada indivíduo, são necessários escalas culturais, que podem ser obtidas através do teste de papéis. Aplicando esse teste a muitos indivíduos de uma cultura, chegamos a determinar o desenvolvimento cultural da população a que pertencem. Esta relação entre o papel estudado sob o ponto de vista individual e sua inferência no cultural, levou Moreno não só a oferecer o método para investigar e classificar uma cultura, mas, ao mesmo tempo e por necessidade, lhe permitiu fornecer aos estudos antropológicos, a unidade mais elementar do que chamamos cultura. Esta unidade é o papel, ou átomo cultural.

Seria questionável como, biograficamente, o indivíduo vai inconscientemente, aceitando os papéis que desempenha na sócio-cultura em que vive. Moreno expõe uma experiência psicodramática vivida em sua família, com sua mulher Zerka e seu filho Jonathan, da qual ele conclui que esta aceitação de papéis se faz por imitação. A partir de sua matriz de identidade, a criança se dá conta de que existem coisas com que identificar-se e outras com que a identificação é impossível. Pode adotar os papéis de pai e de mãe, mas não o de cachorro, por exemplo. Assim, a criança vai conhecendo os papéis que pode representar na vida e como pode representá-los; ela vai *se identificando* com um certo número de papéis de uma cultura e vai tomando consciência de si, vai descobrindo quem ela é. Estamos penetrando na evolução da adoção dos papéis, que implica a socialização do indivíduo.

4. *Evolução da adoção de papéis*

Embora por motivos bem diferentes, a infância tem, para Moreno, tanta importância quanto para Freud, Adler ou Horney. Os primeiros anos de vida, principalmente a partir do início da dimensão relacional da personalidade, são o momento em que o homem aprende os papéis que irá desempenhar depois; torna-se, portanto, evidente a transcendência da família — em que o eu se exercita — na formação da personalidade.

Ao longo da convivência com os pais, a criança interioriza os seus respectivos papéis de forma tão inconsciente que, de certo modo, chega a *ser* seus próprios pais. Daí, posteriormente, no teatro por exemplo, lhe custará representar esses papéis, que ela *é,* porque não os pode objetivar, como pode objetivar o de policial, carteiro etc., que entraram em sua vida, quando já capaz de perceber aspectos externos ou sociais:

> Devido à co-experimentação dos papéis materno e paterno, estes papéis
> se transformaram em parte integrante da própria criança, a tal ponto

215

que, para ela, se torna mais fácil *ser* o pai ou a mãe numa atividade espontânea casual que representá-los improvisadamente, quando se lhes proporciona o estímulo verbal: "representa a mãe". Quanto mais esses papéis se tenham tornado parte do eu, mais difícil será para a criança representá-los posteriormente[13].

Moreno acredita que a infância da espécie humana seja tão longa, precisamente para que a criança possa integrar-se na sociedade familiar e, através dela, na sócio-cultura em que nasceu. Se houvesse nascido com a perfeição instintiva dos animais, "teria sacrificado a produtiva associação, culturalmente significativa, com seres ativos altamente organizados, por uma vida de isolamento; e, finalmente, porém não menos importante, devido a sua relativa auto-suficiência, teria nascido muito menos necessitada de ajuda, mas também menos sensível para a aculturação da herança social incorporada nos eu auxiliares do novo meio"[14].

Durante esse longo período de aperfeiçoamento infantil, a criança necessita de eus auxiliares, especialmente da mãe, que na relação mútua lhe vai introduzindo na cultura a que pertencem. E como ao nascer numa família concreta desconhece outros modos diferentes de comportamento, assimila inconscientemente essa cultura que, também inconscientemente, seus pais lhe transmitem. Se a cultura se define pelos papéis que nela existem, devemos concluir que a integração numa cultura se faz através da adoção de papéis.

Interessa-nos especialmente este processo de introjeção da cultura, que todo homem realiza. Seu primeiro momento é a *matriz de identidade* em que Moreno distingue duas etapas que vão dar as pautas dessa introdução cultural: a primeira é a *etapa da unidade*; a segunda, *etapa de inversão da identidade*. Na etapa da unidade, a criança não distingue entre seu eu e as pessoas e objetos que a rodeiam, tudo é ela própria. A segunda etapa se inicia quando a criança começa a perceber que existe algo que não é ela. Progressivamente, vai tendo consciência do eu e do tu até que possa fazer a troca, isto é, que possa colocar eu no lugar do tu (inversão da identidade). Posteriormente surge um terceiro momento em que a criança distingue entre *fantasia e realidade*: é o final da infância.

De acordo com este desenvolvimento os papéis se vão caracterizando perceptualmente. Segundo Moreno na etapa da identidade, existe uma atuação *mútua* entre mãe e filho, a partir de que também existe uma *cooperação* entre as duas partes que atuam, embora a criança, centrada no ato, ainda não a possa perceber. A primeira interação, é, pois, uma interação de condutas ligadas a papéis. Assim a criança começa a atuar desde o primeiro momento do nascimento, desempenhando um papel. Esta interação se realiza em determinadas zonas do corpo: a boca, os olhos, o ouvido etc., que fundamentam os primeiros papéis: "Cada zona é o ponto focal de um iniciador físico, no processo de aquecimento para um estado espontâneo, sendo este estado componente da conformação de um papel"[15]. Diríamos que, segundo Moreno, as zonas de aquecimento, nas quais atuam os iniciadores físicos, são as primeiras manifestações *tangíveis* do eu. Delas, evolutivamente, surgirá não só o desempenho do papel mas também a percepção do papel. Nessa primeiríssima etapa da matriz de identidade também tem lugar a primeira aprendizagem emotiva da criança: "Esta matriz de identidade estabelece o fundamento do primeiro processo de aprendizagem emotiva da criança."[16]

De acordo com o que vimos, até agora a primeira conduta da criança esta ligada ao desempenho de um papel. Moreno afasta a idéia de que para se chegar a perceber um papel seja necessário o prévio desenvolvimento da linguagem.

> Muito antes que no mundo da criança apareçam, papéis falados, já atuam, efetivamente, "papéis psicossomáticos", como o papel de "comedor", de "dormidor" e de "passeador"... Não há nenhuma razão para se supor que tudo o que, na vida psíquica, não se expresse pela linguagem, seja desprovido de caráter humano"[17].

Depois desta primeira etapa de "reciprocidade da identidade" segue-se a "inversão da identidade", em que a criança se vai dando conta de que, a outra parte, não é idêntica ao eu. Este distanciamento vai aumentando progressivamente até poder haver troca de papéis, quando o eu já pode adotar a postura do tu:

> Porém, um dia a criança inverterá o quadro, assumindo o papel de quem lhe deu alimento, de quem a fez dormir, de quem a levou a passear. Temos, então, duas fases da matriz de identidade: primeiro, a fase de identidade ou unicidade, como no ato de alimentar-se: e segundo, a fase em que essa experiência é utilizada na inversão da identidade"[18].

A evolução na adoção de papéis não termina na etapa da inversão da identidade, mas na etapa a que Moreno chama de *ruptura entre a fantasia e a realidade*. Na primeira fase, de identidade — seja a identidade absoluta dos primeiros meses, seja a inversão de identidade — o que a criança experimenta e o que imagina, tem para ela o mesmo significado: tudo é real. Neste segundo período, cria-se uma separação entre o que é real e o que é imaginado; essa ruptura repercute no desenvolvimento da aceitação de papéis:

> Da divisão do universo em fenômenos reais e fictícios surgem, gradativamente, um mundo social e um mundo da fantasia, separados do mundo psicossomático da matriz de identidade. Emergem agora formas

de representar papéis que põem a criança em relação com pessoas, coisas e metas, no ambiente real, exteriores a ela e com pessoas, coisas e metas que ela *imagina* lhe serem exteriores. Se os chamam, respectivamente, *papéis sociais* (o pai) e *papéis psicodramáticos* (o deus)[19].

Em Jacob Lévy Moreno a intuição espacial é muitas vezes bem mais clara e mais global do que a palavra. Sobre a adoção evolutiva dos papéis, ele conclui graficamente:

DIAGRAMA DE PAPÉIS

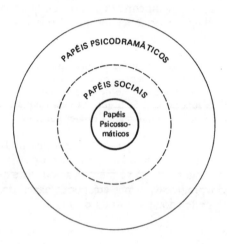

Este diagrama representa três tipos de papel, os precursores do eu. Os papéis psicossomáticos estão no círculo interior. Os outros dois círculos concêntricos representam os papéis sociais e psicodramáticos, separados por uma linha pontuada, indicando que a divisão entre eles é frágil. Aos papéis sociais atribui-se um espaço menor, por estarem menos intensamente desenvolvidos que os psicodramáticos. Em termos evolutivos, os papéis psicossomáticos (papel de ingeridor, de eliminador, de dormidor etc.) surgem primeiro. Os papéis psicodramáticos e sociais se desenvolvem mais tarde, sendo o domínio dos papéis psicodramáticos muito mais extenso e predominantes que o dos papéis sociais. Depois de estabelecer-se a ruptura entre fantasia e realidade, os papéis sociais e psicodramáticos, até então misturados, começam a diferenciar-se. Os papéis de mãe, de filho, de filha, de professor etc. são denominados papéis sociais e separados das personificações de coisas imaginadas, tanto reais como irreais. A estas personificações chamamos papéis psicodramáticos[20].

Paralelamente ao processo evolutivo da assunção de papéis vão-se definindo os mecanismos de aprendizagem, diz Moreno. Geralmente os autores que tratam do assunto costumam falar de imitação, projeção e identificação. Moreno tem dúvidas de que estes mecanismos psíquicos possam ser, evolutivamente falando, o primeiro método que a pessoa utiliza, pois exige a maturidade perceptiva da distância ou diferenciação entre o eu e o não eu, que se dá na matriz de identidade: "Pomos em dúvida, portanto, que a aprendizagem infantil primária esteja baseada em operações tais como a projeção, a imitação ou a identificação. A hipótese da matriz de identidade permite uma explicação mais plausível das primeiras formas de aprendizagem"[21]. Certamente, desde que a matriz de identidade haja sido superada, já admite que esses mecanismos de aprendizagem possam aplicar-se também aos papéis e à socialização do indivíduo: "A maneira posterior — à matriz de identidade — de assimilar papéis é mediante o condicionamento, a percepção e a objetivação"[22].

Em todo processo evolutivo é inevitável a constelação de conceitos complementários, porém não idênticos. A noção de *idade*, e neste caso, de *idade cultural* de um indivíduo, está ligada a este processo sócio-cultural que Moreno admite para o papel. Se há evolução também pode haver fixações e regressões aos estádios de desempenho de papéis psicossomáticos, sociais ou psicodramáticos.

Naturalmente estas fixações ou regressões são consideradas por Moreno como estados doentios e, para cada um deles, cria uma técnica psicodramática adequada. Para a regressão do tipo catatônico, que Moreno diagnostica como regressão à matriz de identidade, criou o método psicodramático do "duplo".

E o indivíduo pode não ter conseguido superar a fase em que seu eu começa a diferenciar-se das demais pessoas e coisas. Falando em termos da evolução dos papéis, diríamos que essa pessoa regrediu à fase da "inversão de identidade". É necessário, ajudá-la a reconhecer-se como distinta das demais, por meio da técnica psicodramática do "espelho".

A terceira etapa de fixação patológica seria o desconhecimento do tu. Para curar esse tipo de enfermidade Moreno emprega a técnica da troca de papéis: colocar-se no lugar do outro.

5. Características dos papéis

Antes de caracterizar o papel, torna-se necessário delimitar *papel* e *status*, seguindo a opinião de Linton, hoje consagrada em psicologia social. O *status* é mais uma noção abstrata que indica a *posição* que um indivíduo ocupa numa sociedade, enquanto o *papel* seria o aspecto dinâmico do *status*, ou o desempenho dessa posição ocupada. Já em

Moreno existe a diferenciação destes dois termos: "Status is too much of an abstraction, but roles implies a living and concrete function"[23].

Da delimitação status/papel deduzimos a primeira característica do papel: seu duplo e inseparável aspecto *cognitivo e ativo* ou sua perceptibilidade e representatividade. Os papéis familiares, como dissemos antes, são cognoscíveis, porém não de fácil representaç᷎ ᷎ ao contrário, os papéis sociais são facilmente percebidos e representados. Os papéis familiares com que nos identificamos e que nos são difíceis de perceber, estranhamente, por uma espécie de transferência, dinamizam a percepção de outros papéis: "embora não sejam representáveis, parece haver uma transferência de espontaneidade a partir destes conjuntos de papéis para outros papéis, por exemplo, do papel de pai ao de policial"[24]. Outra característica seria: que os papéis sociais recebem sua força dos papéis familiares, desses primeiros papéis que a criança viveu e introjetou; daí se infere, por um processo reversível, o que antes afirmamos: que o fundamento dos papéis remonta à vida familiar vivida na infância.

Da dimensão individual-cultural do papel — já não genética —, se podem inferir características de cunho diferenciador: sua *constituição*, à base de elementos *individuais e coletivos* inseparáveis: "cada papel aparece como uma fusão de elementos individuais e coletivos e resulta de duas classes de fatores: seus denominadores comuns e suas diferenças individuais"[25].

Essa fusão pode, no desempenho concreto dos papéis, desequilibrar-se com o predomínio dos aspectos individuais ou dos coletivos. Estas colocações de Moreno podem identificar-se com o que os psicólogos sociais entendem por parte permissiva ou a parte prescrita do papel.

Por seu caráter social e relacional o papel desempenha importante função como meio de *comunicação entre pessoas*. Esta comunicabilidade é uma qualidade tão básica que afeta a compreensão interindividual e intercultural. Por não dar a mesma interpretação aos papéis, torna-se difícil a compreensão entre as culturas. Precisamente, nesta capacidade de comunicação entre as pessoas, através de papéis, Moreno fundamenta muitas das técnicas psicodramáticas. A ação psicodramática seria ininteligível se entre as pessoas que estão no cenário não existisse um conhecimento tácito do que é um pai, uma mãe, um diretor de banco ou um médico; isto mais se evidencia no sociodrama, ao se encenar problemas coletivos: o operário, os patrões, a mulher. Se não houvesse um entendimento comum, o sociodrama seria impensável.

A comunicação de papéis, tacitamente aceita, gera uma nova qualidade, que a psicologia social denomina expectação de conduta e que Moreno define com nitidez:

O resultado dessa interação é que, gradualmente se estabelece uma certa e recíproca expectação de papéis nos participantes do processo. Esta expectação estabelece o fundamento para todo o futuro intercâmbio de papéis entre a criança e os eu-auxiliares[26].

Esta comunicação de papéis fundada na expectação de conduta às vezes se torna excessiva e, numa falsa generalização, chega a identificar todas as pessoas que exercem um papel. É a *identidade* como característica do papel:

O primeiro instrumento que pode ajudar-nos a compreender a estrutura desse público é o princípio de identidade... A nível adulto, para os que não são negros, por exemplo, todos os negros são considerados idênticos: *o* negro; igualmente para os não cristãos, todos os cristãos; para os não judeus, todos os judeus; para os não comunistas, todos os comunistas são considerados idênticos: *os* cristãos, *os* judeus, *os* comunistas... Este princípio de identidade funciona também ao inverso. Os negros se consideram a si mesmos como uma identidade coletiva singular: *o* negro, condição que faz desaparecer todas as diferenças individuais, auto-avaliação que parece encontrar cada vez mais apoio, devido ao modo como o consideram os demais, os grupos não negros... O fato de que os grupos não tenham realidade orgânica não modifica a observação de que tais identidades sociais se vejam constantemente projetadas e que se acredite nelas[27].

O papel, geneticamente, nasceu da interação mãe-filho e baseado na complementariedade dos dois. Desde seu começo se justifica pois, a inter-relação dos papéis, que se polariza em *papel-contra papel*. A polarização torna-se múltipla porque cada indivíduo desempenha vários papéis e se forma o que, graficamente, Moreno denomina racimo (cacho). E a progressiva implicação de família-sociedade acaba por criar um complexo arracimado que vai produzir o átomo cultural.

6. Divisão

A partir daquela primeira diferenciação moreniana em papéis psicossomáticos, sociais e psicodramáticos, percorremos um longo caminho através do qual se foram cruzando outras várias divisões do papel. Moreno, inusitadamente, resolve a anárquica aparição dos papéis, esquematizando os seus diferentes tipos. As categorias em que fundamenta a classificação, as extrai de experimentos psicodramáticos concretos:

QUADRO DAS CLASSIFICAÇÕES DO PAPEL[28]

Origem	Grau de liberdade ou espontaneidade	Conteúdo	Quantidade
Papéis coletivos	Adoção de papéis	Papéis psicossomáticos	Deficiência de papéis
	Representação de	Papéis psicodramá-	Adequação de papéis
Papéis individuais	papéis	ticos	Superioridade de
	Criação de papéis	Papéis sociais	papéis

Tempo	Velocidade	Consistência	Posição	Forma
Expectação (futuro)	Lenta	Débil	Dominante	Flexível
Atualidade	Média	Equilibrada	Recessiva	Rígida
Reminiscente	Rápida	Forte		
(passado)	Excessiva			

Moreno classifica os papéis, segundo sua origem, em coletivos e individuais. O quanto acabamos de dizer com relação à identificação que os papéis provocam nas pessoas que têm a mesma categoria social, se refere aos papéis coletivos. Os papéis individuais são os aceitos pessoalmente. Esses papéis quando encenados com finalidade terapêutica e não como mera investigação, Moreno os chama de sociodramáticos e psicodramáticos: "os papéis que representam idéias e experiências coletivas denominam-se papéis sociodramáticos; os que representam idéias e experiências individuais, são os papéis psicodramáticos"[29].

Os papéis considerados segundo *o grau de liberdade ou espontaneidade* que permitem ao sujeito, já os vimos quando falamos, em terminologia psicossocial, do papel prescrito e do papel permitido. A classificação que Moreno nos apresenta é gradativa, indo da menor à maior liberdade. A mínima liberdade está na simples adoção de papéis e a máxima liberdade está na criação de papéis.

Também já foi amplamente exposta a divisão baseada no *conteúdo*. Neste aspecto preferiríamos categorizá-los por sua evolução, pois, de fato, é num contexto evolutivo, a partir da matriz de identidade, que Moreno explica os papéis somáticos, psicodramáticos e sociais.

A *quantificação* dos papéis se circunscreve à experimentação psicodramática já conhecida. Existem indivíduos cuja quantidade de papéis representados e percebidos encontra-se abaixo da média de sua idade e de sua cultura; outros têm uma percepção e uma execução médias e ainda outros superam a faixa média da curva normal. Trata-se, portanto, de uma divisão nitidamente estatística.

A categoria *temporal*, se baseia na característica do papel denominada expectação da conduta e que em termos condutistas de aprendizagem chamaríamos de generalização: prevê a conduta que um determinado papel terá em circunstâncias diversas. Uma pessoa pode ater-se ao que observa atualmente, enquanto outra, dominada pelo papel como uma conserva cultural, se aferra às percepções passadas referentes a esse papel.

A *velocidade* expressa o tempo de pré-aquecimento que um indivíduo precisa para representar um papel. É, portanto, também um conceito estatístico, embora não dirigido à quantidade de papéis mas à *rapidez*. Já falamos um pouco sobre isto, quando tratamos da medição dos resultados do teste de espontaneidade; pessoas reagem com atraso a uma situação nova apresentada pelo psicodramatista enquanto outras se lançam à ação de maneira irrefletida e ansiosa, não chegando a uma solução adequada.

A *consistência* está relacionada com a estabilidade com que alguém percebe o papel. Há pessoas instáveis, que ultrapassam os limites estabelecidos para o papel e acumulam dados desnecessários. Moreno assim explica esse conceito: "O fato de que não fora capaz de manter-se dentro dos papéis representados mostra que as linhas divisórias entre seus papéis eram tênues. Deixava-se levar a tal ponto pelo aspecto dramático de sua espontaneidade, que não percebia a estrutura completa do papel e suas conclusões[30].

A *dominância ou recessividade* dos papéis indicam a força com que estes dominam a conduta da pessoa. Podemos desempenhar vários papéis na vida, porém nem todos têm a mesma importância no momento de determinar nossa conduta; nem todos constituem igualmente nosso eu tangível. Uma pessoa pode ser pai de família, professor e membro de um clube, porém um desses papéis o caracteriza.

Finalmente Moreno divide o papel em *flexível e rígido*. Esta divisão parece-nos devida a um desejo de exaustividade qualificativa de sua parte. Refere-se à liberdade ou não liberdade com que são percebidos e representados os papéis, o que de certa forma, constava já na divisão proposta sob título: graus de liberdade ou espontaneidade. É verdade que um papel nunca se encontra tão rigidamente estabelecido que não permita sua adoção ou interpretação pessoal. A não ser que se trate de uma personalidade muito pobre, o indivíduo sempre personaliza o papel.

7. Treinamento de papéis

No estudo que acabamos de fazer, incidimos consciente e intencionalmente no aspecto teórico e ideológico do papel. Na mesma linha expositiva precisaríamos considerar os métodos de investigação que Moreno utiliza quando estuda os papéis. Desnecessário seria dizer que o denominador comum a todos esses métodos é a representação psicodramática. Com o *role playing* além de investigar o campo dos papéis, Moreno consegue educar e curar por meio dos papéis. As funções do método psicodramático no estudo dos papéis, são amplas e diversas.

Seguindo o esquema geral da noção de papel, podemos fazer uma dupla divisão na exploração psicodramática dos mesmos. Em primeiro lugar deveríamos explorá-los partindo do individual: procurando descobrir aqueles papéis que um indivíduo é capaz de assumir. Neste sentido, Moreno indica maneiras de medir os papéis: 1) deixar ao ator a possibilidade de criar ou de ater-se ao texto dado; 2) avaliar, através de uma escala quantitativa, a atuação de diversos indivíduos no desempenho adequado de um mesmo papel social; 3) permitir ao sujeito que desenvolva estruturadamente um papel, desde suas origens; 4) estudar os papéis na inter-relação de pessoas desconhecidas, avaliando as relações que se estabelecem, as iniciativas pessoais e as soluções da problemática apresentada; finalmente 5) quantificar o papel através da resposta de diversos indivíduos, diante de um papel previamente estabelecido e normalizado.

O segundo aspecto de uma sólida medição ou quantificação de papéis, consistiria em avaliar o grau de desenvolvimento alcançado por uma cultura; Moreno o realizou exaustivamente, no tantas vezes aludido experimento da prova dupla. Naturalmente, através dessas investigações realizadas no laboratório psicodramático, foram encontrados indivíduos não perfeitamente integrados em sua cultura. E Moreno, além de investigador, terapeuta, trata de ensinar, aos de baixo quociente cultural, o desempenho adequado de papéis. Para esta aprendizagem novamente recorre ao *treinamento de papéis*, tornando-se evidente a segunda função desta técnica psicodramática. Neste caso, ele chama o *treinamento de papéis* de psicodrama didático ou pedagógico: "Também utilizamos o psicodrama plenamente sistematizado, especialmente para fins pedagógicos e culturais"[31].

E Moreno considera esta aprendizagem superior a que a própria vida pode oferecer, principalmente quando o indivíduo está em período de formação:

A interpretação de papéis pode ser empregada como método de exploração de mundos desconhecidos e para ampliar o âmbito do próprio eu. Talvez seja o método por excelência para a criança que deve enfrentar situações novas e resolvê-las[32].

Finalmente, uma terceira função do *treinamento de papéis*: quando uma pessoa desempenha patologicamente um papel, este papel assim desempenhado pode causar-lhe forte estado de ansiedade, ou por lhe ter sido imposto pela vida ou porque, embora livremente assumido, não o pode exercer como desejaria fazê-lo. Nestes casos, também o *desempenho de papéis* serve como método de educação terapêutica.

Concatenando as idéias, chegamos, no final de nosso estudo, à proposta terapêutica da teoria psicológica de Jacob Lévy Moreno.

Notas

1. *The theatre of spontaneity*, Beacon House, New York, 1973, 3.
2. *Fundamentos de la sociometría*, Paidós, Buenos Aires, 1972, 81.
3. *The theatre of spontaneity*, 32.
4. *Las bases de la psicoterapia*, Hormé, Buenos Aires, 1972, 231-232.
5. *Psicoterapia de grupo y psicodrama*, F.C.E., México, 1966, 143.
6. *Psicodrama*, Paidós, Buenos Aires, 1972, 213.
7. *Psicomúsica y sociodrama*, Hormé, Buenos Aires, 1965, 126.
8. *Psicodrama*, III-IV.
9. *Ibid.*, IV.
10. T.M. Newcomb, *Manual de psicología social*, Eudeba, Buenos Aires, 1967, 330.
11. *Psicodrama*, VII.
12. *Fundamentos de la sociometría*, 82.
13. *Psicodrama*, 238.
14. *Ibid.*, 105.
15. *Ibid.*, 97.
16. *Ibid.*, 102.
17. *Fundamentos de la sociometría*, 69.
18. *Psicodrama*, 102-103.
19. *Ibid.*, 116.
20. *Ibid.*, 120.
21. *Ibid.*, 104.
22. *Ibid.*, 238.
23. *Contributions of sociometry to research in sociology:* American Sociological Review XII (1947), 290.
24. *Psicodrama*, 239.
25. *Fundamentos de la sociometría*, 69.
26. *Psicodrama*, 103.
27. *Psicomúsica y sociodrama*, 184-185.
28. *Psicodrama*, 121.
29. *Psicomúscia y sociodrama*, 138.
30. *Psicodrama*, 233-234.
31. *Psicoterapia de grupo y psicodrama*, 129.
32. *Ibid.*, 240.

8
A Doença, a Saúde e a Terapia

Um estudo sistemático implica tema central e, nessa implicação, progressivamente o delineia. Neste caso, a concepção antropológica de Jacob Lévy Moreno completou-se com mais uma de suas contribuições, o conceito de *papel*. É fácil observar que o retrato humano-psicológico delineado por Moreno, é pródigo em traços de otimismo e visão positiva da vida. Sua caricatura seria uma humanidade gigante — pela espontaneidade criativa — e com infinitos braços estendidos para os outros demiurgos — sua dimensão relacional. Este homem-gênio moreniano é sem dúvida o homem real, lutando aqui e agora com a debilidade do *status nascendi* e sua elementaridade; é, em determinados momentos, o *homem doente*. A deficiência humana que depois da experiência clínica de cada dia, o Moreno terapeuta acrescenta ao homem-gênio do Moreno místico, completa, humaniza, e fundamenta seu conceito antropológico superior.

O processo do adoecer afeta as funções essenciais da personalidade, de forma autônoma. Na antropologia moreniana, a espontaneidade adoece em suas funções de adequação e de criação. E também a dimensão relacional do indivíduo pode adoecer, envolvendo assim o grupo e a tangibilidade, e ocasionando a patologia do papel.

Para que a exposição sobre a terapia seja completa, impõe-se fazer um apanhado das técnicas terapêuticas; sendo o nosso propósito *exclusivamente doutrinal* e não técnico terapêutico, estas considerações se limitarão unicamente à busca de sua raiz. Quer dizer: não exporemos como se desenvolve o psicodrama, que elementos intervêm, como começa, prossegue e termina uma sessão psicodramática. Também, não falaremos de como se aplica um teste sociométrico e como se elaboram os seus resultados. Isto é apenas a mecânica que materializa a razão substancial e curativa de determinadas técnicas terapêuticas.

Suposto que o adoecer está necessariamente em relação com a concepção da pessoa — e também porque estamos arrematando nosso estudo — torna-se indispensável, neste capítulo, a repetição de conceitos já expostos, agora porém, considerados unicamente sob seu aspecto patológico e sob seu aspecto terapêutico.

229

1. A doença psíquica

Doença da espontaneidade enquanto adequação.

Se vamos estudar o adoecer psicológico da espontaneidade em seu aspecto de adequação, temos que recorrer de passagem, ao conceito operacional da espontaneidade e ao que implica e exclui esta qualidade da acomodação. Não esqueçamos, em princípio, o equilíbrio moreniano entre aceitação e progresso, que justamente torna o homem psiquicamente são e adaptado à cultura e à sociedade em que vive. Aceitação de certas normas sociais de convivência, pois o patológico é o "desvio das normas culturais e das leis sociais". E progresso, como meta a ser alcançada.

Quando Moreno se refere ao adoecer psíquico atribui uma importância tão radical a adequação à realidade, que nos sentimos inclinados a unificar sob este aspecto, toda a sua concepção de falta de saúde psíquica. Quer dizer: em certos momentos chegamos a pensar que todo adoecer seria um separar-se da realidade, um abandonar as normas da sócio-cultura a que pertencemos:

> Por "patológico" não entendemos nada de absoluto. Do ponto de vista do universo, não há "patologia" alguma; ela só existe do ponto de vista das ciências humanas. Com este termo se faz alusão aos desvios das normas culturais e das leis sociais ou ao vazio psíquico que de várias maneiras prejudicam o *status* sociométrico dos indivíduos[1].

Assim, dizemos que para Moreno, a primeira forma de adoecer, é devida à uma espontaneidade inadequada.

Uma das formas do adoecer da espontaneidade por falta de adequação é a fantasia, que induz o indivíduo a viver fora da realidade. Moreno, assim como outros autores, especialmente os psicanalistas que estenderam sua análise dos sonhos aos sonhos acordados, atribui um caráter patológico a este sonhar: "Deve conceder-se que esta verdadeira vida criadora não se confunde com o caprichoso devaneio diurno que freqüentemente é um sintoma patológico."[2]

Ainda baseado em que a fantasia é um estado patológico da espontaneidade, por falta de adequação ao real, Moreno afirma que a sua aparição na evolução psíquica do indivíduo (realidade-fantasia) traz junto um possível perigo para a espontaneidade:

> A criança começa a desenvolver dois caminhos emocionais em seu universo. Estes caminhos podem correr independentemente, sem encontrar-se nunca. A criança viverá então, em duas dimensões ao mesmo tempo, uma real e a outra irreal, sem ser perturbada por esta divisão.

Ou pode acontecer que as duas sendas, A e B, de quando em quando tendam a reunir-se, a restabelecer o *status* original. Estas tentativas podem ocasionar colisões entre as duas, produzir obstruções e levar o fluxo da espontaneidade à inércia. É isto o que realmente acontece à pessoa humana. Enquanto vive, o homem procura soldar essa brecha original e porque, em princípio, não o consegue, a personalidade humana, até em seus exemplares mais integrados, apresenta um trágico aspecto de *relativa* imperfeição. Existe uma luta constante dentro do indivíduo que trata de manter o equilíbrio entre estes dois caminhos diferentes, pelos quais sua espontaneidade tenta fluir.[3]

Outra forma de manifestação patológica da espontaneidade, que também se refere explicitamente à não adequação da resposta, é a manifestação instintiva. Dizíamos que a concepção vulgar da espontaneidade nos sugere uma conduta sem freio, incontrolada, sem referência à qualquer norma. Esta noção parecia referendada pela secular doutrina de Rousseau. Sem dúvida, Moreno se opõe a esta concepção, pois a espontaneidade deve ser realista, isto é, adequada a certas normas convencionais de conduta: "A conduta desordenada e os arranques emocionais que derivam da ação impulsiva estão longe de ser *desiderato* na operação da espontaneidade e pertencem ao domínio da patologia da espontaneidade."[4]

Ao sublinhar esta adequação à realidade e às normas sócio-culturais, Moreno não corre o risco de ser tachado de imobilista ou tradicionalista inveterado porque é demais conhecida a sua preocupação de progresso constante e de busca de liberdade que permita ao indivíduo desenvolver suas potencialidades de gênio. Quem nos acompanhou nesta exposição, sabe que Moreno é progressista, evolucionista e às vezes até revolucionário. Para ele a realidade é *mutável* e, se a espontaneidade deve ser adequação à realidade, também deve ser dinâmica, pois se se desajusta dessa realidade, adoece. Quando Moreno fala de doenças concretas da espontaneidade, por certo se refere a este tipo de inadaptação. Por isto Bischof pode afirmar, sem que ele o corrija, que "a conservação da normalidade exige ser-se suficientemente espontâneo para criar uma conduta adequada às inevitáveis mudanças da vida. O neurótico e o psicótico não conseguem se ajustar, por sua conduta estereotipada e não criativa"[5].

Podemos tomar esta frase de Bischof como programática, pois resume perfeitamente algumas idéias de Moreno: que a normalidade psíquica está em função da adequação à realidade mutável e, se não se consegue esta adequação, a ansiedade aparece como evidente sintoma do adoecer psíquico:

A ansiedade é função da espontaneidade... Quando diminui a espontaneidade, aumenta a ansiedade; quando há perda total da espontaneidade, a ansiedade alcança o seu máximo de intensidade convertendo-se em derrota ou pânico... De fato, existe ansiedade quando falta espontaneidade: a ansiedade não é a primeira a aparecer, conduzindo após si ao debilitamento da espontaneidade[6].

Diríamos — e já é clássico em psicologia — que o neurótico dominado pelo estado de ansiedade, realiza um sem número de atos sem sentido, começa muitas tarefas e as abandona, tornando-se inclusive uma pessoa extremamente instável. Em terminologia moreniana, diríamos que está empregando inadequadamente sua espontaneidade. Isto lhe provoca uma sensação interna de constante insatisfação — contrária à sensação de plenitude e segurança pessoal — que o leva a estados depressivos e improdutivos, fazendo-o sentir-se pessoalmente incômodo e tornando-o desagradável para os que integram seu átomo social. É a tradicional definição do neurótico, já proposta por Schneider.

Moreno explica a psicose, último grau da enfermidade psíquica, como uma regressão às primeiras etapas infantis, ao perder-se a trilha da adaptação à situação ambiente e evolutiva. Concretamente, é voltar-se à etapa de identidade em que se tem plena segurança, pois o mundo não sendo distinto de si mesmo, não aparece como ameaçador.

A doença da espontaneidade criadora

A força criativa da espontaneidade também adoece. O mal não se limita à inadequação à realidade; a "força" ou o "catalisador" que promove o desenvolvimento evolutivo e perfectivo do mundo e a posta em ato da genialidade improvisadora do homem, também é susceptível de patologia. Tudo o que no homem ou no mundo, impeça esta evolução renovadora e criativa, é causa de adoecimento psíquico. De modo geral já sabemos que o inimigo da espontaneidade criadora é o "já pronto", o acabado (conserva cultural). Moreno mantém até o fim de seus dias, a luta obsessiva e às vezes utópica contra esses resíduos culturais. A vida está abarrotada de normas, costumes, hábitos, mecanismos que, por um lado tornam mais cômoda a existência e por outro, atentam contra a vida genuína, contra a espontaneidade criadora. Quando se produz um sufoco da espontaneidade, surge uma neurose:

Quando a situação presente não é francamente abordada, quando é apenas incompletamente vivida, podem aparecer "produtos residuais" da espontaneidade em ato, que detêm o progresso da aprendizagem. Estes produtos residuais, podem ser causados por diversos estímulos, como por exemplo, as influências ou pressões sofridas no próprio curso da ação. Amiúde se deve a estes restos de ação o que se costuma chamar, frustração do sujeito. Este pode então comportar-se de três maneiras diferentes. Em primeiro lugar, pode deixar que os *resíduos* se acumulem e tornem instável e insuportável a sua vida imediata; tornando-se um doente mental; em segundo lugar pode servir-se deles como de clichês para construir estereótipos mentais e modelos culturais falsos[7].

Dissolver estes resíduos e comportar-se de maneira espontânea e criadora, é a terceira postura; consistiria em apoiar-se nestas conservas e dar uma resposta original. Estes restos culturais que ameaçam a espontaneidade estão encarnados no seu mundo familiar, nas imagens do pai e da mãe com quem tentou identificar-se e que podem esgotar sua energia psíquica, impedindo-lhe a auto-realização e causando-lhe a doença:

No decorrer de sua enfermidade dedicou grande quantidade de energia às imagens oníricas de seu pai, de sua mãe, de sua mulher e de seus filhos, como também a determinadas imagens que, dentro de si, têm existência própria: suas fantasias e alucinações. Nelas gastou grande parte de sua espontaneidade, de sua força e de sua produtividade. Despojaram-lhe de sua riqueza; tornou-se pobre, fraco e doente[8].

Moreno atribui grande parte do adoecimento da espontaneidade criadora ao sistema educativo, que faz memorizar porém esquece a relação com a vida. Ao sistematizar sua teoria da aprendizagem vimos a importância de unificar o conteúdo aprendido e o vivido.

Durante os importantes anos da infância e da adolescência, o indivíduo se move em dois mundos tão distantes e tão diferentes em sua estrutura, que nunca se associam. Muitas perturbações emocionais da personalidade em desenvolvimento, são o resultado imediato das perplexidades e incongruências do nosso sistema educacional[9].

A *doença da tele-relação*

A doença na dimensão relacional do eu levanta o problema do adoecer do grupo, ligado à debilitação do fator tele, e também coloca o problema de uma terapia igualmente grupal. Impõe-se distinguir entre a doença do grupo enquanto tal e a doença do indivíduo, no grupo. O adoecer do grupo como "sujeito" apresenta duas variantes: a primeira, enquanto grupo sociométrico e a outra, enquanto grupo transferencial. Nesta dimensão transferencial o indivíduo, como membro do grupo, pode adoecer em seu aspecto tendencial, isto é, quando é isolado, ou no aspecto cognitivo, se ignora sua posição dentro do grupo. O grupo sociométrico se integra pela livre escolha afetiva mútua dos membros que o compõem. Este grupo difere profundamente do grupo formal e imposto. Como a estrutura psicológica é diferente, torna-se fácil compreender que entre as duas estruturas, a formal e a sociométrica, devam surgir conflitos: "os conflitos e as tensões no grupo originário aumentam em proporção direta da diferença sociodinâmica entre a estrutura oficial e a sociométrica"[10].

Conseqüentemente, é fácil deduzir a última etapa a que Moreno chega, em seu raciocínio baseado na experiência: quanto mais uma autoridade externa se empenhe em impor uma estrutura formal a um grupo sociométrico, mais aumentará o conflito.

Os conflitos que podem existir no grupo não se reduzem a que esteja ou não democraticamente constituído. Inclusive, um grupo formado sociometricamente, também pode ser um grupo doente. Isto acontece quando o "cimento" que une os seus membros, formando a estrutura grupal, não é a relação-télica mas a transferência:

> Todo grupo patológico é predominantemente um grupo transferencial. O excesso de transferência rebaixa a coesão do grupo e altera a sua estabilidade. Um grupo não pode viver só de transferência. É preciso que nele se formem estruturas télicas para garantir sua integração construtiva e sua unidade[11].

Também o grupo em que predominam os isolados é um grupo doente, porque quando numa sociomatriz dominam os mutuamente não relacionados, é sinal de que existe falta de coesão: "Nos grupos patológicos o número de isolados é mais alto que nos grupos normais e nos grupos formados ao acaso; e o número de pares é também menor."[12]

Estas escolhas mútuas se devem ao aspecto tendencial da relação télica, que em seu aspecto cognitivo é examinada através do teste de percepção sociométrica; se o aspecto cognitivo do fator tele é deficiente, nos mostra que o indivíduo, embora podendo ser objeto de muitas escolhas, se ignora sua posição dentro do grupo, é um enfermo sociometricamente falando. Também o é individualmente, porque carece de adaptação à realidade:

> Até certo ponto todos nós percebemos com exatidão, se as correntes de simpatia ou antipatia que fluem em nossa direção, tendem a aumentar ou diminuir; assim acontece, pelo menos tratando-se de indivíduos normais. Quando a capacidade de percepção intuitiva enfraquece, o indivíduo sofre sob o influxo de percepções falsas e alteradas. Os obser-

vadores clínicos suspeitam, sempre que estes transtornos são especialmente característicos, de indivíduos doentes emocionais, tais como os paranóicos e os esquizofrênicos[13].

Patologia do "papel"

·Finalmente, chegamos à patologia da última característica da estrutura da personalidade, segundo Moreno: o papel ou o aspecto tangível e experimentável do eu e da personalidade. O papel adoece fundamentalmente por duas razões: ou porque a sociedade nos impõe a aceitação de funções vitais que não desejamos cumprir, criando um estado de permanente frustração, ou porque desempenhamos o papel que escolhemos, porém não como o desejaríamos desempenhar:

> Exige-se de cada um de nós, que viva segundo o seu papel oficial na vida; um professor deve atuar como professor; um aluno como aluno etc... Porém cada indivíduo sonha assumir muito mais papéis do que lhe são permitidos desempenhar; ou pelo menos, deve limitar-se ao seu papel, desempenhando as suas variantes. No decorrer de seu desenvolvimento, cada indivíduo é solicitado por muitos papéis que desejaria traduzir em atos e a pressão ativa exercida por esta pluralidade de papéis secretos sobre o papel manifesto e oficial, é o que freqüentemente origina o sentimento de ansiedade[14].

É freqüente, em Moreno, esta idéia de opressão "oficial" que a sociedade exerce sobre o indivíduo, com relação ao desempenho de seu papel[15].

Um exemplo de que o indivíduo adoece por não desempenhar os papéis que desejaria, devido às circunstâncias impositivas externas, o encontra no fracasso de muitos casamentos. O conflito se estabelece ao nível da imposição de papéis:

> Nas circunstâncias ordinárias, não obstante, é possível que, para ajustar-se às exigências oficiais relativas ao matrimônio e igualmente às exigências de uma atitude leal, renunciem de fato a viver certos papéis que foram capazes de realizar no passado; ou, podem inclusive proibir-se a si mesmos, o desenvolvimento de novos papéis, temendo que o cônjuge não seja capaz de aceitá-los ou satisfazê-los. Isto produz com freqüência, um conflito típico na estrutura de papéis dos cônjuges... Com o tempo vai-se formando uma brecha em sua relação... Dois dos papéis de seu átomo cultural não satisfeitos, aparecem como um branco descoberto para qualquer outra mulher que seja capaz de satisfazê-los melhor que sua mulher[16].

Muito inclinado às representações gráficas, Moreno assim expressa esta classe de conflitos matrimoniais relacionados com o desempenho de papéis:

Primeira fase do matrimônio:

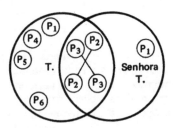

Os papéis de esposo e de responsável pela família, do senhor T, encontram plena correspondência nos papéis da senhora T como esposa e dona de casa. Porém seus papéis de pai, poeta e aventureiro não são satisfeitos.

Fase conflitual de um matrimônio:

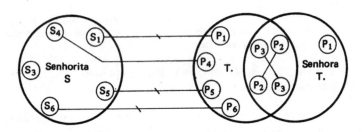

Entra na situação uma 3.ª pessoa (a senhorita S).

S^1: papel de amante.
S^2: papel de esposa (não ativo).
S^3: papel de dona de casa.
S^4: papel de poetisa.
S^5: papel de aventureira.
S^6: papel de mãe.

Vemos que Ellen (S) desperta novamente no senhor T, o papel de amante.
Incita-o a viver novamente seus antigos papéis de poeta e aventureiro. Parece, inclusive, a pessoa ideal que poderia exercer o papel de mãe dos seus filhos ainda não nascidos[17].

Em suas afirmações sobre o papel patológico, devido às circunstâncias externas que o impõe, Moreno chega a dizer que uma pessoa adquire um papel patológico porque os demais *esperam* (expectativa do papel) que o desempenhe de uma maneira patológica. Está se referindo à opinião, hoje comum em psicologia social, de que o homem se comporta como pensa que os demais esperam dele. Cria ou criam-lhe um papel patológico assim como cria ou criam-lhe um papel simpático ou de pessoa equilibrada.

A origem da doença remonta àquela primeira e recíproca adoção de papéis, com o primeiro ego-auxiliar — a mãe. Quando o calor do contato mãe e filho não existe, dá-se a deformação patológica do papel, já em sua origem:

A substituição do ego-auxiliar, a mãe, por um *objeto auxiliar*, a mamadeira, não deixa de ter sérias conseqüências, pelo menos em certo período, durante o qual se estabelecem os fundamentos emocionais da aprendizagem. A mamadeira induz muitas mães a reduzirem ao mínimo, a sua presença no ato da nutrição e a acrescentarem um artifício que pressiona a mamadeira, automaticamente, na boca da criança, até que seu apetite esteja satisfeito[18].

Em circunstâncias semelhantes pode-se encontrar uma mãe cujo número de filhos exceda ao campo de sua expansividade afetiva, não lhe permitindo achegar-se a cada um. Estas linhas de Muchielli nos podem servir como resumo final, sobre a importância que o papel tem, para Moreno, com relação a cura e ao adoecimento psíquicos:

Aprender ou voltar a aprender a assumir os papéis necessários, ser capaz de trocar de papel para fazer frente às exigências de uma situação dada, é sinônimo de ajustamento da personalidade social e, segundo Moreno, de abertura e de afirmação da personalidade. Desse ponto de vista, nossa personalidade é o conjunto de papéis que podemos representar, assim como a atitude para assumir o papel adaptado à situação atual e a sua circunstância. Daí se deduz a grande importância que Moreno dá ao sociodrama, como valor terapêutico, buscando o florescimento da espontaneidade e o desaparecimento dos "papéis crônicos" que fazem das pessoas uns "inadaptados"[19].

Essência da doença psíquica

Esgotamos a etiologia do adoecer psíquico através de cada um dos vários aspectos que Moreno considera integrantes da personalidade humana. Porém a essência do adoecer é única; em última instância, para ele o adoecer humano, é o adoecer da espontaneidade: "Uma grande parte da sócio e da psicopatologia humana, pode ser atribuída a um insuficiente desenvolvimento da espontaneidade." Também outros críticos chegaram a esta conclusão: "Moreno acredita que o homem é, por natureza espontâneo e criador e adoece quando não pode utilizar esses dons naturais."[20] Esta afirmação tão sintética exige ser comprovada e até já o estará se tudo o que dissemos do adoecer dos grupos e do papel, for realmente um adoecer por inadequação ou por falta de criatividade, devida a opressão externa.

Um dos casos de adoecimento do grupo teria sua origem no conflito entre o grupo sociométrico e o grupo oficial. O grupo sociométrico se alicerça na *espontaneidade* e *livre atração* mútua dos indivíduos. Em contraposição, o grupo oficial seria um grupo imposto pela autoridade constituída. Não é difícil traduzir o conflito entre constituição oficial e sociométrica, em termos de conflito entre conserva cultural e espontaneidade.

A segunda maneira de adoecimento do grupo, consiste na carência do fator tele e na superabundância da transferência. Dizer que um grupo adoece por excesso de transferência, é o mesmo que afirmar sua doença a partir da carência de respostas espontâneas adequadas.

Falamos dos indivíduos cujo *status* sociométrico dentro do grupo, é o de isolado, e fizemos especial alusão aos que, sem serem isolados, acreditam sê-lo. A estes últimos poderíamos definir como indivíduos que dão resposta espontânea inadequada por não perceberem em que linhas de atração ou rejeição se encontram. Uma falsa percepção da situação sociométrica é uma inadequação à realidade.

Ainda mais fácil é demonstrar que *o papel* adoece por carência de espontaneidade. O homem não pode adotar espontaneamente os papéis que desejaria, porque uma sociedade organizada em conservas culturais, o impede; trata-se, portanto, de um adoecer da espontaneidade criadora.

2. A saúde psíquica

A saúde da espontaneidade.

Após o diagnóstico, vem a fase curativa ou terapêutica, por meios adequados. Numa exposição torna-se impossível separar os fins e os meios terapêuticos. Ajustando-nos pois estritamente ao processo tripartido que nos havíamos proposto: adoecer — curar — terapia. E para não cometermos o desatino de levantarmos hipóteses quando já existem afirmações, começamos com algumas palavras de Moreno que concentram todo o problema terapêutico: "O objeto deste livro é introduzir métodos que mais aproximem a psicoterapia da vida real."[21] Estas palavras se completam com o programa psicoterapêutico que citamos em seguida:

> Ao estarmos possuídos por um determinado ideal de comportamento social normal, nos sentimos inclinados a confirmar "a terapia realista", como única solução. Nossa idéia de cura do paciente, consiste no seu retorno às condições somáticas e psíquicas que o dominavam *antes* do adoecer. Confiamos pouco numa autêntica "transformação" da personalidade... Nosso objetivo habitual é que o paciente seja aprovado no "exame da realidade", liberado de suas fantasias e decepções e reintegrado na realidade; isto é, à norma cultural[22].

A espontaneidade criadora adoece porque as conservas são tão poderosas que sufocam a criatividade potencial do sujeito, erradicando sua conduta flexível. Tudo o que Moreno afirma com relação à saúde da espontaneidade, nesta segunda acepção, podemos sintetizar em três palavras — *flexibilidade, poder e criatividade* —. Quer dizer que, embora usando as conservas culturais, pelo domínio das mesmas, o sujeito deve manter flexibilidade de conduta e adotar uma atitude idêntica a que manteve o iniciador das referidas conservas:

> O objetivo dos métodos terapêuticos deve ser proporcionar aos pacientes uma variedade de situações operativas flexíveis, capazes de refletir o caráter "multidimensional" da vida[23].

Moreno diz explicitamente que não se trata de ser criativo a cada momento: o que é realmente patológico é ter a sensação de estrangulamento, próprio da conduta neurótica. Estas palavras evocam aquela forma de espontaneidade *dramática* que não cria nada de novo, porque embora utilizando o que lhe é oferecido pelo meio cultural em que vive, o indivíduo o assimila como próprio e não como imposição alheia. Curando a espontaneidade criadora, o indivíduo recupera o sentimento de *poder* que havia perdido quando as conservas dominavam sua conduta e quando agia resignado e impotentemente submetido:

> O sujeito se sente frustrado, por exemplo, no papel de pai ou em qualquer outro papel de sua vida real e desfruta da sensação de domínio e realização, através do psicodrama, que lhe confere uma satisfação simbólica[24].

Ao que parece, para Moreno, certo tipo de doença resulta de que pessoas ou imposições externas ao sujeito, lhe tenham subtraído sua própria espontaneidade, levando-o a excessiva preocupação com a opinião dos demais, com o julgamento alheio, nisso empregando grande parte da sua energia psíquica, que se perde. Mediante a representação psicodramática, essas vivências lhe são devolvidas, conseguindo *domínio* e *criatividade*. Esse tipo de terapia, indo além da criatividade, deve chamar-se re-criação.

A *saúde do grupo*

Sabendo-se como o grupo adoece, deduz-se que a cura e a terapia se devem dirigir no sentido de conseguir que seus membros se associem livremente, de evitar a transferência favorecendo a relação télica e procurando que o indivíduo se integre no grupo a que pertence. De antemão, é preciso evitar o conflito entre os grupos espontâneos e a organização oficial. Pensamos ser isto que Moreno diz, quando afirma que "a coletividade deve ser liberada dos excessos patológicos de sua própria cultura, ou pelo menos, se deve controlar estas influências."[25] Consegue-se este grupo são, permitindo aos seus membros o associar-se livre e democraticamente:

> Começamos a contemplar a possibilidade de um procedimento terapêutico, não primeiramente centrado na idéia de sublimação, mas que deixe o indivíduo seguir suas inclinações naturais e unir-se espontaneamente aos grupos que o atraem[26].

Moreno considera o fato da livre escolha, já em si, terapêutico. Entretanto outros autores ignorando o conjunto da teoria psicológica moreniana, não concedem valor terapêutico ao simples fato desta eleição:

> Moreno, muito antes da atual mania, deu uma contribuição significativa à dinâmica de grupo com sua formulação da sociometria, porém jamais sugeriu que a sociometria fosse psicoterapêutica[27].

Não há dúvida de que no estudo dos grupos, a sociometria passou a ser um simples método, prioritariamente de investigação; porém isto não quer em absoluto dizer, que Moreno não lhe outorgue valor terapêutico. Antes de tudo, essa afirmação implica o desconhecimento de que toda a obra de Moreno é intencionalmente terapêutica e que ele não aceita uma psicoterapia de grupo, científica, se não for precedida pela análise sociométrica. Consideramos esse julgamento, além de a-científico, pouco justo. E não questionamos absolutamente a finalidade dos estudos sociométricos:

Sem dúvida, se tais leis existiram (as leis que regem o desenvolvimento da sociedade humana em seu conjunto) e puderam ser descobertas, disto resulta, logicamente, que o homem deverá adaptar-se a elas e que as técnicas terapêuticas deverão ser elaboradas em conseqüência[28].

E de fato, Moreno tendo descoberto uma zona de conflitos entre o espontâneo, o sociométrico e o oficial, vai criar técnicas de psicoterapia de grupo em que se dê primordial importância às manifestações espontâneas dos indivíduos participantes:

Atuar livre e sem inibições. O atuar sem inibições não é proibido aos membros dos grupos, como na psicanálise, mas ao contrário, eles podem conduzir-se em toda liberdade. Pôs-se em evidência que há uma espécie de "atuar terapêutico" provocado pela própria atmosfera do grupo, em oposição às formas de atuar irracionais e perturbadoras[29].

Digamos finalmente: a sociometria, tem a finalidade terapêutica, de encaixar cada membro em seu lugar, para que assim, o grupo harmônico possa atualizar todas as suas potencialidades.

Inclusive, um grupo democrático não é necessariamente são, em seu aspecto psíquico, e pode adoecer por falta de coesão. É precisamente o fator tele que explica a saúde e a coesão do grupo; e por isso, logicamente a terapia grupal se propõe a incrementar a inter-relação: "todo grupo tem uma determinada coesão: a tarefa do psicoterapeuta, consiste em conduzir o grupo doente, de um nível inferior a um nível superior de coesão[30].

O problema da saúde grupal por saturação de isolados e inadaptados, preocupa a Moreno. Poderia parecer a princípio, que a melhor solução para o grupo seria a erradicação de tais pessoas, seguindo as leis darwinianas da seleção natural. Todavia, impõe-se procurar que elas também encontrem um grupo sociométrico que possibilite sua adaptação. "O problema não consiste simplesmente em encarar a alternativa da supressão do inadaptado ou a sobrevivência do adaptado, mas em promover a sobrevivência de uma personalidade flexível e espontânea: a personalidade do criador."[31]

A primeira tentativa de adaptação deve realizar-se no próprio grupo a que pertence o sujeito isolado explorando-se outros critérios possíveis, para descobrir em qual deles se encontra o par ou o triângulo em que se pode integrar: "toda proposta de terapia de grupo deve-se levar em consideração a possibilidade de que, recorrendo a outros critérios, os não eleitos possam encontrar pares e suas escolhas"[32].

241

A saúde do desempenho de papéis

A cura do desempenho de papéis se identifica com a cura da espontaneidade criadora. Através da representação dos papéis, no psicodrama criador, o indivíduo doente adquire o *domínio e o poder de recriação* de sua personalidade que enquanto fator tangível, se identifica com o papel. No caso de papéis não vividos, o importante é que a situação concreta da vida permita viver aqueles papéis mais amplos, que incluem outros secundários:

> No caso do senhor T, um papel não realizado (o poeta) se ligou a um papel afim (o aventureiro). Logo estes papéis se combinaram e provocaram a aparição de outro papel não realizado mais profundo, o pai. A cadeia de papéis, poeta-aventureiro-pai, provocada pela senhorita S, por sua vez reavivou no senhor T, seu papel de amante. Demonstrou-se em outro trabalho, que quanto mais inclusivo é o processo de aquecimento para um papel — quanto mais amplo é o território que esse aquecimento abarca numa personalidade específica — mais esse papel se torna satisfatório e mais intensamente inspira o desenvolvimento da iniciativa e da espontaneidade em toda a situação vital do sujeito[33].

Ao expor o adoecimento dos papéis, fizemos referência a que um estado neurótico pode ser produzido por imposição própria, ou por imposição dos demais, dada a sua característica de *expectação*. Nestes casos a terapia consiste em fazer o paciente compreender que ele mesmo se impôs o papel neurótico ou que os outros o fizeram assumi-lo. Portanto, da mesma forma que o assumiu, poderá abandoná-lo:

> Tão logo o paciente se deu conta de que o papel neurótico não "vem", mas é produzido por ele e que mediante simples exercícios espontâneos, pode interromper seu progresso a qualquer momento, seu estado começou a melhorar[34].

Em todos os níveis da personalidade, individual e relacional, a cura se produz pela consecução de estados espontâneos. Este é o resultado definitivo, ao nível terapêutico, segundo Jacob Lévy Moreno.

> Os processos psicoterapêuticos necessitam da espontaneidade para serem verdadeiramente curativos. A técnica da associação livre, por exemplo, necessita da espontaneidade, embora se limite exclusivamente à forma verbal. Porém aqui o eficaz não são as associações de palavras mas a espontaneidade que opera nas associações. O volume das associações verbais será tanto maior e de maior sentido quanto mais espontânea for a sua produção. Este princípio é aplicável a todos os métodos que contribuem para a cura psíquica[35].

3. *Interpretação das técnicas terapêuticas*

Sem rebaixar os limites teóricos a que nos propomos no estudo da obra de Moreno, achamos necessário justificar suas técnicas terapêuticas como expressão das idéias que as alicerçam. O mecanismo terapêutico concreto excede aos nossos limites e foi tratado amplamente por críticos das mais variadas escolas psicológicas. Este é o Moreno a quem chamaremos de comercializado e por isto mesmo, propagado a partir de seu centro em Beacon House.

Por outro lado, as idéias que subjazem aos métodos terapêuticos concretos, já nos são, de sobra, conhecidas. E nem sequer é necessário escarafunchá-las debaixo de suas técnicas mais recentes e desconhecidas. Conectar o Moreno terapeuta com o Moreno sistematizador do seu pensamento, seria cair num esquema contra-evolutivo, sem ter sequer a satisfação da surpresa científica. Vamos apenas ajustar os balanços das idéias psicoterapêuticas, dos métodos e técnicas de cura. Vamos explicar as razões em que se baseia a eficácia terapêutica do psicodrama: é só o que pretendemos. Tudo o mais — razões explicativas da origem ou do método, exame da eficácia ou validade científica, quantificação estatística, verificabilidade e êxito — excede ao nosso alcance e, *a priori*, é objeto de nossa renúncia. Finalmente, é muito importante aprofundar a essência de um método, mesmo tendo em vista sua melhor aplicação e obtenção de resultados.

A implicação temática a estas alturas de nosso trabalho, ameaça perigosamente com a repetição, e para evitá-la o quanto possível, obviamos toda explicação e encadeamos conceitos muito claramente formulados, porque o leitor conhece todos os fios da urdidura e pode reconstruí-la. Isto indica que chegamos a um final concatenado.

O psicodrama

Entre as técnicas terapêuticas, histórica e nuclearmente o psicodrama tem a primazia: fazendo teatro Moreno se encontrou com a terapia, e além disso o psicodrama se alicerça na espontaneidade. Isto explica tudo. Esta maridagem entre psicodrama e espontaneidade não aparece diretamente mas através da ação.

A criatividade constante no universo, idéia fixa moreniana que dá um tônus de evolucionismo otimista a toda sua concepção, lhe exige admitir uma "energia" que não se conserve, e que evite o predeterminismo. Como se concretiza essa criatividade espontânea? Moreno responde que através da ação espontânea e criadora.

Podemos conceber o áxis de sua teoria nessas três palavras inseparáveis: criatividade — espontaneidade — ação. A importância da ação, paralelamente à criatividade e à espontaneidade, é com freqüência referida por Moreno que, parafraseando Goethe, no Fausto, diz: "No princípio era a ação". E abre sua nova introdução ao *Psicodrama*, com estas palavras:

> A outra foi a rebelião do ator sufocado, contra a palavra. O "psicodrama" constituiu o segundo passo além da psicanálise. No começo foi a existência. No começo foi o ato[36].

Em outra passagem paralela, nas primeiras páginas da *Psicoterapia de grupo* e *psicodrama*, repete que "no princípio foi a ação". Era o psicodrama o segundo passo mais além de Freud[37]. Já nestas primeiras frases em que vemos Moreno defrontar-se com o tema da ação, encontramos um interjogo, uma simultaneidade entre este conceito e o psicodrama. Interjogo que se vai manter em toda a sua obra:

> O psicodrama pôs de lado o divã psicanalítico, conduziu a técnicas cênicas, graças às quais a ação pode desenvolver-se até seu término e permitiu elaborar uma teoria da ação[38].

Essa teoria da ação penetra em seu sistema a tal ponto que, em dado momento, o autodenomina, *"atismo"* ou *"acionismo"*:

> Existiu o condutismo, depois a psicanálise... e agora o que denominei *atismo* ou *acionismo* (métodos de ação, técnicas de ação, teste de ação e investigação sobre a ação). Com o psicodrama e o sociodrama, que são os seus melhores intérpretes[39].

Se compreendermos a ligação inseparável que existe entre criatividade — espontaneidade — ação, poderemos perfeitamente admitir que Moreno chame à sua teoria de atismo ou de acionismo, o que confirma o que ele disse ao tratar da espontaneidade. Se além disso, nos lembrarmos das manifestações da espontaneidade e suas provas, de como as motivações sociométricas se faziam patentes no cenário, e nos lembrarmos também do átomo social estudado sob o aspecto da adaptação mútua daqueles que o integram, nos daremos conta de que realmente, em Moreno, tudo passa pela *ação espontânea*. O psicodrama e a ação que o suporta podem perfeitamente definir sua teoria; por isso, denominá-la atismo ou acionismo nada contradiz do quanto foi exposto.

Podemos agora nos adentrar na tão repetida definição do psicodrama, proposta por Moreno: a busca da verdade pela ação. A verdade que ele considera desde seus anos de juventude; a verdade que conduz à realidade em seu *status* nascendi, em seu fôlego original do nascer; a do existencialismo heróico ou seinismo; a verdade que o levou ao teatro da espontaneidade e daí, à terapia. Enfim, a verdade que buscou em toda a sua vida e obra. E neste momento temos a impressão de que sempre estamos falando da *ação* mesmo sem nomeá-la explicitamente:

Drama é uma palavra grega que significa "ação" (ou algo que se dá). O psicodrama pode, então, definir-se como aquele método que sonda a fundo a verdade da alma mediante a ação. A catarse que o psicodrama provoca é, portanto, uma "catarse de ação"[40].

Em várias passagens de sua obra vemos, entrelaçados, o psicodrama e a espontaneidade. "O fundamento psicodramático é o *princípio da espontaneidade*, a participação livre de todos os membros do grupo na produção dramática e na catarse ativa[41].

Esta união de espontaneidade e psicodrama se dá, não só no protagonista que atua no cenário, como também no público que espera dele uma atuação espontânea, o que não acontece no teatro tradicional ou convencional.

A eficácia concreta e experimental do psicodrama como técnica de atuação e de espontaneidade, procede de dois aspectos básicos: *sua profundidade* e *sua compreensão. Profundidade biográfica e sincrônica*: chegando a momentos da vida que outras terapias não alcançam e também penetrando profundamente na conflituosidade do paciente. Por sua *compreensão* nos referimos ao fato de assumir, pela ação, o sentido básico de outras teorias.

Um dos alcances da terapia de ação, é poder voltar a períodos pré-verbais, àqueles períodos em que a criança vive a matriz de identidade e começa a aprender sem palavras. Período do *puro ato*. Na fase pré-verbal realiza-se a primeira aprendizagem emotiva e pode iniciar-se o mais profundo mal-estar psíquico.

A técnica psicodramática também aprofunda a psicologia humana, isto é, o psicodrama enquanto método psicológico experimental e como método terapêutico, penetra na própria realidade do acontecer psíquico são, ou doente. É uma conseqüência de sua essência espontânea. Moreno mostra que os estados psíquicos se manifestam na atuação psicodramática tal como são, porque, durante o ato, desaparecem todos os mecanismos de defesa do eu; todas as censuras, se quisermos falar em terminologia psicanalítica. O ator nesse momento é puro ato, pura presentividade. Diante destes pressupostos é totalmente aceitável que Moreno outorgue uma dimensão investigadora e terapêutica ilimitada ao psicodrama e aos métodos de ação. Neste caso, falaríamos de vantagens, não tanto em profundidade, quanto em *extensão*:

245

O psicodrama coloca o paciente num cenário, no qual pode exteriorizar seus problemas com a ajuda de alguns atores terapêuticos. É tanto um método de diagnóstico como de tratamento. Um de seus traços característicos é que a representação de papéis se inclui organicamente no processo de tratamento. Pode-se adaptar a todo tipo de problema, pessoal ou de grupo, de crianças ou de adultos. Pode-se aplicar a todos os níveis de idade. Mediante o seu uso podemos nos aproximar tanto da solução de problemas infantis, quanto dos mais profundos conflitos psíquicos. O psicodrama é a sociedade humana em miniatura, o ambiente mais simples possível para o estudo metódico de sua estrutura psicológica. Mediante técnicas como a do eu-auxiliar, da improvisação espontânea, da auto-apresentação, do solilóquio, da interpolação de resistências, se revelam novas dimensões da mente, e o que é mais importante, estas dimensões podem ser exploradas em condições experimentais[42].

Estas palavras são definidoras do aprofundamento do psicodrama no psiquismo humano.

Moreno defende o aspecto *compreensivo* do psicodrama e dos métodos de ação, por haver constatado que todas as teorias psicológicas neles encontram um "refrendo superatorio" e que todos os métodos terapêuticos também estão compreendidos e superados no psicodrama. A prova desta compreensividade da ação psicodramática exige apenas uma enumeração.

Seguindo o método expositivo enumerativo, começamos pelas terapias psicológicas verbais. Não há dúvida de que se passarmos uma vista panorâmica nas técnicas terapêuticas existentes, veremos que estas se reduzem à comunicação verbal entre terapeuta e paciente, salvo raras exceções, entre as quais a de Ferenczi. E não esqueçamos que as técnicas terapêuticas de ação, a laborterapia, por exemplo, têm sua origem nas técnicas morenianas de ação, embora comumente isto não seja levado em conta. Queremos dizer que a terapia verbal está compreendida na terapia de ação. Estas afirmações surgem de uma teoria geral de Moreno, segundo a qual a palavra não é mais que um aspecto da ação e, além disso, a palavra brota da comunicação gesticular que na evolução ontogenética, a precede.

Em segundo lugar, o psicodrama é tanto um método de terapia individual como de grupo, o que já foi suficientemente provado e que nos leva à seguinte dedução· se o psicodrama integra todo tipo de terapia, seu efeito terapêutico ou catártico há de ser também universal. E Moreno assim se expressa:

> Posto que é próprio de toda atividade humana, implicar, em algum grau, numa catarse, ter-se-ia que determinar em que consiste a catarse... se há uma fonte de catarse superior a outra e se existe algum elemento comum a todas as formas de catarse. Daí o meu propósito de definir a catarse de tal maneira que todo influxo manifestamente capaz de pro-

246

duzir um efeito purificador, possa ser considerado como parte de um princípio único. Descobri esse princípio comum que provoca a catarse, na espontaneidade criadora, que, em razão de sua universalidade e de sua natureza primária, inclui todas as outras *expressões cunhadas* (psíquico, somático, consciente, inconsciente etc.). Nesta corrente geral de ação, desembocam todos os pequenos afluentes das catarses particulares[43].

Criatividade, liberdade, espontaneidade, existência e realidade são as condições que o psicodrama oferece ao paciente e que lhe conferem valor terapêutico. Nele e dele se extrai toda a teoria psicológica moreniana, ou para sermos mais exatos, nele suas idéias chegam à prática.

A psicoterapia de grupo

Referindo-nos às causas pelas quais a psicoterapia de grupo é eficaz e cura psicologicamente, apenas resumiremos, com Moreno: porque conduz a uma interação espontânea em que cada um dos participantes tem o mesmo status e porque se situa em circunstâncias similares às de uma *prova da realidade*.

No momento em que Moreno tenta sintetizar as contribuições essenciais da psicoterapia de grupo à psicoterapia individual, faz uma lista de princípios que resumiremos a seguir, pois a citação textual seria morosa: 1) *princípio da interação terapêutica*: um indivíduo é agente terapêutico do outro; um grupo é agente terapêutico do outro; 2) *princípio da espontaneidade*: da livre produção de grupos, da participação espontânea, sem impedimentos, de todos os membros do grupo; 3) outra transformação essencial da sessão individual consiste no *caráter dinâmico e imediato da interação*, que no grupo, apresenta todas as qualidades de *uma prova da realidade*. O paciente se vê confrontado com pessoas e situações reais, e não só com as suas, mas também com as de outros indivíduos; 4) o grupo terapêutico necessita de maior liberdade e espontaneidade por parte de seus membros, do que um grupo comum. A composição do grupo deve ser terapeuticamente mais favorável que a realidade e a igualdade de *status* de todos os membros do grupo, é exigência absolutamente necessária[44].

A interação espontânea, vivida, presente, de igual para igual, é a essência da eficácia dos grupos; e nos damos conta de que os conceitos fundamentais da teoria moreniana, voltam a repetir-se na psicoterapia grupal, chegando sempre a que a espontaneidade na ação é a essência de sua terapêutica.

Expondo as bases terapêuticas da sociometria, Moreno termina:

Hoje podemos formular com muito maior segurança o fundamento teórico de todos os tipos de psicoterapia de grupo. São três as linhas fundamentais comuns: 1) o princípio do "encontro" é a base de todas as formas de psicoterapia de grupo; 2) a "estrutura interativa" comum aos indivíduos determina sua posição recíproca variável e sua solidariedade, que se manifesta em múltiplas tensões psíquicas; 3) as vivências comuns do "consciente" e do "inconsciente comuns"[45].

E define os agentes da terapia grupal incidindo nessas poucas idéias que substanciam todo o seu pensar e sua ação: "*Os agentes*: são as forças atuantes que constituem o fundamento da terapia, por exemplo, a criatividade, a espontaneidade, a tele, as figuras autoritárias etc."[46].

A vaguidade e a falta de delimitação de conceitos se salvam, se projetarmos, como pano de fundo, tudo o que sabemos do fator tele como essência da coesão do grupo. A psicoterapia grupal não excede suas bases teóricas.

A *sociometria*

Embora aceitemos que a *sociometria* tenha um valor fundamentalmente investigador, resistimos negar-lhe sua finalidade terapêutica. O fato de constituir uma sociedade democrática, é, em si mesmo, curativo. Talvez sua maior consecução no campo da terapia, tanto no ponto de vista pessoal como de grupo, seja proporcionar-lhe um fundamento objetivo. Essa intenção terapêutica se torna evidente, no livro *Who Shall Survive*, eminentemente sociométrico. Além da análise quantitativa de matrizes sociométricas e sociogramas, nos surpreende o capítulo que se intitula: "Sociometría de la reconstrucción", que Moreno assim começa:

A coletividade inteira, seus grupos de coabitação, de trabalho ou de estudo, foi submetida a análises sociométricas, em intervalos regulares de aproximadamente quatro semanas. Graças a esta análise, nos foi possível determinar quais eram os métodos mais fecundos: a) tratamento individual; b) psicoterapia de grupo; c) desempenho e aprendizagem de papéis; d) reconstrução sociométrica. O conhecimento da estrutura da coletividade e da posição ocupada por cada indivíduo, decidiu sobre a eleição do método[47].

Síntese do valor terapêutico da sociometria, como eleição espontânea que constituiria uma sociedade democrática em que cada um encontraria o companheiro e o grupo que suavizasse suas tensões, muito de acordo pois, com as últimas correntes sócio-culturais da psicanálise. E como instrumento científico que detecta a enfermidade do indivíduo no grupo ou do grupo em sua totalidade, indicando-nos, além do mais, como acabamos de ver, o método adequado de tratamento.

Notas

1. *Psicoterapia de grupo y psicodrama*, F.C.E., México, 1966, 80.
2. *Psicodrama*, Paidós, Buenos Aires, 1972, 195.
3. *Ibid.*, 115.
4. *Ibid.*, 175.
5. L.S. Bischof, *Interpretación de las teorias de la personalidad*, Trillas, México, 1973, 287.
6. *Fundamentos de la sociometría*, Paidós, Buenos Aires, 1972, 227-228.
7. *Ibid.*, 362.
8. *Psicoterapia de grupo y psicodrama*, 117.
9. *Psicodrama*, 186.
10. *Psicoterapia de grupo y psicodrama*, 85.
11. *Ibid.*, 100.
12. *Ibid.*, 51.
13. *Ibid.*, 54.
14. *Fundamentos de la sociometría*, 357.
15. "Porém o indivíduo deseja desempenhar muito mais papéis que os que lhe são permitidos desempenhar na vida...
    Todo indivíduo está cheio de vários e diferentes papéis em que desejaria atuar e que lhe estão presentes nas diferentes fases de seu desenvolvimento. É a pressão ativa que estas múltiplas unidades individuais exercem sobre o papel oficial manifesto, o que freqüentemente ocasiona uma sensação de ansiedade." *Psicodrama*, VI.
16. *Psicomúsica y sociodrama*, 129.
17. *Psicoterapia de grupo y psicodrama*, 236-237.
18. *Psicodrama*, 112-113.
19. R. Muchielli, *La dinámica de los grupos*, Europea de Ediciones, Madrid, 1970, 82.
20. A.L. Kadis e outros, *Manual de psicoterapia de grupos*, F.C.E., México, 1969.
21. *Psicoterapia de grupo y psicodrama*, 9.
22. *Ibid.*, 396.
23. *Las bases de la psicoterapia*, Hormé, Buenos Aires, 1965, 166.
24. *Psicodrama*, X.
25. *Fundamentos de la sociometría*, 227.
26. *Ibid.*, 41.
27. A. Wolf-E. Schwartz, *Psicanálisis en grupos*, Pax, México, 1967, 299.
28. *Fundamentos de la sociometría*, 40.
29. *Psicoterapia de grupo y psicodrama*, 96.
30. *Ibid.*, 26.
31. *Fundamentos de la sociometría*, 410.

32. *Psicoterapia de grupo y psicodrama*, 61.
33. *Psicomúsica y sociodrama*, Hormé, Buenos Aires, 1965, 107.
34. *Psicodrama*, 308.
35. *Psicoterapia de grupo y psicodrama*, 369.
36. *Psicodrama*, 1.
37. *Psicoterapia de grupo y psicodrama*, 29.
38. *Fundamentos de la sociometría*, 18-19.
39. *Ibid.*, 33, nota 59.
40. *Psicoterapia de grupo y psicodrama*, 109.
41. *Ibid.*, 36.
42. *Psicodrama*, 245.
43. *Psicoterapia de grupo y psicodrama*, 112-113.
44. *Ibid.*, 27-28.
45. *Ibid.*, 78.
46. *Ibid.*, 91.
47. *Fundamentos de la sociometría*, 336.

9
O Terapeuta, o Ego-Auxiliar
e a Catarse

1. O terapeuta

Seja como teoria psicológica, seja como técnica concreta, a terapia é um fenômeno interindividual tanto no tratamento em grupo quanto no caso de tratamento de uma só pessoa. Tradicionalmente, o binômio terapeuta-paciente movia-se numa relação vertical. Moreno substituiu a dependência pela horizontalidade e a *tele* converteu-se em vínculo integrante e colaborador da saúde psíquica. Valemo-nos aqui das complexas idéias expostas sobre o assunto, ao longo do nosso estudo. Tudo o que se refere ao paciente, um dos extremos desse binômio terapêutico, já o sabemos. Agora o importante é identificar a figura do *terapeuta*, quase totalmente omitida por Moreno. Dispensável é dizer que não existem normas abstratas, porém circunstanciais e adaptáveis à sua conduta tão peculiar, tanto na terapia dual, como na terapia de grupo. Veremos ainda a teoria de Moreno no que se refere aos terapeutas auxiliares ou *auxiliary egos*. Até podemos imaginar que se a ação terapêutica tem suas raízes no fator tele, que inclui várias pessoas, os agentes terapêuticos não se reduzem a quem "oficialmente" mantém o *status* de terapeuta, mas abrange todos os que integram um átomo social ou um grupo, a todos os que participam das representações psicodramáticas.

A terapia dual

Precisamos deixar de transpor a imagem do terapeuta físico — que assume todo o peso da terapia, auscultando, receitando e inter-

253

vindo cirurgicamente — para a terapia de problemas psicológicos, acabando assim com esse fantasma, "conserva cultural", a que de algum modo estamos acostumados. Não resta dúvida de que essa transposição unívoca não é correta:

> Enquanto a transferência é o único ponto de partida do tratamento psicoterapêutico, o caráter pessoal do psiquiatra não tem importância. É bastante que tenha sido bem analisado e seja suficientemente apto em sua especialidade. Porém, a partir do momento em que se reconhece o processo *tele* como novo e importante ponto de partida para o tratamento, a situação muda. A outra personalidade reveste-se de grande importância e com ela, em diferentes níveis, todas as outras personalidades do átomo social do paciente[1].

O fator tele, enquanto fenômeno emotivo bidirecional, destituiu o psicoterapeuta de sua função de mago ou semideus, como se apenas ele tivesse o poder de realizar o milagre da cura e demonstrou que este poder está distribuído entre todas as pessoas com as quais nos acotovelamos, falamos e convivemos. Talvez nem fosse necessário recorrer a experiências tão científicas como a sociometria, para demonstrar que todos nós, uns com relação aos outros, somos dotados de poder terapêutico:

> Em todo esse processo acatamos a idéia de que só o psiquiatra cura, de que toda a tele terapêutica deriva dele e em nenhum outro lugar se encontra tão concentrada e sendo tão eficaz. Sem dúvida, os estudos sociométricos me revelaram que grande parte da tele terapêutica está distribuída por toda a comunidade e que o problema consiste apenas em torná-la efetiva e orientá-la na direção adequada[2].

Partindo dessas premissas, Moreno chega à conclusão de que qualquer pessoa pode ser utilizada como agente terapêutico:

> Num determinado grupo, uma pessoa pode ser utilizada como instrumento para diagnosticar, ou como agente terapêutico para tratar outras pessoas. O médico, aquele que cura, deixou de ser a fonte última da terapêutica psíquica. Os métodos sociométricos demonstraram que os valores terapêuticos "tele" estão disseminados entre os membros do grupo, que um paciente pode tratar os outros. O papel de "curador" modificou-se e, de dono e ator da terapia, passou a ser aquele que prescreve e a cuida[3].

Prosseguindo na desmitificação do terapeuta, em razão de o fator tele — bidirecional — ser o principal agente terapêutico, Moreno não tem dúvidas ao afirmar que, na relação terapêutica dual médico-paciente, o terapeuta é tão paciente como o próprio paciente e vice-versa: o paciente pode ser agente terapêutico do médico que o trata, explicando-se assim, de certa forma, sua influência sobre ele:

Um dos momentos mais brilhantes na evolução dos grupos sociometricamente desenvolvidos foi aquele em que se pôde demonstrar que essa relação (médico-paciente) pode ser invertida: que o médico pode transformar-se em paciente e o paciente em médico[4].

A fim de evidenciar a presença de um fator que pode ser terapêutico se se objetivam as suas qualidades, ou tornar-se pernicioso no caso de tratar-se de uma transferência meramente subjetiva, Moreno fez uma comparação entre a tele na terapia dual e a relação amorosa; esta comparação provocou um grave escândalo crítico, desencadeando as mais duras condenações ao nosso autor. Parece-nos que sua resposta esclarece os limites da relação terapeuta-cliente:

Se admitimos que, em toda situação psicanalítica a dois, qualquer que seja o método empregado, estão realmente "quatro entidades" — o paciente em seu papel de paciente e como indivíduo particular, o terapeuta em seu papel profissional e como indivíduo particular — dependerá da interação dessas quatro entidades o grau de eficiência da relação terapêutica[5].

Achamos que nesse momento a crítica enfatizou excessivamente um só ponto, desfocando a totalidade. A minuciosa formação que Moreno exige de seus terapeutas auxiliares e diretores psicodramáticos não teria sentido se ele considerasse que a interação terapêutica não devesse ser controlada e educada. Seus impugnadores não se deram conta das sutis distinções entre o *status* de diretor da terapia e o agente terapêutico, constantemente repetidas por Moreno: como diretor de terapia, pode manter uma postura distante e planificadora, porém como agente terapêutico está incluído no processo tele-terapêutico e é nesse sentido que os pacientes também podem influir nele e que não só ele possui força terapêutica:

Devemos distinguir, portanto, entre o que em conjunto dirige uma sessão e os "agentes" terapêuticos. O agente psicoterapêutico, em psicoterapia de grupo, não tem porque ser um indivíduo com *status* profissional, um médico, um sacerdote ou um conselheiro[6].

De fato veremos como nos vários métodos terapêuticos morenianos, o *psicoterapeuta diretor* mantém uma distância de não envolvimento a fim de poder desempenhar sua função de observador objetivo e analista; por isso serve-se de outros agentes: membros do grupo, egos auxiliares etc., dirigidos por ele, mantendo assim o princípio de que toda interação direta com o paciente conduz ao envolvimento mútuo.

Como na terapia dual o terapeuta está diretamente implicado na relação tele, será influenciado pelo cliente.

Na terapia de grupo

Os autênticos terapeutas da psicoterapia de grupo são todos os indivíduos que integram o átomo social e este é um princípio fundamental em Moreno: "Todo indivíduo — não só o médico que o trata — pode atuar como agente terapêutico com relação a outro indivíduo e todo grupo com relação a outro grupo"[7].

Se toda pessoa é agente terapêutico com relação a outra, não podemos estranhar que freqüentemente Moreno utilize como auxiliar terapêutico, outros clientes que tenham superado seus síndromes ou mesmo que ainda estejam vivendo seus conflitos. E Moreno o justifica pelo beneficiar-se mútuo: o paciente-terapeuta poderá compreender melhor que ninguém, o mundo que ocupa a mente do paciente-protagonista e, se o paciente-terapeuta já superou os seus conflitos, reforçará suas defesas contra as recaídas.

Poderíamos aqui apresentar o mesmo tipo de objeção que fizemos a respeito da relação dual: o terapeuta de grupo deve manter um *status* diferenciado diante dos pacientes, desde que se o supõe com mais capacidade para superar seus problemas. Porém, mais uma vez Moreno procura tornar evidente a capacidade terapêutica de uns pacientes em relação aos outros por meio das conversas, discussões, inter-relações e intercomunicações. O exagero não obstante é apenas terminológico, porque não se exclui que o psicoterapeuta-chefe mantenha seu *status* próprio distinto dos pacientes, tenha formação especial e seja comprovadamente mais integrado:

> O líder do grupo deve ter, não só a experiência do psicanalista, mas também presença de espírito e valor suficiente para no momento preciso, pôr em jogo toda sua personalidade, para fecundar o âmbito terapêutico com seu calor, sua empatia, sua expansão emocional; em outras palavras: para não ficar distante do paciente nem o paciente permanecer isolado em relação a ele: ambos são membros de um pequeno grupo. O terapeuta ocupa o centro de seu grupo e deve, a partir daí, desenvolver uma forma especial de "personalidade de grupo"[8].

Ficam esclarecidas as dúvidas relativas à excessiva igualdade de *status* entre os pacientes que integram o grupo terapêutico e o terapeuta chefe. Não existe um *status* único, nem tampouco existe a postura impenetrável do psicanalista atrás do divã; estes são os extremos que Moreno pretende equilibrar através da postura que deve adotar o psicoterapeuta de grupos.

No psicodrama

Dissemos que a postura do psicoterapeuta nos diversos métodos psicodramáticos morenianos se poderia dosar, de acordo com a participação direta e o contato imediato mantido com o paciente. Nos tipos de psicoterapia que analisamos até agora nos foi possível notar esses vários graus de distanciamento: na terapia dual, a participação é completa, uma vez que se realiza como um diálogo entre duas pessoas; na psicoterapia de grupo, vimos que é concedida uma importância decisiva, não à interação de cada um dos componentes do grupo com o terapeuta-chefe, porém à interação dos membros entre si. No psicodrama o psicoterapeuta se distancia ainda mais do contato imediato com o paciente, pois só em raras exceções participa de uma cena. Seu lugar é na sala, numa posição que lhe permita observar tanto o que acontece na cena, na dramatização, como as reações do público. Dirige a dramatização fazendo-a começar, interrompendo-a quando considera necessário e realizando, no final, uma análise do que aconteceu tanto no cenário como entre os espectadores. A ação direta no cenário fica reservada ao paciente e aos egos auxiliares, fictícios ou reais. As funções do terapeuta principal, no psicodrama, são três: "a de diretor de cena, a de terapeuta e a de analista"[9]. Em todas elas mantêm essa postura absentista de não intervenção direta, que acabamos de assinalar como postura básica e geral:

> A atmosfera de abstinência e ascetismo, de objetividade científica e analítica da parte do terapeuta principal, tal como o exigem as regras psicanalíticas, são mantidas também aqui porque o psicoterapeuta principal ou analista não tem que entrar na produção do material a não ser para dar certas indicações. Unicamente observa e avalia o material que vai emergindo[10].

Na sociometria

A função do terapeuta na aplicação do teste sociométrico é preparar as pessoas para que respondam à prova com espontânea sinceridade: para isto devem esclarecer todas as dúvidas e quebrar todas as resistências que se possam apresentar. Um certo período de convivência com o grupo facilita a sua tarefa. Submetendo-se previamente a um teste psicométrico de espontaneidade, a pessoa que vai aplicar a prova sociométrica, controla-se a variável do observador participante e chega-se à medida psicométrica de sua influência no grupo:

> Quando o investigador foi "testado" dessa maneira, estamos em condições de utilizá-lo como instrumento para testar qualquer número de sujeitos em situações típicas. Ainda mais, em sua nova qualificação de participante subjetivo "objetivado", também pode ser utilizado para o tratamento de pessoas, a ponto de poder-se considerá-lo como uma quantidade conhecida, no curso da investigação[11].

Mas, apesar desta observação participante, o sociômetra é o terapeuta mais distante, criado por Moreno. E, na medida em que o terapeuta vai deixando campo, logicamente, este é invadido pelo paciente. Assim temos que na sociometria o verdadeiro investigador e avaliador é cada um dos membros do grupo, que se submetem ao teste, realizam suas atrações e rejeições e expõem os motivos pelos quais o fazem. Neste caso, a participação absorvente dos membros do grupo tem valor científico, pois nos permite conhecer como o grupo está composto. É a objetivação da subjetividade:

> Confere a seus participantes um *status de investigador*, graças ao qual deixam de ser membros passivos e se convertem em "atores" que participam de seus experimentos e avaliam seus resultados; a ciência social chega a ser sociometria enquanto confere aos membros de um grupo esse "status investigador" e enquanto é capaz de medir suas atividades[12].

2. O ego-auxiliar

O ego-auxiliar é um "terapeuta" tipicamente moreniano; talvez sua criação mais original no campo da terapia. Em sua obra, o ego-auxiliar ocupa um lugar privilegiado, paralelo ao da espontaneidade, do papel ou da tele, porém no campo terapêutico.

O primeiro ego auxiliar é a mãe, e daí, seu conceito original: a pessoa que supre a outra, que está em lugar de outra. Transposto para o psicodrama, na terapia o ego-auxiliar é a pessoa que ocupa o lugar de outra ou das fantasias com as quais o cliente se relaciona e que não estão fisicamente presentes, porque sua presença criaria uma relação

258

tão real que não permitiria o suficiente distanciamento da realidade, para, por exemplo, "rir-se" dela.

Os casos em que a utilização dos egos-auxiliares é mais necessária, são os de psicóticos, enfermos que regridem aos primeiros estádios da infância. Torna-se então necessário buscar uma pessoa que faça às vezes da mãe, nos primeiros dias da existência, a que psicoticamente, o enfermo regrediu:

> Quatro razões determinaram a introdução do ego-auxiliar no psicodrama. Uma delas é a razão *econômica*: a distância real, geográfica, tornava difícil a presença necessária de pessoas que viviam muito distantes do lugar em que se realizavam as demonstrações; 2) razão *sociológica*: os indivíduos que povoam o mundo privado do paciente podem achar-se impossibilitados de intervir, por causa de suas próprias obrigações sociais; 3) razão *psicológica*: ajudar ao terapeuta a não se comprometer, podendo manter-se objetivo e neutro. O ego-auxiliar alivia o terapeuta da necessidade de desempenhar determinado papel junto ao paciente. O terapeuta principal pode permitir-se ser neutro e objetivo e isto ajuda ao paciente a manter-se a uma distância psicologicamente razoável com relação a ele; 4) um motivo *terapêutico*: freqüentemente é preferível não se ter presente em cena, a pessoa real a quem o cliente se refere[13].

As três funções que o ego-auxiliar desempenha na terapia psicodramática são: "a) de ator, representando os papéis requeridos pelo mundo do paciente; b) de guia, como agente terapêutico; c) de investigador social"[14].

Todavia, esta tríplice função será sempre realizada pelo ego, como auxiliar; o ego-auxiliar não é o paciente, mas quem o auxilia; tampouco é terapeuta-chefe, no entanto o ajuda em sua tarefa. Sua função é pois totalmente definida como ajudante, como auxiliar:

> O quarto instrumento é o "ego-auxiliar". A estes "egos-auxiliares" ou atores terapêuticos, corresponde um duplo significado. Com suas explicações e tratamento constituem um reforço para o diretor do grupo. E são também muito importantes para o paciente, ao representarem pessoas reais ou simbólicas do seu âmbito vital"[15].

Em sua função tripartida, o ego-auxiliar completa o diretor psicodramático e está sempre disponível para intervir, quando a dramatização o exige.

Se analisarmos retrospectivamente todas as suas funções já referidas para provar a ajuda que os ego-auxiliares oferecem ao diretor psicodramático, acreditamos que, possivelmente possam reduzir-se a uma única: todas as ajudas que o ego-auxiliar oferece ao diretor provêm de sua não implicação ou distanciamento que o subtraem do possível jogo transferencial e da autodefensividade e amnésia que acompanham o protagonista. Esta postura distante é uma nova opção que o diretor aceita em todas as suas funções. Também ajuda ao terapeuta na investigação, porque não vivendo subjetivamente o problema, não está implicado no "ato" e lhe resta uma parte de seu eu, a partir da qual pode ser observador de sua própria representação e da representação do paciente com quem interatua.

Em sua outra faceta, de co-paciente, o ego-auxiliar representa a pessoa e as fantasias que integram o átomo social de um indivíduo e em cuja relação ele adoeceu. Esta ajuda será tanto mais necessária, quanto mais em desordem estiver a personalidade do cliente.

No campo da psicopatologia, quem mais necessita do ego-auxiliar psicoterapêutico é o psicótico que tenha ¡egredido ao nível dos papéis psicossomáticos da primeira infância:

> Quanto mais rudimentar e incompleto seja o eu, mais articulada e conscienciosa deve ser a ajuda que, de fora, o ego-auxiliar, lhe proporcione; e mais indispensável se torna a iniciativa desse ego. Podem ser necessários vários egos-auxiliares... No caso de pacientes em estado grave, a realidade, tal como é habitualmente experimentada, é substituída por elementos delirantes e alucinatórios. O paciente necessita mais do que de um ego-auxiliar: ele precisa de *um mundo* auxiliar[16].

O êxito dessa ajuda depende de sua adequação — a mais exata possível — ao mundo do paciente. Se for preciso representar o pai, a mãe, ou até os apóstolos porque o paciente se julga o Cristo, deve-se fazê-lo tal como é percebido por ele.

> Sendo a função dos egos-auxiliares, representar as percepções que o paciente tem dos papéis internos ou das figuras que dominam seu mundo, quanto mais adequadamente as representarem, maior será o efeito sobre ele[17].

Se apesar dos esforços realizados para adequar-se aos personagens ou fantasias do paciente, o ego-auxiliar não alcançar seu objetivo, Moreno inverte os papéis: o ego-auxiliar assume a função do paciente e este a do ego-auxiliar, representando então a imagem que faz dos personagens que integram seu átomo social ou sua fantasia.

> Quando o ego-auxiliar não consegue representar satisfatoriamente a alucinação do paciente, pede-se ao próprio paciente que encarne a sua alucinação; vendo-o, o ego-auxiliar aprende, repete seu comportamento e incorpora o que o paciente lhe ensinou[18].

Este método pelo qual o paciente se converte em seu próprio ego-auxiliar é, além do mais, um método de investigação que nos objetiva o seu mundo patológico: "A atuação do paciente como seu

260

próprio ego-auxiliar é uma técnica muito útil, que permite obter as impressões que lhe deixaram os vários membros do seu átomo social"[19].

Para que o ego-auxiliar possa representar as pessoas e fantasias que atormentam o paciente e assim identificar-se com ele, precisa estar convencido de que o que o paciente diz é verdadeiro, não em realidade, porém em sua mente. Quer dizer: precisa encarar a representação e a vivência do papel a desempenhar, com a mesma seriedade com que o faz o paciente que lhe está expondo as características das fantasias que se agitam em sua mente alucinada:

> Um ego-auxiliar precisa estar *convencido* de que o paciente tem razão. Não é suficiente desempenhar sua parte: é necessário acreditar que o paciente, subjetivamente tem razão e isto é possível porque cada eu tem razão, a partir de sua própria perspectiva. O médico deve poder, enquanto o permitam suas limitações orgânicas, identificar-se com o paciente, sem enganos. Viver a subjetividade do paciente e identificar-se com todas as suas expressões, é a primeira função do ego-auxiliar[20].

Não nos pareceria estranho que estas palavras fossem de C. Rogers, em qualquer de seus livros sobre a terapia centrada no cliente.

A desejável identificação do ego-auxiliar com o mundo do cliente não nos parecerá impossível, se recordarmos que uma das funções do papel é permitir a intercomunicação entre os homens. O ego-auxiliar deve ter em si, bem conscientizado o papel de pai, ou, inclusive, fantasias alucinatórias para poder tirar de sua própria experiência de papéis a vivência adequada e verdadeira do que se passa pela mente do cliente.

Impedimentos orgânicos e psíquicos interferem na adequação perfeita: uma pessoa nunca poderá transformar-se realmente em outra. Mesmo se esta identificação fosse realizável, não seria aconselhável sob o ponto de vista terapêutico, porque este suposto ego-auxiliar em perfeita identificação, introduziria o conflito mas não obteria a finalidade terapêutica. Sem dúvida, a proposta da identificação permanece na mente de Moreno, que busca a adequação à realidade; daí prescrever que uma das funções do ego-auxiliar seja preparar o paciente para que no cenário do seu dia a dia, possa enfrentar-se com a pessoa real do seu conflito:

> O ego-auxiliar é um agente terapêutico que proporciona a assistência necessária. O ego-auxiliar tem, nesta forma de terapia, duas funções: a) ser uma extensão do eu primário, identificando-se com ele e representando-o diante dos outros; b) ser um representante da outra pessoa, a ausente, até que os próprios dois sujeitos primários estejam preparados para encontrar-se[21].

Apesar do jogo de identificação, o ego-auxiliar deve também permanecer à distância para poder ajudar ao paciente. Moreno prescreve que ele não deve agir em proveito próprio para evitar que, identificando-se com o problema do paciente, represente seu problema pessoal. Num determinado protocolo, Moreno se refere a uma sessão de terapia de um casal em que a mulher se considerava enganada pelo marido, e um ego-auxiliar feminino o surpreendeu dando razão à paciente, porque também suspeitava da fidelidade do seu próprio marido. Para manter este difícil equilíbrio entre identificação verdadeira e distanciamento terapêutico e também para evitar que a problemática pessoal surja na representação, Moreno aconselha um treinamento prévio:

> O treinamento do ego-auxiliar, especialmente com relação aos problemas matrimoniais, é de grande importância. Em primeiro lugar, o ego-auxiliar deve aprender a desprender-se totalmente de todos os aspectos de sua vida particular que possam torná-lo parcial com relação a um ou outro cônjuge. Pode requerer-se uma elaborada educação da espontaneidade, antes que seus próprios conflitos deixem de afetar sua posição de auxiliar nos problemas matrimoniais. Em alguns casos, só lhes será permitido participar em determinadas situações[22].

De fato, na escola de treinamento que fundou em Beacon, existe uma escala gradual de formação, cujo grau inferior é o do ego-auxiliar. O programa de 1974/1975 resume os vários graus de treinamento, sob os títulos:

> Students are recognized as having attended a three day, one, two or three week's period, and beyond this, training on four more advanced levels:
>
> 1. *Auxiliary Ego:* Minimum training period spread over six months, four weeks of resident training, accumulation of 24 points.
> 2. *Assistant director:* Minimum training period spread over one year, eight weeks of resident training, accumulation 48 points.
> 3. *Associate director:* Minimum training period spread over one and a half years, twelve weeks of resident training, accumulation 72 points.
> 4. *Director:* Minimum training period spread over twoo years, sixteen weeks of resident training, accumulation of 96 points[23].

3. A *catarse*

Temos a impressão de que estamos movimentando, sobre um tabuleiro sistematizador, algumas idéias que constituem o jogo perfeito do pensamento moreniano. E onde está o vitalismo do judeu sefardim, inimigo de toda teorização? Efetivamente, este passo final o damos em busca do arraigamento, em busca da confluência em que todas as palavras se tornam vida. E, vida terapêutica. Enquanto o paciente não experimenta em sua *psique* e em seu *soma*, os efeitos curativos, a teoria terapêutica pode estar perfeita em sua abordagem, porém não alcançou seu objetivo. Curar é curar *alguém* e esse "alguém" é o homem que experimenta sua própria cura nas profundezas da vida. Moreno chama de *catarse mental* à *sensação ou vivência de saúde* que o paciente experimenta. É possível que algum experto em teoria moreniana prefira identificar sua noção de catarse com a de saúde ou cura. Nós optamos por equipará-la com a *vivência desta cura*, depois de superado o conflito psíquico.

Psicologicamente o paciente pode, em alguns momentos, inclinar-se a identificar sua liberação final com os métodos concretos que o conduziram a esta situação de catarse ou cura experimentada. No entanto, apesar das possíveis coincidências, estas situações não se identificam, pois a catarse se refere a sensações vividas pela pessoa como alívio, relaxamento, equilíbrio, integração, poder ou domínio sobre seus conflitos, liberação etc. A catarse nos faz lembrar especialmente sua teoria sobre a ação terapêutica do psicodrama, porque tanto o conceito como o termo, historicamente, resultam da ampliação da noção aristotélica do efeito catártico do drama sobre o público. Biograficamente, Moreno descobriu a noção de catarse, em sua época de diretor do teatro da espontaneidade.

A catarse subordina sua finalidade à terapia que a produz e pode conseguir a integração do indivíduo ou a integração do grupo, segundo se trate de uma terapia dual ou de grupo. Moreno fala de catarse individual ou catarse de grupo:

> Assim, a prova decisiva que permite saber se um trabalho dramático é ou não terapêutico, está ligada à comprovação de ser ou não capaz de produzir catarse em determinados tipos de público ou de ser ou não capaz de aquecer cada membro do público para melhor compreensão de si mesmo, ou para melhor integração na cultura de que faz parte[24].

Adota a definição emocional de catarse e a transpõe, no teatro da espontaneidade, do público ao ator, permanecendo idêntico o sentido subjetivo e emocional.

Porém diga-se de passagem, que a origem da noção de catarse em Moreno não é exclusivamente teatral: remonta ao religioso. Permanecem nele reminiscências místicas das grandes religiões do oriente, que produzem em quem as pratica, a sensação de tranqüilidade, serenidade e domínio de seus próprios estados emocionais. Desta maneira e por um caminho diferente, parecemos encontrar um fundamento para nossa interpretação da catarse moreniana como sendo um estado psíquico absolutamente subjetivo: a vivência de alívio, relaxamento e domínio que o paciente experimenta, depois de haver se submetido às técnicas terapêuticas:

> O outro caminho principia nas religiões do oriente. Nestas religiões, um santo, para transformar-se em salvador, tem que atuar, isto é, realizar em sua vida o ideal da religião... Defrontam-se aqui a catarse passiva e a ativa ou a estética e a ética. Dos antigos gregos, conservamos o drama e o cenário, enquanto, do Oriente Próximo, adotamos o princípio de que a catarse se dá no próprio homem concreto[25].

É difícil analisar separadamente os sentimentos que se expressam na situação catártica porque, por sua complexidade, esses sentimentos podem pormenorizar-se numa multidão de matizes psicológicos e pessoais. Vamos porém tentar uma identificação distinta dessa sensação conjunta.

No final da terapia, a sensação de *alívio* é claramente identificável no estado catártico:

> Consiste não só em encontrar meios para resolver um conflito, mas também para realizar o "eu"; é um processo que não somente apazigua e descarrega a pessoa, mas também a provê de equilíbrio e paz interior. Não constitui uma catarse de ab-reação, porém uma *catarse de integração*[26].

Este alívio acompanha toda ação terapêutica que permita ao paciente um desafogo. Estamos no terreno vivencial onde nada é químico e isolável e onde tudo se implica e resiste à palavra: vive-se, porém não se sabe expressar. Bem próxima ao alívio, vive-se a sensação de *relaxamento*, também catártica. Segundo a teoria profunda da personalidade, na sociedade neurotizante em que vivemos experimenta-se um estado de tensão permanente próprio dos que, de fato, desenvolveram um caráter neurótico:

> Evidentemente, o relaxamento e o prazer que o paciente obtém do ato, produz-se mais fácil e rapidamente que nos atos da vida. Esta é também a razão pela qual ele se sente mais relaxado depois de situações nas quais atuou num papel dominante e em que teve oportunidade, ao longo de todo o psicodrama, de ser a única norma com respeito ao tempo, espaço, direção, diálogo e momento de terminar. Os outros têm que adaptar-se a ele: à duração de *seu* estado, a *seu* movimento no espaço, a *sua* mudança de posição, a *seus* vaivéns no diálogo e ao momento em que *ele* acha conveniente terminar, e que só *ele* elege para sua própria exaltação[27].

A terceira característica do conteúdo da catarse moreniana é a *liberação*. Se neste conceito catártico, estivéssemos sublinhando, a

264

ordem causal, diríamos que o alívio e o relaxamento produzidos pela representação terapêutica são devidos ao fato de que o paciente, ao reviver suas experiências e imaginações traumatizantes, livra-se delas. Esta é a esperança que Moreno oferece a quem se está aquecendo para encenar sua problemática:

> Se você — alguém do público — reproduzisse seus dramas do passado aqui neste cenário, eles exerceriam sobre você, herói original e permanente, e sobre todo o público, um efeito cômico, liberador e purificador... Todos os seus sofrimentos do passado, suas explosões de raiva, desejos, alegrias, êxtases, vitórias, triunfos, ter-se-ão esvaziado de sofrimento, raiva, desejo, alegria, êxtase, vitória e triunfo, quer dizer, estarão despojadas de toda *raison d'être*[28].

Não quer dizer que, na verdade, essas paixões e tensões desapareçam da vida do paciente. A liberação se produz porque, através das representações, o paciente torna-se *dono e as domina*. Este é um aspecto abordado freqüentemente durante o nosso estudo, sempre ligado à noção de criatividade:

> O princípio aristotélico transfere a catarse aos espectadores. O princípio psicodramático, reintegra a catarse no lugar em que a vivência teve origem: no criador espontâneo, porém doente. Não foram suficientemente postas em relevo as relações entre o criador individual e a catarse[29].

Outra característica da catarse, concomitante e relacionada com as demais, é a *clarividência* que a melhor compreensão de si mesmo e da realidade, outorga ao paciente. "A catarse é engendrada pela visão de um novo universo e pela possibilidade de um novo crescimento"[30]. Já a denominação de "mental" que costuma acompanhar o termo catarse, nos aponta o aspecto de clarividência que lhe é próprio. E como conseqüência lógica da clarividência, brota a *integração* na realidade e no grupo. É outro qualificativo que, como já observamos, está sempre unido à catarse — catarse de integração — e que aliás, orienta toda a psicoterapia. Essa integração na realidade com a qual Moreno identifica a catarse, podemos apreendê-la nos casos em que a adaptação é difícil ou até desaconselhável sob o ponto de vista de outras escalas de valores. Se o paciente a aceita como própria deve ser respeitada e, psicologicamente, é catártica:

> Ao diretor, uma solução lhe deve parecer exatamente tão desejável quanto outra, com a única condição de que proporcione às pessoas implicadas na situação, o grau máximo de equilíbrio[31].

Esta integração não é exclusiva do indivíduo tratado isoladamente; também se dá no grupo pela interação, o que é essencial para Moreno:

265

Catarse integral: se a interação tem caráter terapêutico, pode-se falar de uma "catarse integral" no grupo, em oposição à catarse por ab-reação ou dissociação, que pode observar-se quando os indivíduos permanecem isolados uns dos outros[32].

É a catarse alcançada quando se consegue fazer do grupo uma sociedade em miniatura em que cada membro permanece não isolado, porém integrado.

Intencionalmente temos assinalado que toda catarse se realiza através da *ação* psicodramática. Assim, encontramos na obra moreniana inseparáveis, três formas de uma realidade única: *espontaneidade-criadora-na-ação.* E como sua manifestação e prova, o *psicodrama:*

Historicamente o psicodrama representa o ponto decisivo na fronteira do tratamento do indivíduo através de métodos verbais e através de métodos de ação. Desenvolveu uma teoria da personalidade e do grupo mais profunda, mais ampla e mais econômica que as de seus predecessores. É uma combinação eficaz da catarse individual com a coletiva, da catarse de participação com a catarse de ação[33].

Assim a catarse é alcançada quando o paciente chega a conquistar os sentimentos de alívio, relaxamento, liberdade, domínio, equilíbrio e integração na realidade e no grupo, por meio da compreensão de sua situação real. Tudo isto se consegue de forma profunda e compreensiva, submetendo o paciente à terapia de ação psicodramática, que produz a *catarse de ação.* Porém é necessária a *ação espontânea e criadora.*

Só existe um mandamento na religião-psicologia moreniana, o qual permanece desde seu *Das Testament Des Vaters:* "Deus é espontâneo. Portanto, o mandamento é: *Sê espontâneo!*"

266

Notas

1. *Psicodrama*, Paidós, Buenos Aires, 1972, 315.
2. *Ibid.*, 326.
3. *Psicomúsica y sociodrama*, Hormé, Buenos Aires, 1965, 80.
4. *Las bases de la psicoterapia*, Hormé, Buenos Aires, 1972, 25.
5. *Ibid.*, 73, 74.
6. *Ibid.*, 25.
7. *Psicoterapia de grupo y psicodrama*, F.C.E., México, 1966, 79.
8. *Ibid.*, 29.
9. *Ibid.*, 116.
10. *Las bases de la psicoterapia*, 163-164.
11. *Fundamentos de la sociometría*, Paidós, Buenos Aires, 1972, 99.
12. *Ibid.*, 15.
13. *Las bases de la psicoterapia*, 366-367.
14. *Psicodrama*, 345.
15. *Psicoterapia de grupos y psicodrama*, 111.
16. *Psicodrama*, 301-302.
17. *Ibid.*, XXI.
18. *Las bases de la psicoterapia*, 316.
19. *Psicomúsica y sociodrama*, 112.
20. *Psicodrama*, 317-318.
21. *Ibid.*, 316.
22. *Psicomúsica y sociodrama*, 110-111.
23. Moreno Institute Inc. Teaching and training in psychodrama, role playing, group dynamics, group methods, sociometry, 1974-1975.
24. *Psicomúsica y sociodrama*, 192.
25. *Psicoterapia de grupo y psicodrama*, 393.
26. *Fundamentos de la sociometría*, 367.
27. *Psicodrama*, 293-295.
28. *Ibid.*, 52-53.
29. *Psicoterapia de grupo y psicodrama*, 348.
30. *Psicodrama*, 39.
31. *Psicomúsica y sociodrama*, 107.
32. *Psicoterapia de grupo y psicodrama*, 96.
33. *Ibid.*, 104.

Apêndice Bibliográfico

Obras de Jacob Lévy Moreno

1908 *Das Kinderreich,* Wien[1] *Homo Juvenis,* Wien.
1911 *Die Gottheit als Komediant,* Wien.
1914 *Einladung zu einer Begegnung,* Anzergruber Verlag, Wien.
1915 *Das Schweigen,* Anzergruber Verlag, Wien.
1916 *Das Testament des Schweigens,* Anzergruber Verlag, Wien.
1918 *Die Gottheit als Autor* en *Daimon,* Anzergruber Verlag, Wien.
1919 *Die Gottheit als Redner,* en *Daimon,* Anzergruber Verlag, Wien.
1920 *Das Testament des Vaters,* Kiepenheuer Verlag, Berlin. Em tradução inglesa do mesmo autor: *The words of the father,* Beacon House Inc., New York, 1941.
1922 *Rede über den Augenblick,* Kiepenheuer Verlag, Postdam.
1923 *Das Stegreiftheather,* Kiepenheuer Verlag, Berlin. Em tradução inglesa do mesmo autor: *The theatre of the spontaneity.* Beacon House, New York, 1973; *Der Königsroman,* Kiepenheuer Verlag, Berlin.
1925 *Rede vor dem Richter,* Kiepenheuer Verlag, Berlin.
1928 *Impromptu School,* Plymouth Institute, Brooklin.
1929 *Standardization and impromptu,* Moreno Laboratories, New York.
1931 *Towards a curriculum of the Impromptu Play School:* Impromptu I/1, 20-23; *The impromptu state;* Impromptu I/1, 9; *The impromptu orchestra:* Impromptu I/2, 7-9; *Dramaturgy and creaturgy:* Impromptu I/1. 12-13; *The new name (on the evolution of the impromptu):* Impromptu I/1, 10-11; *The creativity act:* Impromptu I/1, 18-19; *Ave creator:* Impromptu I/1, 3-5; *Group method and group psychoterapy,* Beacon House Inc., New York.

---

1. Estas primeiras obras aparecem de forma anônima e fora de editoriais comerciais. Moreno as reproduz totalmente em publicações posteriores.

269

1932 *Round table conference: The application of the group method to the classification of prisoners*, National Committee Prisons and Prisons Labor, New York; *The first book of group psychotherapy*, Beacon Houve Inc., New York.

1933 *Psychological organizations of groups in the community*, American Society of Mental Deficiency, Boston; *Who shall survive*, Beacon House Inc., New York.

1935 *Spontaneity training*, Beacon House Inc., New York.

1936 *Organization of the social atom*: Sociometric Rewiew (Hudson) 39-52; *Advances in sociometric techniques*:Sociometric Rewiew (Hudson) 26-34.

1937 *Psychopathology of interpersonal relations*: Sociometry I, 3-91; *Sociometry in relation to other social sciences*: Sociometry I, 206; *Sociometric statistics of social configuration*: Sociometry I, 217.

1938 *Sociometric measurament of social configurations*, Beacon House Inc., New York; *The racial saturation point in the american community*, Association for Advance of Science, Ottawa.

1939 *Normal and abnormal characteristics of performance patterns*: Sociometry II, 246; *Psychodramatic shock therapy*: Sociometry II, 76; *Creativity and the cultural conserves, with special reference to musical expression*: Sociometry II, 1.

1940 *Time as quantitative index of inter-personal relations*: Sociometry III, 62; *Psychodramatic treatment of marriage problems*: Sociometry III, 115; *Mental catharsis and the psychodrama*: Sociometry III, 218; *A frame of reference for testing the social investigator*: Sociometry III, 317.

1941 *Foundation of Sociometry*: Sociometry IV, 15; *The philosophy of the moment and the spontaneity theatre*: Sociometry IV, 205; *The advantages of the sociometric approach to problems of national defense*: Sociometry IV, 317; *Prediction and planning of sucess in marriage*: Marriage and Family Living III, 83; *The function of the social investigator in experimental psychodrama*: Sociometry IV, 392.

1942 *Spontaneity procedures in television broadcasting with special emphasis in interpersonal relations systems*: Sociometry V, 7; *Foundation of the sociometric institute*: Sociometry V, 164; *The group approach in psychodrama*: Sociometry V, 191; *Sociometry in action*: Sociometry V, 301.

1943 *Sociometry and cultural order*: Sociometry VI, 299; *The concept of sociodrama*, Beacon House, New York.

1944 *Sociodrama: a method for the analysis of social conflicts*, Beacon House Inc., New York; *Psychodramatic treatment of performance neurosis*, Beacon House Inc., New York; *Spontaneity test and spontaneity training*, Beacon House Inc., New York; *Spontaneity theory of children development*: Sociometry VII, 89; *Psychodrama and therapeutic motion pictures*: Sociometry VII, 230; *A case of paranoia treated through psychodrama*: Sociometry VII, 312; *Spontaneity theory in its relation to problems of interpretation and measurament*: Sociometry VII, 339; *Sociometry methods of grouping and regrouping. With reference to authoritative and democratic methods of grouping*: Sociometry VII, 397.

1945 *Group psychotherapy. A simposium*, Beacon House Inc., New York; *Psychodrama and the psychopathology of interpersonal relations*, Beacon House Inc., New York; *Role test and role diagrams in children*: Sociometry VIII, 426.

1946 *Psychodrama I*, Beacon House Inc., New York; *Situation test*: Sociometry IX, 2; *Psychodrama and group psychotherapy*: Sociometry IX, 249.

1947 *La méthode sociométrique en sociologie*: Cahiers Intern. de Sociologie, 2; *A sociometric guide for teachers*: Washington American Council on Education, 136; *Contribution of sociometry to research methodological in sociology*; American Sociological Rewiew XII, 287; *Discussion of Snuder's the present status of psychotherapeutic couseling*: Psychological Bulletin XLIV, 564; *Progress and pitfalls in sociometric theory*: Sociometry X, 268.

1948 *Experimental sociometry and experimental method in science*, en *Current in social psychology*, Pittsburgh Press, Pennsylvania.

1949 *Méthode experiméntale, sociométrie et marxisme*: Cahiers Intern., de Sociologie, 6; *Sociometry, experimental method and the science of society*, Beacon House Inc., New York; *Origins and foundations of interpersonal theory*: Sociometry XII, 265.

1950 *Hypnodrama and psychodrama*, Beacon House Inc., New York; *Group psychotherapy: theory and practice*: Group Psychotherapy III, 142.

1951 *Psychodramatic production techniques*: Group Psychotherapy IV, 243: *An analysis of three levels of responses. An approach to some relationship of personality*: Sociometry XIV, 284.

1952 *How Kurt Lewin's Research Center for group dynamics started and the question of paternity*: Group Psychotherapy V, 1.

1953 *Preludes to my autobiography*, Beacon House Inc., New York.

1954 *Transference, countertransference and tele. Their relation to to group research and group psychotherapy*: Group Psychotherapy VII, 107; *Interpersonal therapy, group psychotherapy and the function of the unconscious*: Group Psychotherapy VII, 191;

Sociometry and experimental sociology: Sociometry XVII, 358: *Old and new trends in sociometry: Turning points in small group research*: Sociometry XII, 179.

1955 *The dilema of existentialism*: International Journal of Sociometry I, 23: *The significance of the therapeutic format and the place of acting out in psychotherapy*: Group Psychotherapy VIII, 7; *The discovery of the spontaneous man*: Group Psychotherapy VIII, 103; *First note in the sociometric system*: Sociometry XVIII, 80.

1956 *Philosophy of the third psychiatric revolution, with special emphasis on group psychoterapy and psychodrama*, en *Progress in psychotherapy*, Grune and Stratton, New York: *Freud's hundredth birthday*: Group Psychotherapy IX, 251; *The sociometric school and the science of man*: Sociometry XIX, 271; *American culture-in-transition*: Sociometry XIX, 351; *Theory of spontaneity and creativity*: Sociometry XIX, 361.

1957 *Global psychotherapy and prospects of a therapeutics world*, en *Progress in Psychotherapy*, II Grune and Stratton, New York; *Ontology of group formation*: Group Psychotherapy X, 346; *Sociometry of the soviet purges*: International Journal of Sociology and Sociatry I; *Replies to Medard Boss, Jiri Kalaja and Jiri Nehnevajsa on existencialism*: International Journal of Sociology and Sociatry I; *Sputnik and the psychodramatic space traveler*: International Journal of Sociology and Sociatry I; *The soty of Johny psychodramatist*; International Journal of Sociology and Sociatry I; *Psychodrama of Adolf Hitler*: Sociometry XX, 71.

1958 *Sociometry of subhuman groups*, Beacon House Inc., New York.

1959 *Gruppen psychotherapie and psychodrama, enleitung in die theorie und praxis*, Georg Thieme Verlag, Stuttgart; Psychodrama II, Beacon House Inc., New York.

1960 *The sociometry reader*, Free Press, New York.

1961 *The role concepts, a bridge between psychiatry and sociology*: American Journal of Psychiatry CXVIII, 518.

1962 *Code of ethics for group psychotherapy and psychodrama. Relationship to the hippocratic Oath*, Beacon House, New York; *Psychiatric encounter in soviet Russian*: International Journal of Sociology and Sociatry II; *Political prospects of sociometry*: International Journal of Sociology and Sociatry II; *The first national cuban neuro-psychiatric congress*: International Journal of Sociology and Sociatry II, 115; *Czechoslovak psychiatric congress with photographs*: International Journal of Sociology and Sociatry II, 143; *Role theory and the emergence of the self*: Group Psychotherapy, XV, 114; *The place of group psychotherapy, psycho-*

drama and psychoanalysis in the frame work of creativity and destruction: Group Psychotherapy XV, 339.

1963 *Genesis of sociometry*: International Journal of Sociology and Sociatry II, 21; *The actual trends in group psychotherapy*: Group Psychotherapy XVI, 117; *The "united role theory" and the drama*: Group Psichotherapy XVI, 253.

1964 *The third psychiatric revolution and the scope of psychodrama*: Group Psychotherapy XVII, 149; *Psychodrama of murder, a joint trial of Lee Harvey Oswald and Jack Ruby*: Group Psychotherapy XVII, 61; *The first psychodramatic family*: Group Psychotherapy XVII, 203.

1965 *Psychodrama in action*: Group Psychotherapy XVIII, 87; *New Moreno Legends*: Group Psychotherapy XVII, 1; *Therapeutic vehicles and the concepts of surplus reality*: Group Psychotherapy XVII, 211.

1966 *The international handbook of group psychotherapy*: em colaboração com outros autores, Philosophical Library, New York; *The creativity theory of personality: spontaneity, creativity and human potentialisties*: Univ. Bull. LXVI, 18; *Psychodrama of marriage. A motion picture*: Group Psychotherapy XIX, 49; *The roots for psychodrama. Autobiographical notes. A reply to Sarró*: Group Psychotherapy XIX, 140; *Psychiatry of the twentieth century. Function of the universalia: time, space, reality and cosmos*: Group psychotherapy XIX, 146.

1967 *Cervantes, Don Quixote and psychodrama. Reply to professor Francisco Garcia Valdecasa*: Group Psychotherapy XX, 15.

1968 *The validity of psychodrama*: Group Psychotherapy XXI, 3; *Universal peace in our time*: Group Psychotherapy XXI, 175.

1969 *Psychodrama III*, Beacon House Inc., New York; *The concept of here and now, hic et nunc. Small groups and their relation to action research*: Group Psychotherapy XXII, 141.

1970 *The triadic system, psychodrama, sociometry, group psychotherapy*: Group Psychotherapy XXIII, 16.

1972 *Behaviour therapy*: Group Psychotherapy XXV, 102.

1973 *Note on indications and contra-indications for acting out in psychodrama*: Group Psychotherapy XXVI, 23.

Livros traduzidos para o português:

1. *O teatro da espontaneidade*. São Paulo, Summus, 1984.
2. *Fundamentos do psicodrama*. São Paulo, Summus, 1983.
3. *Psicoterapia de grupo e psicodrama*. Rio de janeiro, Mestre Jou.
4. *Quem sobreviverá?* Goiânia, Dimensão, 1992.
5. *Psicodrama*. São Paulo, Cultrix, 1975.

Um encontro de dois: olhos nos olhos, face a face,
e quando estiveres perto arrancarei teus olhos
e os colocarei no lugar dos meus;
tu arrancarás meus olhos
e os colocarás no lugar dos teus;
e, então, te olharei com teus olhos
e tu me olharás com os meus.

Então, até a coisa mais comum servirá ao silêncio e
nosso encontro permanecerá meta sem cadeias.
Um lugar indeterminado, num tempo indeterminado.
Uma palavra indeterminada para um homem indeterminado.

Invitation to an encounter, parte 2 1915:2.

www.gruposummus.com.br

IMPRESSO NA
sumago gráfica editorial ltda
rua itauna, 789   vila maria
02111-031   são paulo   sp
tel e fax 11 **2955 5636**
sumago@sumago.com.br